X

21142

ABRÉGÉ

DE LA

GRAMMAIRE NATIONALE.

ON TROUVE CHEZ LES MÊMES LIBRAIRES :

GRAMMAIRE NATIONALE, ou Grammaire de Voltaire, de Racine, de Bossuet, de Fénélon, de J.-J. Rousseau, de Buffon, de Bernardin de Saint-Pierre, de Châteaubriand, de Casimir Delavigne, et de tous les écrivains les plus distingués de la France ; renfermant plus de *cent mille exemples* qui servent à fonder les règles, et forment comme une espèce de panorama où se déroule notre langue telle que la nation l'a faite, telle que la nation doit la parler ; ouvrage éminemment classique, qui, indépendamment de son but spécial, doit être considéré comme un Cours pratique de littérature et de style, et une introduction à toutes les branches des connaissances humaines ; publié avec le concours et sous le patronage de plusieurs membres de l'Académie Française, par M. BESCHERELLE aîné, de la Bibliothèque du Louvre, M. BESCHERELLE jeune, membre de plusieurs Sociétés savantes, et M. LITAIS DE GAUX. Deuxième édition, entièrement refondue et augmentée de nombreuses citations, et précédée d'un *Essai sur la Grammaire en France*, et de quelques considérations philosophiques et littéraires sur la langue française ; par M. PHILARÈTE CHASLES. Un volume grand in-8° à deux colonnes, prix. . . 15 fr.

EXERCICES D'ORTHOGRAPHE, DE SYNTAXE ET DE PONCTUATION, calqués sur les principes de l'*Abrégé de la Grammaire nationale*, ou Dictées simples et graduées sur toutes les règles de la langue française ; ouvrage classique, composé de phrases choisies, de pensées intéressantes sous le rapport de la religion, de la morale, de l'histoire, des lettres, des sciences et des arts, et dans lequel on trouve rangées dans un ordre méthodique et dégagées d'abstractions, de raisonnements, toutes les règles et applications de l'art si difficile de bien parler et de bien écrire ; par MM. BESCHERELLE frères. Un volume in-12, cartonné, prix. . . . . 2 fr.

CORRIGÉ DES EXERCICES D'ORTHOGRAPHE, DE SYNTAXE ET DE PONCTUATION, calqués sur les principes de l'*Abrégé de la Grammaire nationale*, ouvrage destiné à servir de Grammaire pratique, à l'usage des élèves et des maîtres, et de toute personne qui se livre à l'étude ou à l'enseignement de la langue française. Un volume in-12, prix, cartonné. . . . . . 2 fr.

LE GUIDE DES INSTITUTEURS ET DES INSTITUTRICES, pour l'enseignement de la *Grammaire française*, ou l'art de communiquer aux plus jeunes enfants, de la manière la plus naturelle, la plus prompte et la plus sûre, toutes les connaissances qui constituent la science de la Grammaire, ouvrage éminemment classique et tout-à-fait nouveau, servant d'introduction à la *Grammaire nationale* par MM. BESCHERELLE frères. Un volume in-12, broché, prix. . . 2 fr.

RÉFUTATION COMPLÈTE DE LA GRAMMAIRE DE MM. NOEL ET CHAPSAL, par MM. BESCHERELLE frères. Quatrième édition. Un volume in-12, broché, prix. . . . . 1 fr. 75 c.

Trois éditions enlevées dans l'espace de quelques mois attestent le succès de cet ouvrage.

ABRÉGÉ

DE LA

GRAMMAIRE NATIONALE

OU

EXTRAIT DE LA GRAMMAIRE

De Voltaire, de Racine, de Bossuet, de Fénelon, de J.-J. Rousseau, de Buffon, de Bernardin de Saint-Pierre, de Châteaubriand, de Casimir Delavigne, et des écrivains les plus célèbres de la France ;

A L'USAGE DES ÉCOLES NORMALES PRIMAIRES,
DES ÉCOLES PRIMAIRES SUPÉRIEURES,
DES ÉCOLES COMMUNALES PRIMAIRES ET DES MAISONS D'ÉDUCATION ;

PUBLIÉ SOUS LES AUSPICES

De MM. Casimir Delavigne, de Jouy, Villemain, Tissot, Nodier, de Gérando, Deshoulières et Lévi ;

PAR

MM. BESCHERELLE Frères,

Auteurs de la *Grammaire Nationale* et Membres de plusieurs Sociétés savantes.

PARIS.

L. BOURGEOIS-MAZE, LIBRAIRE ÉDITEUR, QUAI VOLTAIRE, 21.

LEIPSICK.

LÉOPOLD MICHELSEN, LIBRAIRE.

1840

est important que les Instituteurs, ainsi que les parents qui se chargent eux-mêmes de l'éducation de leurs enfants, s'attachent à faire examiner avec soin les exemples qu'il renferme, et principalement les mots sur lesquels tombe la règle; puis, lorsque l'élève les aura bien observés, qu'il les aura comparés entre eux, et qu'il aura vu en quoi ils diffèrent ou se rapprochent, ils lui demanderont compte des impressions que la vue de ces exemples aura éveillées dans son esprit; et, pour s'assurer que ces impressions sont exactes et conformes à la nature même des faits, ils les lui feront confronter avec nos propres observations, que nous avons à dessein consignées à la suite de chaque groupe d'exemples.

Les Instituteurs primaires et tous les professeurs qui ont une nombreuse classe à conduire pourront procéder de cette manière. Ils écriront sur un tableau un ou deux exemples dont se compose chacun de nos groupes, et les disposeront, comme nous l'avons fait, sur deux colonnes latérales; puis ils chercheront à fixer l'attention de leurs élèves sur ces exemples, leur en feront remarquer les différences, et exigeront d'eux qu'ils énoncent clairement la règle.

Quand l'élève aura ainsi trouvé de lui-même les règles, de peur qu'elles ne s'oublient presque aussitôt, les maîtres lui en feront faire immédiatement l'application. A cet effet, nous avons cru devoir joindre à l'*Abrégé*, sous le titre d'*exercices* et de *corrigé*, des dictées françaises. Ces dictées, bien graduées et distribuées dans l'ordre de la Grammaire, se composent de phrases simples et courtes, fidèlement extraites des meilleurs écrivains, et sont le complément indispensable de cet ouvrage. Disposés comme ils le sont, nos *exercices* flattent l'amour-propre de l'élève, développent graduellement ses facultés intellectuelles, et ne peuvent manquer de lui faire acquérir la connaissance des règles de notre langue, et de les leur graver d'une manière ineffaçable dans la mémoire. Ils nous semblent appelés à remplacer avec avantage toutes les cacographies.

Puissent les Instituteurs et les Institutrices des villes et des campagnes, ainsi que tous les amis éclairés de l'enfance, se bien pénétrer de notre méthode et des avantages réels et immenses qui peuvent en résulter, et nous osons leur prédire qu'en suivant nos leçons avec zèle et intelligence, ils mériteront l'estime publique et la reconnaissance de leurs élèves !

PETITE GRAMMAIRE NATIONALE.

PARTIE ÉLÉMENTAIRE.

INTRODUCTION.

N° 1.

De la Grammaire.

PHRASES CORRECTES.	PHRASES INCORRECTES.
Oh! que ces violettes sentent *bon!* (Bern. de St.-Pierre.)	Oh! que ces violettes sentent *bonnes!*
Il est *de faux* braves. (Molière.)	Il est *des faux* braves.
Les plaisirs sont souvent achetés trop *cher.* (Boiste.)	Les plaisirs sont souvent achetés trop *chers.*

Si, au lieu de dire ou d'écrire : « Oh! que ces violettes sentent BON, » on disait ou l'on écrivait : « Oh! que ces violettes sentent BONNES, » on ne s'exprimerait pas correctement; la Grammaire veut que l'on dise : « Oh! que ces violettes sentent BON. »

La *Grammaire* est donc l'art de parler et d'écrire correctement.

Parler, c'est exprimer ses pensées par la voix.

Écrire, c'est tracer des caractères ou lettres qui représentent aux yeux, les sons de la voix.

Pour parler et pour écrire, on se sert de *mots.* Les mots sont composés de lettres et servent à l'expression de nos idées.

ABRÉGÉ

Les *lettres* sont : *a, b, c, d, e, f, g, h, i, j, k, l, m, n, o, p, q, r, s, t, u, v, x, y, z*. La réunion de ces vingt-cinq lettres est ce qu'on nomme *alphabet*.

N° 2.

Des syllabes, des monossyllabes, des voyelles et des consonnes.

Bonté	Bon-té	(2 syllabes).
Animé	A-ni-mé	(3 syllabes).
Éclairer	É-clai-rer	(3 syllabes).
Imiter	I-mi-ter	(3 syllabes).
Ypres	Y-pres	(2 syllabes).
Odeur	O-deur	(2 syllabes).
Usage	U-sa-ge	(3 syllabes).

En prononçant le mot *bon* et ensuite le mot *bonté*, nous remarquons que ce second mot *bon-té* se compose de deux parties, l'une absolument semblable au mot *bon*, l'autre, *té*, venant à la suite.

Ainsi pour prononcer le mot *bonté*, notre voix produit deux sons, *bon* et *té*, tandis qu'elle n'en produit qu'un dans la prononciation du mot *bon*.

Chacun des sons que fait entendre un mot est ce qu'on appelle une *syllabe*.

Les mots sont partagés en autant de syllabes qu'ils font entendre de sons.

On appelle *monosyllabes* les mots formés d'une seule syllabe, tels que : *mon, bon, roi, pain, eau, vin*, etc.

Un mot de plusieurs syllabes, est un *polysyllabe*, tels sont : *prémédité, appartement, irrévocablement*, etc.

Dans les mots écrits, les syllabes sont représentées par une ou par plusieurs lettres.

Certaines lettres peuvent représenter une émission de voix sans le secours d'aucune autre lettre.

La première syllabe du mot *animé* est représentée par la lettre *a*.

La première syllabe du mot *éclairer* est représentée par la lettre *é*.

La première syllabe du mot *imiter* est représentée par la lettre *i*.

La première syllabe du mot *odeur* est représentée par la lettre *o*.

La première syllabe du mot *usage* est représentée par la lettre *u*.

Enfin, la première syllabe du mot *Ypres* est représentée par la lettre *y*.

Et comme ces lettres, à elles seules, représentent un son, une émission de *voix*, on les appelle *voyelles*, du mot *voix*.

Il y a donc en français six voyelles; *a, e, i, o, u, y*.

Les lettres qui ne représentent un son qu'avec le secours d'une autre lettre s'appellent *consonnes*, c'est-à-dire, *sonnant* avec d'autres lettres.

Les consonnes sont : *b, c, d, f, g, h, j, k, l, m, n, p, q, r, s, t, v, x, z*.

N° 3.

De l'e. de l'y et de l'h.

Élève.	Rayon.	Les hommes.	Les héros.
Vérité.	Égypte.	Les hivers.	Le hanneton.
Succès.	Style.	L'hôpital.	Un harpon.
Accès.	Pays.	Rhume.	Enhardir.

On distingue trois sortes d'*e* : 1° l'*e* muet, dont le son est peu sensible, et quelquefois presque nul, comme dans *pelotte, paiement, jalousie*; 2° l'*é* fermé, appelé ainsi, parce qu'il se prononce la bouche presque fermée : *bonté, café, décédé*; 3° l'*è* ouvert, qui se prononce en ouvrant la bouche : *succès, accès, père, mère, excès, procès*.

Le petit signe (´) qui descend de droite à gauche sur l'*é* fermé, s'appelle accent aigu : *prémédité*. Le petit signe (`) qui descend de gauche à droite sur l'*è* ouvert, se nomme accent grave : *ma chère mère*. Le petit signe (^) que l'on remarque quelquefois sur *â, ê, î, ô, û, eû, oû*, s'appelle accent circonflexe : *âge, île, être, ôter, brûler, jeûner*.

L'*y* a la valeur de l'*i* simple entre deux consonnes, au commencement et à la fin des mots : *yeux, dey, style*, *tyran;* il a la valeur de deux *i* entre deux voyelles : *moyen, appuyer, payer, rayon. Pays, paysage* se prononcent *pai-is, pai-isage.*

La lettre *h* est dite MUETTE, quand elle n'a aucune valeur, comme dans l'*homme,* l'*histoire,* l'*honneur;* elle est dite ASPIRÉE, quand elle empêche la liaison du mot qu'elle commence avec celui qui le précède : la *honte,* la *haine,* le *hameau,* le *hibou.*

N° 4.

De la phrase.

Les curieux ont souvent tort. (Haumont.)	Nous nous perdons par les excès. (Lamotte.)
Rien ne profite sans culture. (Nivernais.)	La faim chasse les loups du bois. (A. de Montesquiou.)

Voilà quatre phrases, c'est-à-dire quatre assemblages de mots formant chacun un sens complet.

Une phrase est donc la réunion de plusieurs mots nécessaires pour former un sens complet.

Les deux premières phrases citées ont chacune cinq mots; la troisième en a six; la quatrième en a sept.

N° 5.

Des différentes espèces de mots.

L'homme devant Dieu seul doit fléchir les genoux. (Rigaud.)	Tout vainqueur insolent à sa perte travaille. (Lafontaine.)
L'homme simple est content. (Jauffret.)	On ne doit maltraiter personne. (F. de Neufchâteau.)

Tous les mots ne représentent pas la même sorte d'idées :

En effet, dans les phrases citées, *Dieu, homme,* nous font penser à des *êtres; simple, content, insolent,* à des *qualités* qu'ils possèdent; *fléchir, maltraiter, travailler,* à des *actions* qu'ils font.

Notre langue ne compte peut-être pas moins de soixante mille mots. Mais pour qu'il soit possible de donner des règles qui déterminent les divers rapports que les mots ont entre eux, et la dépendance dans laquelle ils se trouvent, les uns à l'égard des autres, on les a soumis à une classification qui les atteint tous, et qui est fondée sur les fonctions que chacun d'eux remplit dans le discours.

Les grammairiens ont reconnu que la langue française se compose de dix espèces de mots auxquels ils ont donné des noms suivants :

1° Nom ou substantif, tels que *homme, femme, cheval,* etc.
2° Article, tels que *le, la, les.*
3° Adjectif, tels que *heureux, bon, beau, grand,* etc.
4° Pronom, tels que *je, te, il, nous,* etc.
5° Verbe, tels que *frapper, courir, marcher,* etc.
6° Participe, tels que *aimé, aimant, tombé,* etc.
7° Adverbe, tels que *vivement, bien, mal,* etc.
8° Préposition, telles que *de, à, par, pour,* etc.
9° Conjonction, telles que *et, ni, mais, que,* etc.
10° Interjection, telles que *hélas, oh! ah!* etc.

On divise tous les mots en mots *variables* et en mots *invariables.*

Les mots *variables* sont ceux dont la terminaison peut changer, tels sont le *substantif,* l'*article,* l'*adjectif,* le *pronom,* le *verbe,* le *participe.*

Les mots *invariables* sont ceux dont la terminaison ne change jamais; tels sont l'*adverbe,* la *préposition,* la *conjonction* et l'*interjection.*

Nous allons examiner chacune des dix espèces de mots.

CHAPITRE PREMIER.

DU NOM OU SUBSTANTIF.

N° 6.

Définition du Substantif.

L'*homme* simple est content. (Jauffret.)
Une *femme* a son prix. (Parny.)
Le *colibri* doré sur les fleurs étincelle. (St.-Victor.)
César nous a ravi jusques à nos vertus. (Voltaire.)

La *faim* est un *besoin* terrible. (Agniel.)
A l'*ambition* tout semble être possible. (Le Bailly.)
L'*amitié* disparaît où l'*égalité* cesse. (Aubert.)
La *bienfaisance* est toute volontaire. (F. de Neufchâteau.)

Le *nom* ou *substantif* est un mot qui sert à nommer 1° les êtres qui existent réellement, ou que l'on croit avoir existé, comme *homme, femme, colibri, César*; 2° les êtres auxquels notre esprit donne seul l'existence, comme la *faim*, le *besoin*, l'*ambition*, l'*égalité*, la *bienfaisance*.

Il y a plusieurs moyens mécaniques pour reconnaître un substantif : ainsi un mot est substantif quand on peut le faire précéder de *un, une, le, la, les*, comme un *homme*, une *femme*; ou bien, lorsqu'on peut placer devant *du, de l', de la, des, à l', au, aux*, comme du *colibri*, a l'*or*, de la *viande*, des *raisins*.

On reconnaît aussi qu'un mot est substantif, lorsqu'on peut y ajouter un autre mot exprimant une qualité bonne ou mauvaise, tels que *grand, petit, bon, mauvais, beau, belle*, etc.; comme un grand *homme*, un petit *tableau*.

N° 7.

Du substantif propre et du substantif commun.

César nous a ravi jusques à nos vertus. (Voltaire.)
Le *Nil* du vert acanthe admire le feuillage. (Delille.)
L'*if* s'épanouit au soufle de *Borée*. (Delille.)

La *cerise* rougit aux rameaux suspendue. (Michaud.)
La *génisse* ne fait pas changer le suc des plantes. (Lamartine.)
L'*arbre* est de nos jardins de plus bel ornement. (Delille.)

Il y a deux sortes de substantifs : le substantif *propre* et le substantif *commun*.

Le substantif *propre* est celui qui distingue un ou plusieurs individus, personnes ou choses, des autres individus de la même espèce, comme *César, Nil, Borée, Napoléon, Paris*, etc.

Le substantif *commun* est celui qui convient, au contraire, à tous les objets de la même espèce, comme *cerise, génisse, arbre*, etc.

Il faut considérer comme *substantif propre* tout substantif qui désigne un être ou un objet seul de son espèce, comme *Dieu*, le *soleil*, la *lune*, le *paradis*, l'*univers*, etc.

Remarquez aussi qu'un nom d'homme est un substantif

propre, quoiqu'il soit le nom de plusieurs hommes ; car en disant *Philippe, Alexandre, Ernest*, etc., votre intention n'est pas de parler de tous les individus qui portent ces noms ; vous désignez seulement et personnellement celui à qui vous parlez, ou de qui vous vous entretenez en ce moment.

N° 8.

Des substantifs collectifs.

Le charançon dévore un vaste *amas* de graines. (Chénédollé.)
Une *foule* de rimeurs affamés. (Boileau.)
Une *multitude* d'âmes viles et mercenaires. (Fléchier.)
Des *touffes* d'aubépine et de lilas sauvage. (Roucher.)
D'insectes lumineux mille *escadrons* légers. (Castel.)
Il conduit en cet endroit un grand *troupeau* de bœufs. (Boileau).

Parmi les substantifs communs, il y en a qui, quoiqu'au singulier, présentent à l'esprit l'idée de plusieurs personnes ou de plusieurs choses formant une collection : on les appelle, pour cette raison, substantifs *collectifs*; tels sont : *troupe, peuple, quantité*, etc. Les collectifs sont généraux ou partitifs : *généraux*, quand ils représentent une collection entière ; et *partitifs*, lorsqu'ils représentent une collection partielle. *La foule des humains est vouée au malheur. La foule des humains* embrasse la généralité des hommes; *la foule* est un collectif général. *Une foule de pauvres reçoivent des secours. Une foule de pauvres* n'embrasse qu'une partie des pauvres ; *une foule* est un collectif partitif. L'ARMÉE *des Français*, la MULTITUDE *des étoiles*, collectifs généraux. *Une* TROUPE *de soldats, une* MULTITUDE *d'étoiles*, collectifs partitifs.

Le même mot peut être collectif général et collectif partitif, selon le sens qu'on y attache. En général un collectif, quand il est précédé de *un, une*, est partitif.

N° 9.

Du substantif composé.

L'odorat est l'*avant-coureur* du goût. (Bern. de St.-Pierre.)
Le *pot-au-feu* du peuple est la base des empires. (Mirabeau.)

Le *chèvre-feuille* a une odeur parfumée. (Brugnot.)

Les *belles-de-nuit* du Pérou ne fleurissent que la nuit. (Bern. de St.-Pierre.)

L'*arc-en-ciel* est un signe de la clémence de Dieu. (Bonnet.)

Le temps use en silence les *arcs-de-triomphe*. (Aimé-Martin.)

On appelle *substantif composé* celui qui est formé de plusieurs mots joints ensemble par un petit signe nommé trait d'union. Tels sont : *avant-coureur, chèvre-feuille, arc-en-ciel*, etc.

N° 10.

Du genre et du nombre dans les substantifs.

Quel *père* de son sang se plaît à se priver. (Racine.)

Un *homme* est assez beau quand il a l'âme belle. (Boursault.)

La *mère* de sa fille aime à voir les essais. (Lemierre.)

Les *hommes* ne sont que ce qu'il plaît aux femmes. (La Fontaine.)

L'*âne* souffre la faim, un chardon le contente. (Rosset.)

Un *bienfait* n'avilit que les cœurs nés ingrats. (La Harpe.)

L'*ânesse* a la voix plus claire que l'âne. (Buffon.)

Les *bienfaits* peuvent tout sur une âme bien née. (Voltaire.)

Dans les substantifs, il faut considérer le *genre* et le *nombre*.

Le *genre* est la propriété qu'ont les substantifs de représenter la distinction des sexes.

Le *nombre* est la propriété qu'ont les substantifs de représenter l'unité ou la pluralité.

Il y a deux genres, le *masculin* et le *féminin*. Les substantifs désignant des hommes ou des mâles sont du genre masculin : *roi, père, âne, cheval*, etc. Ceux qui désignent des femmes ou des femelles sont du féminin : *reine, mère, ânesse, jument*, etc. Il y a cependant des noms qui appartiennent aux deux sexes, tels que : *éléphant, souris, serpent, grenouille*, etc.

Par imitation, cette distinction du genre s'est étendue aux noms d'objets inanimés, c'est-à-dire qui ne sont ni mâles ni femelles. Dans ce cas, tout substantif devant lequel on peut mettre *le* ou *un* est du genre masculin, et tout substantif devant lequel on peut mettre *la* ou *une* est du genre féminin.

Il y a également deux nombres : le *singulier* et le *pluriel*.

Un substantif qui ne désigne qu'un seul individu, qu'une seule chose, est au singulier, un *homme*, un *bienfait*; il est au pluriel s'il désigne plusieurs individus, plusieurs choses, *des hommes, des bienfaits*.

Les mots *le, un, ce, ma, ta, sa*, annoncent le singulier; les mots *les, des, ces, mes, tes, ses*, annoncent le pluriel.

N° 11.

Formation du féminin dans les substantifs.

Le *serin* est le musicien de la chambre. (Buffon.)	La *serine* est d'un jaune plus pâle que le serin. (Buffon.)
Un homme bon est toujours le *bienvenu*. (Boiste.)	La fortune est toujours la *bienvenue*. (Boiste.)
On instruit difficilement un *idiot*. (Guizot.)	C'est une *idiote* selon vous, et selon moi un ange. (Boiste.)

Tous les substantifs terminés par une consonne, ainsi que ceux terminés en *e*, en *i* et en *u*, forment leur féminin par l'addition d'un *e* muet : le *serin*, la SERINE ; le *bienvenu*, la BIENVENUE ; un *idiot*, une IDIOTE ; un *jardinier*, une JARDINIÈRE, etc.

Toutefois il faut excepter de cette règle : *bachelier, paysan, vieillot, sot, duc, juif, veuf, mortel, bailli, malin, quaker, abbé, favori, roi*, etc., qui font au féminin : *bachelette, paysanne, vieillotte, sotte, duchesse, juive, veuve, mortelle, baillive, maligne, quakeresse, abbesse, favorite, reine*, etc.

N° 12.

Féminin des substantifs terminés par un e muet.

L'*esclave* craint le tyran qui l'outrage.	La rime est une *esclave* et ne doit qu'obéir. (Boileau.)

L'*impie* heureux insulte au fidèle souffrant. (V. Hugo.)	Eh bien, de cette *impie* a-t-on puni l'audace? (Racine.)
L'*âne* vit vingt-cinq ou trente ans. (Buffon.)	L'*ânesse* a la voix plus claire que l'âne. (Buffon.)
Le *tigre* déchire sa proie et dort. (Châteaubriand.)	La *tigresse* est furieuse en tout temps. (Buffon.)

Les substantifs terminés par un *e* muet ne changent pas de terminaison au féminin, c'est-à-dire qu'ils servent pour le masculin comme pour le féminin : un *esclave*, une ESCLAVE; un *impie*, une IMPIE; un *Spartiate*, une SPARTIATE; un *sauvage*, une SAUVAGE, etc.

Cependant, comme on le voit par les deux derniers exemples cités, certains substantifs terminés au masculin par un *e* muet, changent cet *e* en *esse* pour le féminin. Les plus usités sont : *âne*, ANESSE; *tigre*, TIGRESSE; *chanoine*, CHANOINESSE; *prince*, PRINCESSE; *nègre*, NÉGRESSE; *prêtre*, PRÊTRESSE; *traître*, TRAITRESSE; *ivrogne*, IVROGNESSE; *pauvre*, PAUVRESSE; *vicomte*, VICOMTESSE; *comte*, COMTESSE; *maître*, MAITRESSE; *diable*, DIABLESSE; *hôte*, HOTESSE; *pape*, PAPESSE; *prophète*, PROPHÉTESSE; *drôle*, DROLESSE; *mulâtre*, MULATRESSE; *Suisse*, SUISSESSE; *ogre*, OGRESSE. etc.

N° 13.

Féminin des substantifs terminés par en, on, et.

Tout *chrétien* doit se sacrifier à sa religion. (Voltaire.)	Heureuse la *chrétienne* qui n'aime point ce monde ! (Fléchier.)
L'*Indien* prosterné bénit le soleil. (Lamartine.)	Il est aisé de tromper une *Indienne*. (Châteaubriand.)

Les substantifs terminés par *en, on, et*, forment leur féminin en prenant un *e* muet et en doublant la consonne finale : un *chrétien*, une CHRÉTIENNE; un *indien*, une INDIENNE; un *musicien*, une MUSICIENNE; un *chien*, une CHIENNE; un *fripon*, une FRIPONNE; un *lion*, une LIONNE; un *coquet*, une COQUETTE; un *muet*, une MUETTE, etc.

Exceptions : *Compagnon, patron, indiscret*, font au féminin *compagne, patrone, discrète*.

N° 14.
Féminin des substantifs en eur.

Il se croit un excellent *chanteur*. (Florian.)
Vous êtes un *flatteur*. (Académie.)
Je blâme un *bienfaiteur* dont l'âme mercenaire veut mettre un prix à son bienfait. (M⁰ Joliveau.)
Dieu punit souvent le *pécheur* de ses propres péchés. (Fléchier.)

Je me garderais bien d'oser les comparer, répondit la *chanteuse*. (Florian.)
Vous êtes une *flatteuse*. (Académie.)
La nature n'est-elle pas également une *bienfaitrice* puissante et sage ? (Virey.)
Jésus absout la *pécheresse* qui baigne ses pieds de larmes. (Bern. de St.-Pierre.)

Un grand nombre de substantifs terminés en *eur* changent au féminin leur terminaison en *euse*, et cela a lieu toutes les fois qu'on peut changer *eur* en *ant* : *boudeur, boudant*, BOUDEUSE ; *connaisseur, connaissant*, CONNAISSEUSE ; *danseur, dansant*, DANSEUSE, etc.

Un grand nombre d'autres substantifs terminés en *eur* forment leur féminin par le changement d'*eur* en *rice* : un *bienfaiteur*, une BIENFAITRICE ; un *protecteur*, une PROTECTRICE ; un *calomniateur*, une CALOMNIATRICE ; un *ambassadeur*, une AMBASSADRICE ; etc.

Quelques-uns enfin changent *eur* en *eresse* : *bailleur*, BAILLERESSE ; *chasseur*, CHASSERESSE ; *devin* ou *devineur*, DEVINERESSE ; *enchanteur*, ENCHANTERESSE ; *pécheur*, PÉCHERESSE ; *vengeur*, VENGERESSE.

N° 15.
Féminin des substantifs terminés par x.

Une femme doit mériter l'estime de son *époux*. (Lachaussée.)
On doit du *malheureux* respecter la misère. (Crébillon.)

L'*épouse* du chrétien n'est pas une simple mortelle. (Châteaubriand.)
Hélas ! que de raisons contre une *malheureuse !* (Racine.)

Les substantifs terminés par *x* au masculin, changent

au féminin cette lettre en *se* : *un époux, une épouse; un paresseux, une paresseuse; un malheureux, une malheureuse.*

N° 16.

Formation du pluriel dans les substantifs.

La *vérité* est la lumière de l'esprit. (Jay.)
Un *sot* trouve toujours un plus sot qui l'admire. (Lafontaine.)
La *vertu* a beaucoup de prédicateurs. (Helvétius.)

Toutes les *vérités* ne sont pas bonnes à dire. (Académie.)
Les *sots* depuis Adam sont en majorité. (Cas. Delavigne.)
Les *vertus* se perdent dans l'intérêt. (La Rochefoucauld.)

Le pluriel dans les substantifs se forme en général par l'addition d'un *s*, quels que soient leur genre et leur terminaison : *la vérité, les vérités; le sot, les sots; la vertu, les vertus* (1).

N° 17.

Exceptions à la règle précédente.

Le *chou* est le mets favori du pauvre. (Dict. d'hist. nat.)
Le *travail* est la vie de l'homme. (Voltaire.)
Dans les plaines du *ciel* Dieu sema la lumière. (Voltaire.)

Les *choux* de Strasbourg sont renommés. (Dict. d'hist. nat.)
Les *travaux* nécessaires sont ceux de la campagne. (Montesquieu.)
Que la terre est petite à qui la voit des *cieux!* (Delille.)

Les substantifs suivants : *chou, pou, genou, caillou, hibou*, font au pluriel : *choux, poux, genoux, cailloux, hiboux.*

Travail, soupirail, bail, corail, émail, vantail, font leur pluriel en *aux* : *travaux, soupiraux, baux, coraux, émaux, vantaux.*

Ail fait *aux*; mais ce pluriel est rarement usité; on dit mieux des *gousses d'ail.*

---

(1) Les substantifs terminés par *ant* et par *ent* peuvent perdre le *t* au pluriel; ainsi l'on écrit *les enfans, les présens,* ou *les enfants, les présents.* Cette suppression du *t* a quelques inconvénients; il vaut mieux s'en abstenir.

Aïeul fait *aïeux*, dans le sens d'ancêtres; mais on dit les deux *aïeuls*, pour désigner le grand-père paternel et le maternel; de là : *bisaïeuls, trisaïeuls*, mots qui n'ont pas d'autre pluriel.

OEil fait au pluriel *yeux*; mais on dit : des *œils-de-bœuf* (lucarnes ou ovales), des *œils-de-perdrix* (terme de broderie), etc.

Ciel fait *cieux*; mais on dit : *des* CIELS *de lits*, de carrières, de tableaux; on dit même dans le sens de climat : *les ciels*.

N° 18.

Pluriel des substantifs terminés par eau, eu, au.

Le chameau porte deux bosses. (Buffon.)	Les *chameaux* portent un millier. (Buffon.)
La vie de l'homme ne tient qu'à un *cheveu*. (Boiste.)	Il faut prendre l'occasion aux *cheveux*. (Académie.)
Le *Dieu* des chrétiens est un *Dieu* d'amour et de paix. (Pascal.)	Les *Dieux* tiennent entre leurs mains le sort des hommes.

Les noms terminés par *eau, eu, au*, au singulier, prennent un *x* au pluriel : *le chameau, les chameaux; le cheveu, les cheveux; le Dieu, les Dieux*. *Bleu* prend un *s* : *le bleu, les bleus*. C'est la seule exception.

N° 19.

Pluriel des substantifs en al.

Un *rival* sans talent partout voit des défauts.	Des *rivaux* vertueux sont souvent admirés.
L'or est un *métal* que l'univers adore. (Richer.)	Les *métaux* sont arrachés des entrailles de la terre.
Souvent d'un moindre *mal* on tombe dans un pire. (Colin d'Harleville.)	A raconter ses *maux* souvent on les soulage. (Corneille.)

Les substantifs terminés au singulier par *al*, changent, au pluriel, cette désinence en *aux* : *un rival, des rivaux; un métal, des métaux; un mal, des maux*.

Exceptions : *Chacal, caracal, narval, serval, pipal, noval, cérémonial, régal, carnaval*, font au pluriel :

chacals, caracals, narvals, servals, pipals, nopals, cérémonials, régals, carnavals.

N° 20.

Pluriel des substantifs terminés par s, x, z.

Le *remords* est cuisant. (Boiste.)	Les *remords* inutiles ne sont que plus importuns. (Boiste.)
L'*abus* gâte tout.	Les *abus* deviennent souvent des lois.
Le *rhinocéros* est intraitable. (Buffon.)	Il existe des *rhinocéros* qui n'ont qu'une corne sur le nez. (Buffon.)

Les substantifs terminés au singulier par *s, x, z*, ne changent pas de terminaison au pluriel : *le remords, les remords; l'abus, les abus; le rhinocéros, les rhinocéros.*

QUESTIONNAIRE.

(Les numéros renvoient aux règles.)

1. Qu'est-ce que la Grammaire? — Qu'est-ce que parler? — Qu'est-ce qu'écrire? — Qu'est-ce qu'un mot? — Combien y a-t-il de lettres? — Qu'est-ce que l'alphabet?

2. Qu'est-ce qu'une syllabe? — Un monosyllabe? — Un polysyllabe? — Qu'est-ce qu'une voyelle? — Qu'est-ce qu'une consonne?

3. Combien y a-t-il d'espèces d'*e*? — Quelle est la valeur de l'*y*? — Quand la lettre *h* est-elle muette? — Quand est-elle aspirée?

4. Qu'est-ce qu'une phrase? — Combien y a-t-il de mots dans cette phrase : *Les curieux ont souvent tort?*

5. Tous les mots représentent-ils la même sorte d'idées? — A quoi nous font penser les mots *Dieu, homme, femme, cheval*? — Les mots *beau, vilain, grand, petit*? — Les mots *jouer, travailler, courir*? — Combien y a-t-il d'espèces de mots? — Tous les mots sont-ils variables? — Quels sont les mots variables? — Les mots invariables?

DE LA GRAMMAIRE NATIONALE.

6. Qu'est-ce qu'un substantif? — Comment reconnaît-on un substantif?

7. Qu'est-ce qu'un substantif propre? — Un substantif commun?

8. Qu'est-ce qu'un substantif collectif? — Qu'est-ce qu'un collectif général? — Un collectif partitif?

9. Qu'est-ce qu'un substantif composé?

10. Qu'est-ce que le genre? — Qu'est-ce que le nombre? — Combien y a-t-il de genres? — Combien y a-t-il de nombres? — Quels sont les substantifs masculins? — Quels sont les substantifs féminins? — Comment reconnaît-on qu'un substantif est masculin ou féminin? — Quand un substantif est-il au singulier? — Quand est-il au pluriel? — Quels sont les mots qui annoncent le singulier? — Quels sont ceux qui annoncent le pluriel?

11. Comment forme-t-on le féminin dans les substantifs? — Quelles sont les exceptions?

12. Quel est le féminin des substantifs terminés par un *e* muet?

13. Comment se forme le féminin des substantifs terminés par *en, on,* et? — Quelles sont les exceptions?

14. Quel est le féminin des substantifs terminés en *eur?*

15. Comment forme-t-on le féminin des substantifs terminés par *x?*

16. Comment se forme le pluriel dans les substantifs? — Quel est le pluriel des substantifs terminés par *ant* et par *ent?*

17. Quelles sont les exceptions à la règle générale sur la formation du pluriel dans les substantifs?

18. Quel est le pluriel des substantifs terminés par *eau, eu, au?*

19. Quel est le pluriel des substantifs terminés en *al?* Quelles sont les exceptions?

20. Comment se forme le pluriel dans les substantifs terminés par *s, x, z?*

CHAPITRE DEUXIÈME.

DE L'ARTICLE.

N° 21.

Définition de l'Article.

Le Dieu des chrétiens est un Dieu de paix. (Pascal.)
Eh! sans *la* liberté *la* vie est-elle un bien? (Crébillon.)

Les mortels sont égaux. (Voltaire.)
Les fortes passions ne touchent qu'une fois. (Thomas.)

L'*article* est un mot que l'on place devant les substantifs pour en déterminer la signification, et qui sert en même temps à en faire connaître le nombre, et quelquefois le genre.

Si nous disions : *donnez-moi* LIVRE, *prêtez-moi* CANIF, on ne pourrait certainement satisfaire à notre demande ; car, bien que l'on comprît que nous demandons un des objets qu'on appelle *livre, canif*, on ne saurait pas lequel.

Mais en disant : *donnez-moi* LE *livre qui est sur la table, prêtez-moi* LE *canif de votre frère*, l'objet que nous demandons est suffisamment déterminé ; on peut le distinguer d'avec tous ceux de la même espèce.

Les mots *le, la, les*, qui se placent devant les substantifs, et qui servent à déterminer les objets, à les séparer, pour ainsi dire, de la classe à laquelle ils appartiennent pour les présenter individuellement à l'esprit, sont ce qu'on appelle des *articles*.

N° 22.

Des articles simples et des articles composés.

Le saule aime une eau vive. (Delille.)
La bonté de Dieu est infinie. (Fénelon.)

Du bon or je sépare le faux. (Boileau.)
Des nègres sciaient *des* pièces de bois. (Châteaubriand.)

Les âmes faibles sont cruelles. (F. de Neufchâteau.)
*L'*homme juste est *le* seul sage. (Florigny.)
Au travers *des* périls un grand cœur se fait jour. (Racine.)
Aux petits *des* oiseaux Dieu donne la pâture. (Id.)

Il y a deux sortes d'articles : les articles *simples* et les articles *composés* ou *contractés*.

Les articles simples sont : *le la les*.

Les articles composés ou contractés sont : *du, des, au, aux*. On les appelle articles contractés, parce qu'ils renferment deux mots en un seul. En effet, *du* est pour *de le*; *des* pour *de les*; *au* pour *à le*; *aux* pour *à les*.

N° 23.

Emploi des articles simples le, la, les.

Le soleil demeure constamment à la même place. (Berquin.)
La terre à nos besoins prodigue ses largesses. (Lemierre.)
Les tigres ne font point la guerre aux tigres. (Fénelon.)
Le monde à nos regards déroule ses merveilles. (Delille).
La rose de la Chine étonne nos jardins. (Rosset.)
Les fortes passions ne touchent qu'une fois. (Thomas.)

Le se met devant un substantif masculin singulier : *le soleil*, *le monde*, etc. *La* se place devant un substantif féminin singulier : *la terre*, *la rose*, etc. *Les* sert pour les deux genres : *les tigres, les passions*.

N° 24.

De l'élision de la lettre finale des articles le *et* la.

L'arbrisseau le plus sain a besoin de culture. (Fabre d'Eglantine.)
L'honneur aux grands cœurs est plus cher que la vie. (Corneille.)
L'amitié dans nos cœurs verse un bonheur paisible. (Demoustier.)
L'humanité plaint toujours ceux qu'il faut détruire. (De Belloy.)

On remplace la voyelle des articles *le* et *la* par une apostrophe, lorsque le mot suivant commence par une voyelle ou par un *h* muet. Ce retranchement des lettres *e* et *a* s'appelle *élision*. On dit : *l'arbrisseau* pour *le ar-*

brisseau ; *l'honneur* pour *le honneur* ; *l'amitié* pour *la amitié* ; *l'humanité* pour *la humanité*.

N° 25.

Tout le pouvoir *du trône* est fondé sur l'autel. (Chénier.)
Il est tyran *du faible*, esclave *du héros*. (Voltaire.)
Au travers des périls un grand cœur se fait jour. (Racine.)
Le vulgaire est content s'il remplit son devoir : il faut plus *au héros*. (Voltaire.)

De l'argent qu'on a pris fait de la peine à rendre. (Boursault.)
Soutien *de l'héroïsme*, la fierté en devient l'écueil. (La Harpe.)
On ne saurait donner des bornes *à l'amour*. (Saurin).
La liberté donne *à l'homme* du courage. (Voltaire.)

Du et *au* se mettent devant les mots commençant par une consonne ou par un *h* aspiré : *du vin, du héros; au vin, au héros.*

On emploie au contraire *de l'*, *à l'*, toutes les fois que la première lettre du mot suivant est une voyelle ou un *h* muet : *de l'argent, de l'héroïsme ; à l'amitié, à l'homme.*

On emploie *des* et *aux* devant tous les mots pluriels, quelle que soit leur lettre initiale.

QUESTIONNAIRE.

21. Qu'est-ce que l'article ?

22. Combien y a-t-il de sortes d'articles ? — Quels sont les articles simples ? — Quels sont les articles composés ou contractés ?

23. Devant quels mots met-on *le, la, les ?*

24. Dans quels cas retranche-t-on les lettres *e*, *a*, des articles *le* et *la* ? — Comment nomme-t-on ce retranchement ?

25. De quoi sont composés les articles *au* et *du* ? — Devant quels mots place-t-on ces deux articles ? — Qu'appelle-t-on *contraction* ? — Devant quels mots la contraction de l'article n'a-

t-elle pas lieu ? — De quoi sont composés les articles *aux* et *des ?* — Devant quels mots se placent ces articles?

CHAPITRE TROISIÈME.

DE L'ADJECTIF.

N° 26.

Définition de l'Adjectif.

L'homme *simple* est *content*. (Jauffret.) | La faim est un besoin *terrible*. (Agniel.)
Le colibri *doré* sur les fleurs étincelle. (St.-Victor.) | Le Nil du *vert* acanthe admire le feuillage. (Delille.)
L'or *brillant* du genet couvre l'*humble* bruyère. (Michaud.) | J'aime des hivers *secs* et des étés *humides*. (Id.)

L'adjectif est un mot que l'on ajoute au substantif pour exprimer une manière d'être, une qualité bonne ou mauvaise de la personne ou de l'objet que nomme le substantif. Quand on dit : l'*homme* SIMPLE, le *colibri* DORÉ, l'*or* BRILLANT du *genet*, les mots *simple, doré, brillant*, sont ajoutés aux substantifs *homme, colibri, or,* pour exprimer de quelle manière sont les objets représentés par ces substantifs.

Tous les mots qui servent à ajouter aux objets représentés par les substantifs une qualité ou une manière d'être quelconque, et devant lesquels on peut placer *il est très*, sont des ADJECTIFS (1).

N° 27.

Des adjectifs qualificatifs et des adjectifs déterminatifs.

La fleur du perce-neige est *blanche*. (Bern. de St.-Pierre.) | *Chaque* climat a *ses* oiseaux bienfaiteurs. (Aimé-Martin.)
L'astre *brillant* du jour gouverne les saisons. (Rosset.) | *Nulle* paix pour l'impie. (Racine.)

---

(1) *Bien, mal, loin, près*, font exception ; remarquez aussi que *il est très* doit signifier *cet individu est très, cet objet est très...*

Les âmes *faibles* sont cruelles.
(F. de Neufchâteau.)
Le merle des taillis cherche l'ombrage *épais*. (Michaud.)
L'arbrisseau le plus *sain* a besoin de culture.
(Fabre d'Eglantine.)

Aucun chemin de fleurs ne conduit à la gloire.
(La Fontaine.)
Une femme fidèle est digne qu'on l'admire. (Poisson.)
Ce monde-ci n'est qu'une loterie. (Voltaire.)

Il y a deux sortes d'adjectifs : les adjectifs *qualificatifs*, qui expriment simplement la qualité, la manière d'être, comme *blanc, brillant, faible, épais, sain*; et les adjectifs *déterminatifs*, qui sont ajoutés aux substantifs pour en déterminer la signification, tels que *quelque, tout, toute, chaque, quel, plusieurs, autre, mon, ma, mes, ton, ta, tes, son, sa, ses, nul, aucun, un, deux, trois, ce, cette, ces*, etc.

Quand nous disons habit *bleu, vert, neuf, usé; mon* habit; *cet* habit; les mots *bleu, vert, neuf, usé, mon, cet*, expriment certaines qualités, ou manières d'être de l'objet *habit*, comme celles d'être *bleue, vert, neuf, usé* (habit *bleu, vert, neuf, usé*); d'être en ma possession (*mon* habit); d'être présent à mes yeux (*cet* habit).

N° 28.

Des adjectifs verbaux.

Il n'y a que les âmes *aimantes* qui soient propres à l'étude de la nature. (Bern. de St.-Pierre.)
Les eaux *dormantes* sont meilleures pour les chevaux que les eaux vives. (Buffon.)

Ma vengeance est *perdue*, et mes desseins *trahis*.
(Corneille).
Qui peut voir sans effroi ces couches d'ossements,
Tous ces débris de l'homme *abandonnés* aux vents?
(Lemierre.)

Aimantes qualifie *âmes*; *perdue* qualifie *vengeance*, *abandonnés* qualifie *débris*. Tous ces mots qualifient les substantifs par un attribut d'événement, c'est-à-dire par une qualité accidentelle et survenue, qui paraît être l'effet d'une action qui se passe ou qui s'est passée dans la chose. Ils tirent leur origine des verbes, *aimant*, d'*aimer*; *perdu*, de *perdre*; *abandonné*, d'*abandonner*; *dormant*, de *dormir*, etc. C'est pour ce motif qu'on les appelle adjectifs verbaux, c'est-à-dire adjectifs dérivés des verbes (1).

N° 29

Substantifs employés adjectivement.

La femme est toujours *femme*. (Molière.)

Le premier qui fut *roi* fut un soldat heureux. (Voltaire.)

Un père en punissant, madame, est toujours *père*. (Racine.)

Pour être Romain, je n'en suis pas moins *homme*. (Corneille.)

Les substantifs sont employés adjectivement lorsqu'ils expriment des qualités, des manières d'être : il était *berger*, il devint *roi*; *roi* et *berger* servant à qualifier le pronom *il*, sont des adjectifs. Dans ce cas le substantif n'est accompagné ni de l'article ni d'aucun adjectif, comme *ce, cet, mon, ton*, etc.

N° 30.

Adjectifs employés substantivement.

L'*ambitieux* toujours veut monter d'un degré. (Rigaud.)

Le *passé* et le *présent* nous garantissent l'avenir. (Bossuet.)

On oublie aisément les *absents*. (Académie.)

La vraie gloire a pour objet l'*utile*, l'*honnête* et le *juste*. (Marmontel.)

L'adjectif est employé substantivement, lorsqu'il re-

---

(1) Les grammairiens les appellent aussi *participes*, parce que ces mots participent à la fois de la nature du verbe et de l'adjectif; mais c'est à tort qu'ils en ont fait un des éléments essentiels du discours. La classe des adjectifs qualificatifs doit renfermer au nombre de ses espèces le participe, attendu que le participe n'exprime, comme l'adjectif, qu'une qualité, qu'une manière d'être du sujet, et que, comme l'adjectif, il remplit les fonctions d'attribut ou se joint immédiatement au nom ; s'il s'en distingue, c'est parce que l'adjectif proprement dit exprime une qualité comme inhérente à une substance ou comme permanente, tandis que le participe exprime un état, une manière d'être transitoire, et causée par quelque action étrangère.

présente un être ou un objet quelconque. Dans ce cas il est toujours précédé de l'article ou d'un adjectif déterminatif : *le sage, le savant, l'ambitieux*. Alors cependant on peut dire qu'il y a ellipse du substantif. *Le sage,* c'est pour *l'homme sage*.

N° 31.

Accord de l'adjectif avec le substantif.

Partout la jalousie est un être *odieux*.   (Molière.)
De tout vœu forcé la chaîne est *odieuse*.   (La Harpe.)

Un pauvre qui sollicite est toujours *importun*.   (Fléchier.)
Hélas! aux gens heureux la plainte est *importune*.
   (Chénier.)

Le monde est *menteur*.
   (Mme de Pompadour.)
La colère est toujours *menteuse*.   (Boiste.)

L'adjectif n'a par lui-même ni genre ni nombre; mais comme il sert à qualifier les personnes et les choses, il prend le *genre* et le *nombre* du substantif auquel il se rapporte : *un être* ODIEUX; *une chaîne* ODIEUSE; GRAND *homme*, GRANDE *femme*; GRANDS *hommes*, GRANDES *femmes*.

N° 32.

Formation du féminin dans les adjectifs.

Il n'est pas toujours bon d'avoir un *haut* emploi.
   (La Fontaine.)
Une *haute* fortune est toujours dangereuse.

Après un bon repas le sommeil est *profond*.   (Agniel.)
La douleur la plus *profonde* a ses intermittences.
   (Chabanon.)

Le jour n'est pas plus *pur* que le fond de mon cœur.
   (Racine.)
Le lis croît sur le bord d'une onde *pure*.   (Racine.)

Tous les adjectifs, quelle que soit leur terminaison, forment leur féminin en prenant seulement un *e* muet (1). On verra dans les numéros suivants les exceptions.

---

(1) Les adjectifs terminés en *er* prennent au féminin un accent grave sur l'*e* qui précède la lettre *r*; un homme *fier*, une femme *fière*.

On surmonte d'un tréma (¨) l'*e* qu'on ajoute au féminin des

N° 33.

Féminin des adjectifs terminés par un e muet.

La liberté fait le bonheur su- | Le salut du peuple est la loi
prême. | suprême.
Le véritable esprit doit être | Sans l'estime il n'est point de
brillant et *solide*. (Marin.) | *solide* amitié. (Demoustier.)

Tout adjectif terminé au masculin par un *e* muet ne change pas de terminaison au féminin : le *bonheur* SUPRÊME, *la loi* SUPRÊME ; un *esprit* SOLIDE, une SOLIDE *amitié*. On l'appelle adjectif des deux genres (1).

N° 34.

Féminin des adjectifs terminés par x.

Un ami *malheureux* sait com- | La vertu *malheureuse* en est
patir à nos peines. (Fénelon.) | plus respectable.
Partout la jalousie est un être | De tout vœu forcé la chaîne
odieux. (Molière.) | est *odieuse*. (La Harpe.)

Le féminin des adjectifs terminés par *x* se forme en changeant *x* en *se* (prononcez *ze*) : un ami *malheureux*, un être *odieux*, la vertu *malheureuse*, la chaîne est *odieuse*, etc.

Il faut excepter de cette règle *doux*, *faux*, *roux*, *vieux*, *préfix* (l'*x* s'articule), qui font *douce*, *fausse*, *rousse*, *vieille*, *préfixe*. On dit aussi *viel* au masculin devant une voyelle : *vieil* ami ou *vieux* ami.

N° 35.

Féminin des adjectifs terminés par f.

Ce n'est pas un grand avan- | La gloire est la plus *vive* de
tage d'avoir l'esprit *vif*. | nos passions.

---

adjectifs terminés en *gu* ; un accent *aigu*, une douleur *aiguë*. *Dû* et *crû*, qui ont un accent circonflexe au masculin, le perdent au féminin : cette somme est *due*, la rivière est *crue*. — *Coi* et *favori* font *coite* et *favorite*.

(1) Exceptions : *traître*, *diable*, *maître* font *traîtresse*, *diablesse*, *maîtresse*.

Le jugement est essentiellement *actif*. | La mémoire *active* et fidèle double la vie.

Les adjectifs en *f* changent *f* en *ve* : un esprit *vif*, une passion *vive*, un jugement *actif*, une mémoire *active*.

N° 36.

Féminin des adjectifs en eur.

Craignez le poison *flatteur* des louanges. | L'idée du bonheur est bien *flatteuse*.
Le monde est *menteur* et promet ce qu'il ne peut donner. | L'apparence est souvent *menteuse*.
Le singe est né pour être *imitateur*. | Cette jeune fille est *imitatrice* des vertus de sa mère.

Les adjectifs en *eur* ont plusieurs formes au féminin. 1° Ceux qui dérivent d'un participe présent, par le changement de *ant* en *eur*, font *euse* au féminin, trompant, trompeur, trompeuse.

2° Ceux en *teur*, qui ne dérivent pas d'un participe présent, font *trice* au féminin : créateur, *créatrice ;* dominateur, *dominatrice*.

3° Ceux en *eur*, qui expriment une idée de comparaison, forment leur féminin régulièrement : meilleur, *meilleure ;* majeur, *majeure ;* inférieur, *inférieure ;* antérieur, *antérieure ;* citérieur, *citérieure ;* mineur, *mineure*, etc.

4° Enchanteur, pécheur, vengeur, font *enchanteresse, pécheresse, vengeresse*.

N° 37.

Féminin des adjectifs en on, et, el, ien.

Le chagrin n'est *bon* à rien. | *Bonne* action a toujours son salaire.
Tout homme est *sujet* à l'erreur. | L'erreur est *sujette* au retour.

Les adjectifs terminés par *on, et, el, ien*, etc., forment leur féminin en doublant la consonne finale et en prenant un *e* muet : bon, *bonne ;* ancien, *ancienne ;* sujet, *sujette ;* criminel, *criminelle ;* nul, *nulle ;* net, *nette ;* etc.

EXCEPTION : Les adjectifs suivants ne doublent pas la consonne finale : *secret*, *concret*, *incomplet*, *replet*, *complet*, *indiscret*, *inquiet*, *inconcret* ; ils suivent la règle générale, et font au féminin : *secrète*, *concrète*, *indiscrète*, *incomplète*, etc.

N° 38.

Féminin de quelques adjectifs exceptionnels.

La Judée était certainement un pays *sec*. (Bossuet.) | Un refus vaut mieux qu'une charité *sèche*. (Massillon.)
Ah! pour le bien *public* il n'est rien qu'on ne quitte. | La justice est la mère de la paix *publique*. (Lacretelle.)

Les adjectifs suivants, *public*, *caduc*, *turc*, *grec*, *franc*, *blanc*, *sec*, *frais*, *long*, *bénin*, *malin*, *oblong*, *muscat*, *absous*, *dissous*, *tiers*, *exprès*, font au féminin *publique*, *caduque*, *turque*, *grecque*, *franche*, *blanche*, *sèche*, *fraîche*, *longue*, *bénigne*, *maligne*, *oblongue*, *muscate* ou *muscade*, *absoute*, *dissoute*, *tierce*, *expresse*. *Bel* et *beau*, *nouvel* et *nouveau*, *vieux* et *vieil*, *mol* et *mou*, *fol* et *fou*, font au féminin *belle*, *nouvelle*, *vieille*, *molle*, *folle*. *Résous* fait quelquefois *résolue* : tumeur *résolue*.

Il y a des adjectifs qui ne s'emploient pas au féminin, tels sont *fat*, *dispos*, *imposteur*, *retors*, *châtain*, *turquin* (bleu), *vélin* (papier). Il en est de même de *vieillard*, *hébreu*, *discord*. On dit du vinaigre, de l'huile *rosat*. Quelques grammairiens joignent à cette liste les mots *partisan* et *aquilin* ; mais Voltaire a dit d'une dame, vous êtes PARTISANE, et le poète Barthélemy a dit *face* AQUILINE.

N° 39.

Formation du pluriel dans les adjectifs.

Que Dieu est *bon*! que sa miséricorde est éternelle! (Bossuet.) | Nous devons suivre les *bons* exemples de nos pères. (Bossuet.)

Au travers des périls un *grand* cœur se fait jour. (Racine.)

Par d'illustres efforts les *grands* cœurs se connaissent. (P. Corneille.)

Plus l'assemblée est *grande*, et moins elle a d'oreilles. (Piron.)

Les *grandes* passions naissent dans un grand cœur. (De Belloy.)

La conscience est le *meilleur* livre de morale que nous ayons. (Pascal.)

Il y a dans les *meilleurs* conseils de quoi déplaire. (Labruyère.)

Le pluriel des adjectifs, quels qu'en soient d'ailleurs le genre et le nombre, se forme, ainsi que le pluriel des substantifs, par l'addition d'un *s* : bon, *bons* ; bonne, *bonnes* ; grand, *grands* ; grande, *grandes*.

Il n'y a d'excepté que *beau* et *nouveau* qui font *beaux* et *nouveaux*.

Quant aux adjectifs terminés par un *t*, on peut, au pluriel, conserver ou supprimer le *t* : un homme *prudent*, des hommes *prudents* ou *prudens*. Mais il vaut mieux conserver le *t*.

N° 40.

Pluriel des adjectifs terminés par s et par x.

On n'est point criminel pour être *ambitieux*. (Crébillon).

Les cœurs *ambitieux* ne s'attendrissent pas. (La Harpe.)

Le plus *mauvais* partage est celui de l'ami. (Boissy.)

Ne donnez pas trop de crédit à de *mauvais* discours. (Regnard.)

Les adjectifs terminés au singulier par *s* et par *x*, ne changent pas au masculin pluriel : un poisson *frais*, des poissons *frais* ; un œil *doux*, des yeux *doux* ; un *gros* chien, de *gros* chiens ; un nez *camus*, des nez *camus* ; un homme *gras*, des hommes *gras* ; un homme *pervers*, des hommes *pervers*.

N° 41.

Pluriel des adjectifs en AL.

Le flamant, couleur de rose, confie son nid aux vases de l'océan *méridional*.
(Bern. de St.-Pierre.)

Le règne *végétal* paraît être le fondement de la vie animale.
(Virey.)

Travailler est un devoir indispensable à l'homme *social*.
(J.-J. Rousseau.)

L'oranger borde de ses fruits dorés les rivages *méridionaux* de l'Europe.
(Bern. de St.-Pierre.)

Le pain est le meilleur de tous les aliments *végétaux*.
(Richerand.)

Le premier grain confié aux entrailles de la terre a fait germer les liens *sociaux*. (Virey.)

Les adjectifs en *al* font leur pluriel les uns en *aux*, et c'est le plus grand nombre : *moral, moraux, brutal, brutaux* (Buffon); *trivial, triviaux* (J.-J. Rousseau); *conjugal, conjugaux* (Regnard); *vocal, vocaux* (Volney); *musical, musicaux* (Volney, etc.). Les autres, par l'addition de l'*s*; des instants *fatals* (St-Lambert); des combats *navals* (Gram. des Gram.); des débuts, des effets *théâtrals* (La Harpe, Gattel); des cierges *pascals* (Trévoux, etc.); des sons *finals, initials, labials, nasals*, etc. (Beauzée, etc.). Des codes *pénals*, des conseils *amicals*, des vents *glacials*, des repas *frugals*, etc.

L'usage est partagé sur *colossal, boréal, austral*; nous préférons *colossals* et *boréaux, austraux*. Enfin, il y a quelques adjectifs qui n'ont encore été employés qu'au féminin, comme *diagonal, patronal, virginal*, etc.

Jeux *floraux*, frais *préjudiciaux*; ces adjectifs n'ont pas de singulier.

N° 42.

Accord de l'adjectif en rapport avec plusieurs substantifs.

Le riche et l'indigent sont *sujets* à même loi.
(J.-B. Rousseau.)

La science qui instruit et la médecine qui guérit sont *bonnes*.
(J.-J. Rousseau.)

Le roi et le berger sont *égaux* après la mort. (J.-J. Rousseau.) | Mais la science qui trompe et la médecine qui tue sont *mauvaises*. (J.-J. Rousseau.)

Quand un adjectif se rapporte à plusieurs substantifs, on met cet adjectif au pluriel; mais on le met au masculin, si les deux noms sont masculins; au féminin, au contraire, si les deux substantifs sont féminins.

N° 43.

Adjectif en rapport avec deux noms de différent genre.

Paul et Virginie étaient *ignorants* comme des créoles. (Bern. de St.-Pierre.) | L'orgueil aveugle se suppose une grandeur et un mérite *démesurés*. (Ségur.)

Lorsqu'un adjectif se rapporte à deux noms de différent genre, on le met au masculin pluriel.

N° 44.

Des différentes sortes d'adjectifs déterminatifs.

Voyez *ce* papillon échappé du tombeau. (Delille.) | *Dix* tribus ont fui la cité sainte. (Fontanes.)
Ma main de *quelque* fleur esquisse la peinture. (Castel.) | *Tout* homme à son gré peut gouverner le sort. (Duché.)

Ce, ma, quelque, dix, tous, sont des adjectifs déterminatifs. (*V*. page 19.)

L'adjectif *ce* exprime l'*indication* : *ce papillon*, c'est-à-dire le papillon que je vous montre. L'adjectif *ce* est un adjectif *démonstratif*.

L'adjectif *dix* exprime le *nombre*, c'est un adjectif déterminatif *numéral*.

L'adjectif *ma* exprime une idée de *possession* : *ma main*, c'est la main que j'ai, que je possède. L'adjectif *ma* est un adjectif déterminatif *possessif*.

Les adjectifs *tout, quelque,* expriment que le substantif est appliqué à un nombre *indéfini* d'individus. *Tout* et *quelque* sont des adjectifs *indéfinis*.

Il y a donc quatre sortes d'adjectifs déterminatifs : les adjectifs *démonstratifs*, les adjectifs *numéraux*, les adjectifs *possessifs*, les adjectifs *indéfinis*.

N° 45.

Des adjectifs démonstratifs.

Voyez *ce* papillon échappé du tombeau. (Delille.)
Cet admirable don, l'instinct, est loin de l'auguste raison. (Id.)

Ces juges iniques condamnèrent Socrate à boire la ciguë. (Fénélon.)
Ces poétiques fleurs qui charment l'univers. (Castel.)

L'adjectif *démonstratif* exprime l'indication ; en voici les formes :

SINGULIER.		PLURIEL.
Masculin.	Féminin.	Pour les deux genres.
Ce, cet.	Cette.	Ces.

On voit qu'il y a deux masculins ; *ce* qui se met devant les mots commençant par une consonne ou un *h* aspiré : *ce village, ce hameau* ; et *cet*, qui se met devant une voyelle ou un *h* muet : *cet oiseau, cet homme*.

N° 46.

Des adjectifs numéraux.

Un homme en vaut *un* autre.
Deux avis valent mieux qu'*un*.

Six forts chevaux trainaient un coche. (La Fontaine.)
Quatre chats se vont tuer tout bonnement. (Id.)

Les adjectifs *numéraux* déterminent la signification du substantif en y ajoutant une idée de *nombre* ou d'*ordre* ; ils se divisent en :

1° Adjectifs numéraux *cardinaux*, qui servent à compter, à indiquer le nombre ; comme *un, deux, trois, quatre, cinq, six, dix, vingt, cent, mille*, etc.

2° Adjectifs numéraux *ordinaux*, qui servent à indiquer l'ordre, le rang, comme *premier, second, deuxième, troisième*, etc. : *Romulus fut le* PREMIER *roi de Rome*.

Ces derniers, à l'exception de *premier, second*, se forment des adjectifs de nombre cardinaux.

Unième ne s'emploie que dans les composés, *vingt et unième.* Le *f* de *neuf* se change en *v* dans *neuvième.*

N° 47.

Des adjectifs possessifs.

Mon ami, la sobriété en toute chose, c'est l'art de jouir. (Du Tremblay.)	*Mes* sens sont glacés d'effroi. (J.-B. Rousseau.)
Ma main de quelque fleur esquisse la peinture. (Castel.)	*Ton* empire s'étend du couchant à l'aurore. (Castel.)

Les adjectifs *possessifs* sont ceux qui expriment la possession; ces adjectifs sont:

SINGULIER.		PLURIEL.
Masculin.	Féminin.	Pour les deux genres.
Mon,	*ma,*	*mes,*
Ton,	*ta,*	*tes,*
Son,	*sa,*	*ses.*

Pour les deux genres.	
Notre,	*nos,*
Votre,	*vos,*
Leur,	*leurs.*

Il faut remarquer que, pour éviter un hiatus, les formes *mon, ton, son,* s'emploient au féminin au lieu de *ma, ta, sa,* devant une voyelle ou un *h* muet: on dit *mon âme,* au lieu de *ma âme; ton humeur* au lieu de *ta humeur; son épée* au lieu de *sa épée.*

Il faut remarquer encore que le mot *leur* n'est adjectif possessif que lorsqu'il est immédiatement suivi d'un substantif ou d'un adjectif.

N° 48.

Des adjectifs indéfinis.

Tout homme est sujet à la mort. (Académie.)	*Aucun* chemin de fleurs ne conduit à la gloire. (La Fontaine.)

DE LA GRAMMAIRE NATIONALE.   31

Chaque homme a son génie. | On méprise ceux qui n'ont *aucune* vertu.
Nul homme n'est heureux. | *Quel* bras vous suspendit, innombrables étoiles ? (Racine.)
(Boiste.) |

Les adjectifs *indéfinis* sont ceux qui ajoutent au substantif qu'ils précèdent une idée vague, indéfinie, générale (1); ces adjectifs sont :

	SINGULIER.		PLURIEL.
Masculin.	Féminin.	Masculin.	Féminin.
TOUT,	*toute,*	*tous,*	*toutes.*
TEL,	*telle,*	*tels,*	*telles.*
QUEL,	*quelle,*	*quels,*	*quelles.*
NUL,	*nulle,*	*nuls,*	*nulles.*
AUCUN,	*aucune,*	*aucun,*	*aucunes.*
MAINT,	*mainte,*	*maints,*	*maintes.*
CERTAIN,	*certaine,*	*certains,*	*certaines.*
QUELQUE,	*quelque,*	*quelques,*	*quelques.*
MÊME,	*même,*	*mêmes,*	*mêmes.*

CHAQUE, qui sert pour les deux genres, au singulier seulement.

PLUSIEURS, qui sert pour les deux genres, au pluriel seulement.

QUESTIONNAIRE.

26 Qu'est-ce que l'adjectif ? — Comment le reconnaît-on ?
27. Combien y a-t-il de sortes d'adjectifs ? — Qu'est-ce qu'un adjectif qualificatif ? — Qu'est-ce qu'un adjectif déterminatif ?
28. Qu'est-ce qu'un adjectif verbal ?
29. Quand un substantif est-il employé adjectivement ?

---

(1) Nous croyons, avec plusieurs grammairiens, qu'il n'y a point d'adjectifs *indéfinis. Quelque, plusieurs, maint, seul*, etc., doivent être considérés comme des adjectifs numéraux, parce que ces adjectifs expriment une idée de quantité; et adjectifs qualificatifs les mots *quel, quelconque*, qui expriment une qualité indéterminée ; *tel* qui exprime une idée de similitude, et *même* qui exprime une idée d'identité.

30. Quand un adjectif est-il employé substantivement ?
31. L'adjectif a-t-il par lui-même un genre ? — Comment s'accorde-t-il ?
32. Comment forme-t-on le féminin dans les adjectifs ?
33. Les adjectifs terminés par un *e* muet changent-ils au féminin ? — Comment les mots *traître*, *diable* et *maître* font-ils au féminin ?
34. Comment forme-t-on le féminin des adjectifs terminés par *x* ? — Quel est le féminin de *doux*, *vieux*, *préfix*, *roux* ?
35. Comment forme-t-on le féminin des adjectifs en *f* ?
36. Comment forme-t-on le féminin des adjectifs en *eur* ? — Comment font au féminin : *antérieur*, *citérieur*, *supérieur*, *exécuteur*, *créateur*, *débiteur*, *inspecteur*, *inventeur* ?
37. Quel est le féminin des adjectifs en *as*, *el*, *eil*, *ien*, *es*, *il*, *et*, *on*, *os*, *ot* ? — Des adjectifs *secret*, *concret*, *incongret*, *complet*, *replet*, *mauvais*, *inquiet* ?
38. Comment font au féminin *public*, *caduc*, *blanc*, *sec*, *bénin*, *malin*, *turc*, *grec*, *mou*, *nouveau* ?
39. Comment se forme le pluriel dans les adjectifs ? — Quel est le pluriel de *bon* et *nouveau* ?
40. Quel est le pluriel des adjectifs terminés par *s* et *x* ?
41. Comment se forme le pluriel des adjectifs en *al* ? — Quel est le pluriel de *final*, *théâtral*, *fatal* ?
42. A quel nombre met-on l'adjectif en rapport avec plusieurs substantifs ?
43. A quel genre se met l'adjectif qui se rapporte à plusieurs substantifs de différent genre ?
44. Combien y a-t-il de sortes d'adjectifs déterminatifs ?
45. Qu'est-ce qu'un adjectif démonstratif ? — Quels sont les adjectifs démonstratifs ? — Devant quels mots place-t-on *ce* et *cet* ?
46. Qu'est-ce qu'un adjectif numéral ? — Quels sont les adjectifs numéraux ? — Combien y a-t-il de sortes d'adjectifs numéraux ? — Qu'est-ce qu'un adjectif numéral ordinal ? — Qu'est-ce qu'un adjectif numéral cardinal ? — Quels sont les adjectifs ordinaux ? — Quels sont les adjectifs cardinaux ?
47. Qu'est-ce qu'un adjectif possessif ? — Quels sont les adjectifs possessifs ? — Devant quels mots se placent *mon*, *ton*, *son* ?
48. Qu'est-ce qu'un adjectif indéfini ? — Quels sont les adjectifs indéfinis ?

CHAPITRE QUATRIÈME.

DU PRONOM.

N° 49.

Définition du pronom.

Nulle paix pour l'impie : *il la* cherche, *elle* fuit.
Tout homme doit savoir oublier l'injure qu'*il* a reçue.

Les enfants sont attachés à la nourrice qui *les* a allaités.
La mère expose sa vie pour l'enfant qu'*elle* a élevé.

Tout mot que l'on met à la place d'un substantif, soit pour en rappeler l'idée, soit pour en éviter la répétition, est un PRONOM.

N° 50.

Des diverses sortes de pronoms.

Je pardonne de bon cœur à mes ennemis.
Le suffrage de la nature l'emporte sur *celui* de l'art.

Tes yeux sont meilleurs que *les miens*. (La Fontaine.)
Le fer, *qui* tranche tout, n'est qu'un moyen vulgaire.

Il y a six sortes de pronoms : Les pronoms *personnels*, les pronoms *possessifs*, les pronoms *relatifs*, les pronoms *démonstratifs*, les pronoms *interrogatifs*, et les pronoms *indéfinis*.

N° 51.

Des pronoms personnels.

Je te verrai sans ombre, ô vérité céleste ! (Racine.)
Me voilà seul portant la peine universelle.

Les grandes prospérités *nous* aveuglent.
Le voilà donc rempli cet oracle funeste !

Les pronoms *personnels* sont ceux qui désignent les personnes.

Il y a *trois* personnes : La première est celle *qui* parle ;

la seconde est celle *à qui* l'on parle ; la troisième est celle *de qui* l'on parle.

Tableau des pronoms personnels.

PREMIÈRE PERSONNE.	*Je, me, moi,* servent pour le singulier et sont des deux genres. *Nous,* sert pour le pluriel, et est des deux genres.
SECONDE PERSONNE.	*Tu, te, toi,* servent pour le singulier et sont des deux genres. *Vous,* sert pour le pluriel et est des deux genres.
TROISIÈME PERSONNE.	*Il, le,* sert pour le masculin singulier. *Lui,* sert pour le singulier et est des deux genres. *Elle, la,* sert pour le singulier féminin. *Ils, eux,* servent pour le pluriel masculin. *Elles,* sert pour le féminin pluriel. *Les, leur,* sert pour le pluriel des deux genres. *Se, soi, en, y,* sont des deux genres et des deux nombres ; *en* signifie *de lui, d'elle, d'eux, d'elles* ; *y* signifie *à cette chose, à ces choses.*

N° 52.

Fonctions des pronoms personnels.

Mon fils, *je me* flatte que *je* serai toujours content de ta conduite.

Je me dis souvent que *nous* serions heureux, si *nous* savions borner nos désirs.

Mon pauvre ami, *tu te* flattes en vain de réussir.

Ma fille, *je te* recommande d'être studieuse, douce et obéissante.

Je, tu, il, ils, sont toujours employés comme sujets.

Moi, toi, nous, vous, elle, elles, eux, lui (masculin), *soi*, sont tantôt sujets, tantôt compléments soit directs, soit indirects.

Me, te, se, lui (féminin pour *à elle*) sont toujours compléments soit directs, soit indirects.

Le, la, les, sont toujours compléments directs. (Ils sont *articles* quand ils sont placés devant un substantif; ils sont *pronoms* quand ils sont placés avant ou après un verbe).

Leur, en, y, sont toujours compléments indirects.

N° 53.

Élision de l'e ou de l'a final de je, me, te, se, le, la.

Je te verrai sans ombre, ô vérité céleste!	*J'*avais encore tes vœux; j'avais encore ton cœur.
Me voilà seul portant la peine universelle!	Ne *m'*ôtez pas ce bien dont je suis si jaloux.
Te montrerai-je les objets tels qu'ils sont?	*T'*attendre aux yeux d'autrui, quand tu dors, est erreur.
Se vaincre appartient aux héros.	*S'*étonner est du peuple, admirer est d'un sage.
Le voilà donc rempli cet oracle funeste!	*L'*a-t-on vu (le coursier) pressant l'herbe fleurie?

Les pronoms personnels *je, me, te, se, e, la*, placés devant un mot commençant par une voyelle ou *h* non aspiré, occasioneraient un hiatus désagréable. C'est pour éviter cet hiatus qu'en pareille rencontre on supprime la lettre finale, et qu'on la remplace par l'apostrophe.

N° 54.

Des pronoms démonstratifs.

Le suffrage de la nature l'emporte sur *celui* de l'art.	Les cornes sont la défense du taureau; l'aiguillon, *celle* de l'abeille; la raison, *celle* de l'homme.
On fabrique maintenant des fusils à piston : *ceux* que l'on	

36   ABRÉGÉ

fabriquait autrefois offraient moins d'avantages.

Les hommes qui ont le plus vécu ne sont pas *ceux* qui ont compté le plus d'années, mais *ceux* qui ont le mieux employé *celles* qui leur ont été départies.

Les pronoms *démonstratifs* sont ceux qui rappellent l'idée du substantif, en y ajoutant une idée d'indication. Ces pronoms sont :

SINGULIER.		PLURIEL.	
Masculin.	Féminin.	Masculin.	Féminin.
CELUI,	*celle*,	*ceux*,	*celles.*
CELUI-CI,	*celle-ci*,	*ceux-ci*,	*celles-ci.*
CELUI-LA,	*celle-là*,	*ceux-là*,	*celles-là.*

Ce, *ceci*, *cela*, n'ont pas de pluriel.

Celui-ci, *celle-ci*, s'emploient pour désigner des choses proches : et *celui-là*, *celle-là*, pour désigner des choses éloignées.

Quand *ce* est placé devant un substantif, il est adjectif; quand il est placé devant un verbe il est *pronom*.

Le pronom personnel *se* est toujours devant un verbe réfléchi ; le pronom *ce* ne s'y trouve jamais.

N° 55.

Des pronoms possessifs.

L'ambition ni la fumée ne touchent point un cœur comme *le mien*.

Ami, dit l'un, tes yeux sont meilleurs que *les miens*.

Mon cœur dans *le tien* se plaît à s'épancher.

Je veux lui faire connaître mes sentiments et *les tiens*.

Les pronoms *possessifs* sont ceux qui rappellent l'idée du substantif, en y ajoutant une idée de possession. Ce sont :

SINGULIER.		PLURIEL.	
Masculin.	Féminin.	Masculin.	Féminin.
LE MIEN,	*la mienne*,	*les miens*,	*les miennes.*
LE TIEN,	*la tienne*,	*les tiens*,	*les tiennes.*
LE SIEN,	*la sienne*,	*les siens*,	*les siennes.*

LE NÔTRE,	la nôtre,	les nôtres,	
LE VÔTRE,	la vôtre,	les vôtres,	des deux genr.
LE LEUR,	la leur,	les leurs,	

On met un accent circonflexe sur l'*ô* dans *nôtre*, *vôtre*, quand ces mots sont placés après un article : ce château est le *nôtre*; celui-ci est le *vôtre*; ces propriétés sont *les nôtres*, et non *les vôtres*.

N° 56.

Des pronoms relatifs.

Le fer, *qui* tranche tout, n'est qu'un moyen vulgaire.	La douleur *qui* se tait n'en est que plus funeste.
Je méconnais les grands *qui* n'ont pas l'âme grande.	Loin des personnes *qui* nous sont chères, toute demeure est un désert.

Les pronoms *relatifs* sont ainsi appelés à cause de la relation intime qu'ils ont avec un substantif ou un pronom qui précède, et dont ils rappellent l'idée. Ces pronoms sont :

1° Qui, que, quoi, dont, où, pour les deux genres et les deux nombres;

2° Lequel, duquel, auquel.

SINGULIER.		PLURIEL.	
Masculin.	Féminin.	Masculin.	Féminin.
Lequel,	laquelle,	lesquels,	lesquelles.
Duquel,	de laquelle,	desquels,	desquelles.
Auquel,	à laquelle,	auxquels,	auxquelles.

L'*e* final de *que* s'élide lorsque ce pronom est suivi d'un mot commençant par une voyelle.

Les pronoms relatifs s'accordent en genre, en nombre et en personne avec leur antécédent, c'est-à-dire avec le mot qui *marche devant*, qui *précède*.

N° 57.

Des pronoms interrogatifs.

Qui peut dire s'il vivra demain ?

Que peut le courage contre des assassins ?

A quoi sert le bonheur d'être né vertueux ?

Quel est donc votre mal ?

Les pronoms *interrogatifs* sont ceux qui servent à interroger ; ces pronoms sont :

Qui ? que ? quoi ? à quoi ? de quoi ? lequel ? laquelle ? lesquels ? lesquelles ? duquel ? de laquelle ? desquels ? desquelles ? auquel ? à laquelle ? auxquels ? auxquelles ? quel ? quels ? quelle ? quelles ?

N° 58.

Des pronoms indéfinis.

On a souvent besoin d'un plus petit que soi.

Quiconque désire toujours, passe sa vie à attendre.

Par soi-même on peut juger d'autrui.

Personne ne veut être plaint de ses erreurs.

Les pronoms *indéfinis* sont ceux qui rappellent l'idée des personnes ou des choses d'une manière vague, indéterminée, indéfinie Ces pronoms sont : *on, quiconque, autrui, chacun, chacune, tout, tous, rien, quelqu'un, quelqu'une, personne, l'un, l'une, l'autre, les uns, les unes, les autres, qui que ce soit, quoi que ce soit, nul, aucun, tel, plusieurs, l'un et l'autre, l'une et l'autre, les uns et les autres, les unes et les autres.* Ces pronoms sont de la troisième personne.

QUESTIONNAIRE.

49. Qu'est-ce qu'un pronom ?
50. Combien y a-t-il de sortes de pronoms ? — Nommez-les.

Qu'entend-on par pronoms personnels ? — Combien y a-

DE LA GRAMMAIRE NATIONALE.

t-il de personnes? — Quelle est la première? la seconde? la troisième? — Nommez les pronoms personnels de la première personne, ceux de la seconde, ceux de la troisième.
51. A quoi servent les pronoms personnels?
52. Quelles sont les fonctions des pronoms personnels?
53. Dans quels cas a lieu l'élision de l'*e* ou de l'*a* final de *je, me, te, se, le, la?*
54. A quoi servent les pronoms démonstratifs? — Quels sont-ils? — Quelle différence y a-t-il entre *ce* pronom et *ce* adjectif?
55. A quoi servent les pronoms possessifs? — Quels sont-ils? — Quand met-on un accent circonflexe sur *notre, votre?*
56. A quoi servent les pronoms relatifs? — Quels sont-ils? — Quand s'élide l'*e* du pronom *que?* — Comment s'appelle le substantif ou le pronom qui précède les pronoms relatifs?
57. A quoi servent les pronoms interrogatifs? — Quels sont-ils?
58. A quoi servent les pronoms indéfinis? — Quels sont-ils?

CHAPITRE CINQUIÈME.

DU VERBE.

N° 59.

Définition du Verbe.

Souffrir est son destin, *bénir* est son partage.
Bâtir est beau, mais *détruire* est sublime.

Haïr est bon, mais *aimer* vaut bien mieux.
Aimer sans espérance *est* un cruel ennui.

On appelle *verbes* les mots qui expriment l'existence ou l'action, c'est-à-dire qui indiquent qu'une personne ou une chose est dans tel état ou fait telle ou telle action.

Tout mot qu'on peut mettre a près *je, tu, il, elle, nous, vous, ils,* etc., est un VERBE; *rire, pleurer, manger, dormir,* sont des verbes, parce qu'on peut dire: *Je ris, je pleure, je mange, je dors.*

N° 60.

Du sujet du verbe.

Je PUIS faire les rois, *je* PUIS les déposer.
Tu RÉGNERAIS encore si *tu* l'AVAIS voulu.

Dieu TIENT le cœur des rois entre ses mains puissantes.
L'homme EST né pour régner sur tous les animaux.

Nulle *action* ne peut avoir lieu, à moins que quelqu'un ne la fasse; nul état ne peut être, que quelqu'un ne soit dans cet état.

On appelle *sujet* du verbe, la personne ou la chose qui fait l'action ou qui est dans l'état exprimé par le verbe.

Tout mot qui répond à l'une des questions *qui est-ce qui? qu'est-ce qui?* en ajoutant à ces questions le verbe dont on désire connaître le sujet, est le véritable sujet de ce verbe.

N° 61.

Du régime ou complément des verbes.

Aime *Dieu*.
Honore *ton père*.

Tout vient *de Dieu*,
Il ne faut nuire *à personne*.

Le régime d'un verbe est le mot ou les mots qui dépendent de ce verbe et qui en complètent le sens.

Dans *aimons* DIEU, le mot *Dieu* sert à compléter le sens du verbe *aimons*; *Dieu* est le régime de ce verbe.

Dans *tout vient* DE DIEU, l'expression *de Dieu* sert à compléter le sens du verbe *vient*; cette expression *de Dieu* est donc le régime de ce verbe.

Les verbes admettent deux sortes de régimes : le *régime direct*, et le *régime indirect*.

Le régime *direct* est celui qui complète directement le sens d'un verbe, c'est-à-dire sans le secours d'aucun autre mot intermédiaire. Il répond à la question *qui?* pour les personnes, et *quoi?* pour les choses. *J'aime* L'ÉTUDE; *on estime* LES GENS VERTUEUX. J'aime quoi? L'ÉTUDE; on estime *qui?* LES GENS VERTUEUX. *L'étude*, et *les gens vertueux* sont donc les régimes directs des verbes *aime, estime.*

Le régime *indirect* est celui qui complète la signification du verbe au moyen d'un mot intermédiaire, tels que *à, pour, de, avec, dans*, etc. Il répond à l'une des questions *à qui? de qui? pour qui? avec qui?* etc. pour les personnes, et *à quoi? de quoi? pour quoi? avec quoi?* etc. pour les choses : *Nuire à ses intérêts, médire de quelqu'un;* nuire à quoi? A SES INTÉRÊTS. Médire de qui? DE QUELQU'UN. *A ses intérêts, de quelqu'un* sont donc les régimes indirects des verbes *nuire* et *médire*.

N° 62.

De la personne dans les verbes.

JE *puis* faire les rois, JE *puis* les déposer.

Nous ne *vivons* jamais, NOUS *attendons* la vie.

TU *régnerais* encore si TU l'*avais* voulu!

VOUS ne *parviendrez* pas à changer le cœur des ingrats.

Tout verbe devant lequel on met *je, nous*, est à la première personne : *je* LIS, *nous* LISONS.

Tout verbe devant lequel on met *tu, vous*, est à la seconde personne.

Tout verbe devant lequel on met *il, elle, ils, elles*, ou un *substantif* quelconque, est à la troisième personne.

N° 63.

Du nombre dans les verbes.

Dieu *tient* le cœur des rois entre ses mains puissantes.

Les rois *tiennent* leurs droits de Dieu.

L'homme *est* né pour régner sur tous les animaux.

Les hommes *sont* encore enfants à soixante ans.

Il y a dans les verbes deux *nombres* : le *singulier*, quand on parle d'une seule personne ou d'une seule chose, comme *je lis, l'enfant dort*; le *pluriel*, quand on parle de plusieurs personnes, de plusieurs choses, comme *nous lisons, les enfants dorment.*

N° 64.
Des temps dans les verbes.

J'*attends* de Bérénice un moment d'entretien. | Je *tiendrai* tout ce que j'*ai promis*.

Il y a trois temps principaux dans les verbes :

1° Le *présent*, qui marque que la chose se fait au moment où l'on parle : *je mange* est au présent, parce que l'action de manger se fait au moment où l'on parle.

2° Le *passé*, qui marque que la chose a été faite ; *j'ai mangé*, est au passé, parce que l'action de manger a été faite.

3° Le *futur*, qui marque que la chose se fera après le moment où l'on parle ; *je mangerai* est au futur, parce que l'action de manger ne se fera que plus tard.

N° 65.
Autres temps du passé et du futur.

Les habitants *abandonnaient* la ville quand des secours leur arrivaient. | Les habitants ont *abandonné* la ville.
Les habitants *abandonnèrent* la ville aussitôt après l'arrivée des ennemis. | Quand les habitants *eurent abandonné* la ville, l'ennemi y entra.

Il y a cinq autres temps destinés à indiquer les diverses sortes de passé et de futur.

L'*imparfait*, qui marque que l'état ou l'action est bien passée par rapport au moment où l'on parle, mais qu'elle était présente, qu'elle était encore *imparfaite* par rapport à une autre action, à un autre état passé : je LISAIS *quand vous êtes entré*.

Le *passé défini*, qui marque que l'état ou l'action a eu lieu dans une époque passée, mais déterminée, totalement écoulée : je VOYAGEAI *l'année dernière*.

Le *passé indéfini*, qui indique l'état ou l'action comme passée, mais sans préciser nullement l'époque du passé où elle s'est faite ; et elle reste indéfinie tant qu'on n'y joint pas quelques mots plus précis, comme *hier*, *il y a deux ans*, *ce matin*, etc. *J'ai joué* est donc avec raison nommé un *passé indéfini*.

Le *passé antérieur*, qui exprime l'état ou l'action comme ayant eu lieu *antérieurement* à une autre dans une époque passée : *quand j'*EUS DINÉ*, je partis*.

Le *plus-que-parfait*, qui marque non seulement que l'état ou l'action est passée par rapport au temps où l'on parle, mais qu'elle était déjà *parfaitement* achevée par rapport à une autre action passée ; c'est, pour ainsi dire, maintenant un *double-passé*.

N° 66.

Des temps simples et des temps composés.

Nous *avons* tous nos goûts, nos désirs, nos talents.

Des lauriers *couronnaient son* front noble et serein.

La nuit *a dissipé* des erreurs si charmantes.

Un moment *a vaincu* ma téméraire audace.

Les temps des verbes sont *simples* ou *composés*.

Les temps simples sont ceux où le verbe s'exprime par un seul mot, non compris le pronom ; *chanter*, *chantant*, *je chante*, *je chanterai*, *elle chanta*, *nous dînerons*, sont des temps simples.

Les temps composés sont ceux où le verbe s'exprime par plusieurs mots ; *avoir chanté*, *nous avons lu*, *ils auraient dansé*, sont des temps composés.

N° 67.

Du mode dans les verbes.

Il faut *semer* pour *moissonner*.

La vie *passe* comme l'ombre.

Obéis, si tu veux qu'on *t'obéisse* un jour.

Tel *serait* devenu un grand homme, s'il avait connu son fort.

On appelle *modes* les différentes inflexions que prend le verbe pour exprimer l'existence ou l'action indépendamment du nombre, de la personne et du temps.

Il y a cinq modes.

1° L'*indicatif*, qui affirme que la chose *est*, qu'elle *a été*, ou qu'elle *sera* : *je lis*, *j'ai lu*, *je lirai*.

2° Le *conditionnel*, qui exprime qu'une chose *serait* ou *aurait été*, moyennant une condition : je LIRAIS *si j'avais un livre*; j'AURAIS LU, *si j'avais eu un livre*.

3° L'*impératif*, qui exprime une *prière*, un *commandement* : *lis*, *mange*, *sors*.

4° Le *subjonctif*, qui présente l'action ou l'état d'un sujet sous la dépendance d'un autre verbe déjà énoncé et exprimant le *doute*, le souhait, la *crainte* : je *crains qu'il ne* VIENNE; je *souhaite qu'il* PARTE; je *doute qu'il le* FASSE.

L'*infinitif*, qui n'exprime l'action ou l'état du sujet que d'une manière vague, sans nombre ni personne : *lire*, *manger*, *dormir*. Dans l'infinitif se trouve compris le *participe*, qui présente un caractère également indéterminé : *aimant*, *aimé*.

N° 68.

Modes personnels et modes impersonnels.

| On doit *aimer* Dieu. | *J'aime* Dieu. |
| Il faut *honorer* ses parents. | *Tu honores* tes parents. |

On divise les modes des verbes en *modes personnels* et *modes impersonnels*.

Les modes personnels sont ceux où le verbe varie selon la personne et le nombre du sujet; dans ces modes on peut joindre le verbe à l'un des pronoms *je*, *tu*, *il*, *nous*, *vous*, *ils*.

Les modes impersonnels sont ceux où le verbe n'est point soumis à ces variations, c'est-à-dire ne s'accorde point en personne avec le sujet.

Les modes personnels sont : l'*indicatif*, le *conditionnel*, l'*impératif* et le *subjonctif* : *je cours*, *je partirais*, *sors*, *que je sorte*.

Il n'y a qu'un mode impersonnel, l'*infinitif*. Les verbes de ce mode peuvent se joindre à l'une des expressions suivantes : *je veux*, *j'ai*, *je suis*, *en* ; exemples : *je veux* COURIR ; *j'ai* COURU ; *je suis* TOMBÉ, *en* COURANT.

N° 69.

Des différentes espèces de verbes.

Vaincre SES PASSIONS est glorieux. | La jeunesse *est embellie* par les grâces.
Rien ne peut *arrêter* LE TEMPS. | L'homme *naît*, *vit* et *meurt*.

Il y a cinq sortes de verbes : le verbe *actif*, le verbe *passif*, le verbe *neutre*, le verbe *réfléchi* et le verbe *impersonnel*.

N° 70.

Du verbe actif.

Il cherche à *mériter* VOTRE ESTIME. | Craignez de *compromettre* VOTRE RÉPUTATION.
Il craint d'*immoler* UNE FILLE CHÉRIE. | Cérès enseigna à Triptomèle à *cultiver* LA TERRE.

Le verbe *actif* (1) est celui qui exprime une action faite par le sujet, et qui retombe sur un objet qui est le régime direct de ce verbe.

Tout verbe après lequel on peut mettre *quelqu'un* ou *quelque chose* est un verbe actif.

Ainsi, *écrire*, *aimer*, sont des verbes *actifs*, parce qu'on peut dire, *écrire* QUELQUE CHOSE, *aimer* QUELQU'UN.

N° 71.

Du verbe passif.

Une mauvaise action *est suivie* du repentir. | Cette ville *est privée* de tout agrément.
La jeunesse *est embellie* par les grâces. | Son cœur *est étonné* de ses nouveaux désirs.

---

(1) La dénomination d'*actif* est sans doute défectueuse, puisque presque tous les verbes expriment des actes ; mais celle de *transitif* ne serait pas plus logique. Tenons-nous en donc aux anciennes dénominations jusqu'à ce qu'on en ait trouvé de meilleures.

Le verbe *passif* est celui dont le sujet souffre, reçoit l'action exprimée par ce verbe. Le verbe *passif* est le contraire du verbe *actif* ; dans ces phrases :

> La flatterie *gâte* le cœur.
> Le cœur *est gâté* par la flatterie.

On voit que le régime de la première devient le sujet de la seconde. Les verbes passifs ne peuvent avoir que des régimes indirects marqués par les prépositions *de* ou *par* : La souris EST MANGÉE *par le chat* ; ces enfants SONT AIMÉS *de leurs parents*. Tout verbe *actif* a son passif correspondant, à quelques exceptions près (1).

N° 72.

Du verbe neutre (2).

| Le feu follet *paraît* et *disparaît*. | L'empressé *va*, *vient* et *revient*. |
| L'homme *naît*, *vit* et *meurt*. | Le végétal *croît* et *vit*. |

Le verbe *neutre* est celui qui, comme le verbe actif, exprime une action faite par le sujet ; mais il en diffère en ce qu'il n'a pas de régime direct. On le reconnaît toutes les fois qu'on ne peut mettre immédiatement après lui *quelqu'un* ou *quelque chose* : *plaire*, *languir*, *nuire*, *marcher*, etc., sont des verbes neutres, parce qu'on ne peut dire *plaire quelqu'un*, *languir quelque chose*, *nuire quelqu'un*, *marcher quelque chose*. Lorsque ces verbes sont suivis d'un régime, ce régime est toujours un régime indirect : *plaire* A QUELQU'UN, *languir*, D'ENNUI, *nuire* A SON PROCHAIN, *marcher* A L'ENNEMI. Le verbe neutre n'a point de *passif* ; on ne dirait pas une

---

(1) A la rigueur nous n'avons pas de *verbes passifs*, nous n'avons que des *locutions passives* ; mais nous n'avons conservé cette vieille dénomination, qu'afin de ne pas dérouter les élèves par des dénominations nouvelles, en opposition directe avec ce qu'ils connaissent.

(2) *Neutre* signifie qui *n'est ni l'un ni l'autre*, c'est-à-dire ni actif ni passif. Sous le rapport du sens, il n'y a en effet que ces trois sortes de verbes.

personne *est marchée*, *est dormie*. On excepte cependant *obéir, convenir*, et quelques autres : *il est obéi, cela est convenu.*

Un verbe actif peut s'employer neutralement : Cet amateur qui *chante* une romance *chante* bien. De même un verbe neutre peut s'employer activement : *courir* les bals.

N° 73.

Des verbes réfléchis.

Je me *félicite* d'avoir recouvré la santé.	Tu te *vantes* de tes forces corporelles.
Il se *flatte* de remporter la victoire.	Nous nous *engourdissons* dans la mollesse.

On appelle réfléchis les verbes qui sont accompagnés de deux pronoms se rapportant à la même personne, comme *je me flatte, tu te loues, il se nuit*, c'est-à-dire, je flatte moi, tu loues toi, il nuit à soi.

Le verbe réfléchi est direct ou indirect, selon que le pronom personnel réfléchi est complément direct, comme dans : *il se flatte*, ou complément indirect ; comme dans : *il se nuit*.

Le verbe réfléchi s'emploie au figuré avec un nom de chose inanimée : *le temps se couvre*, etc. Il devient verbe *réciproque* lorsqu'il exprime l'action réciproque de plusieurs sujets : *Ces enfants s'aiment et se plaisent.*

Le verbe *essentiellement* réfléchi est celui qui ne peut s'employer sans les pronoms réfléchis : *se repentir, s'évanouir*, etc. Le verbe *accidentellement* réfléchi est celui qui de sa nature est actif ou neutre : *s'aimer, se nuire*, etc.

Quelques verbes réfléchis n'ont que la forme de cette espèce de verbe, sans en avoir le sens, tels sont *se mourir, s'en aller.*

N° 74.

Des verbes impersonnels.

Il *pleut*.	Il *fait* du vent.
Il *tonne*.	Il *gèle*.

Les verbes impersonnels ou unipersonnels sont ceux qui ont pour sujet le pronom absolu *il*, et qui ne s'emploient qu'à la troisième personne du singulier.

Le verbe unipersonnel l'est essentiellement, comme *il faut, il pleut* (1), ou accidentellement, comme *il convient, il y a*, etc.

Certains verbes sont à la fois unipersonnels et réfléchis : *il ne s'agit pas de cela, il s'est écoulé* bien des années.

N° 75.
Des diverses conjugaisons.

Aimer est un besoin de l'âme.	*Recevoir* des injures sans répondre est d'un sage.
Punir est un tourment.	*Tenir* vaut mieux mille fois que *d'attendre*.

Écrire ou réciter successivement par ordre les différents modes d'un verbe avec tous ses temps, ses nombres et ses personnes, cela s'appelle *conjuguer*.

Il y a quatre conjugaisons différentes, que l'on distingue par la terminaison de l'infinitif.

La première conjugaison a l'infinitif terminé en *er*, comme *aim*ER ; la seconde a l'infinitif terminé en *ir*, comme *fin*IR ; la troisième conjugaison a l'infinitif terminé en *oir*, comme *recev*OIR ; la quatrième conjugaison a l'infinitif terminé en *re*, comme *rend*RE.

N° 76.
Des verbes auxiliaires.

Il *est* aimé.	Il *a* vaincu.

Il y a deux verbes que l'on appelle *auxiliaires*, parce

---

(1) L'emploi de ce verbe n'est cependant pas uniquement affecté à la troisième personne du singulier, et on peut très bien dire : *faveurs célestes, avec quelle abondance ne* PLEUVIEZ-VOUS *pas sur les beaux jours de mon enfance? Prédicateurs zélés, avec quelle véhémence ne* TONNIEZ-VOUS *pas contre le vice et les passions?*

qu'ils servent à conjuguer tous les autres ; ce sont *être* et *avoir*.

Conjugaison du verbe être.

Le verbe *être* sert d'auxiliaire : 1° A tous les verbes passifs ; 2° A tous les verbes réfléchis ; 3° A quelques verbes neutres ; 4° A quelques verbes unipersonnels. Il est verbe substantif quand il est seul : *Je* suis *malade*. Le participe *été* est toujours invariable.

MODE INDICATIF.

Temps simples.   *Temps composés.*

PRÉSENT.

Je suis.
Tu es.
Il est.
Nous sommes.
Vous êtes.
Ils sont.

PASSÉ INDÉFINI.

J'ai été.
Tu as été.
Il a été.
Nous avons été.
Vous avez été.
Ils ont été.

IMPARFAIT.

J'étais.
Tu étais.
Il était.
Nous étions.
Vous étiez.
Ils étaient.

PLUS-QUE-PARFAIT.

J'avais été.
Tu avais été.
Il avait été.
Nous avions été.
Vous aviez été.
Ils avaient été.

PASSÉ DÉFINI.

Je fus.
Tu fus.
Il fut.
Nous fûmes.
Vous fûtes.
Ils furent.

PASSÉ ANTÉRIEUR.

J'eus été.
Tu eus été.
Il eut été.
Nous eûmes été.
Vous eûtes été.
Ils eurent été.

FUTUR.

Je serai.
Tu seras.
Il sera.
Nous serons.
Vous serez.
Ils seront.

FUTUR ANTÉRIEUR.

J'aurai été.
Tu auras été.
Il aura été.
Nous aurons été.
Vous aurez été.
Ils auront été.

MODE CONDITIONNEL.

PRÉSENT.	PASSÉ.
Je serais.	J'aurais été.
Tu serais.	Tu aurais été.
Il serait.	Il aurait été.
Nous serions.	Nous aurions été.
Vous seriez.	Vous auriez été.
Ils seraient.	Ils auraient été.

On dit aussi : J'eusse été. — Tu eusses été. — Il eût été. — Nous eussions été. — Vous eussiez été. — Ils eussent été.

MODE IMPÉRATIF.

PRÉSENT.	FUTUR ANTÉRIEUR.
Sois.	Aie été.
Soyons.	Ayons été.
Soyez.	Ayez été.

MODE SUBJONCTIF.

PRÉSENT. — PASSÉ.

Il est possible { Que je sois. / Que tu sois. / Qu'il soit. / Que nous soyons. / Que vous soyez. / Qu'ils soient. }

Il est possible { Que j'aie été. / Que tu aies été. / Qu'il ait été. / Que nous ayons été. / Que vous ayez été. / Qu'ils aient été. }

IMPARFAIT. — PLUS-QUE-PARFAIT.

Il était possible { Que je fusse. / Que tu fusses. / Qu'il fût. / Que nous fussions. / Que vous fussiez. / Qu'ils fussent. }

Il serait possible { Que j'eusse été. / Que tu eusses été. / Qu'il eût été. / Que nous eussions été. / Que vous eussiez été. / Qu'ils eussent été. }

MODE INFINITIF.

PRÉSENT.	PASSÉ.
Être.	Avoir été.

PARTICIPE.

PRÉSENT.	PASSÉ.
Étant.	Ayant été.

PASSÉ.
Été.

N° 76.

Conjugaison du verbe avoir.

Cver be sert d'auxiliaire : 1° A lui-même ; 2° A tou

les verbes actifs; 3° A la plupart des verbes neutres; 4° Aux verbes impersonnels en général. Il est verbe actif quand il a un régime direct : *J'ai un beau livre.*

INDICATIF.

Temps simples.   *Temps composés.*

PRÉSENT.

J'ai.
Tu as.
Il a.
Nous avons.
Vous avez.
Ils ont.

PASSÉ INDÉFINI.

J'ai eu.
Tu as eu.
Il a eu.
Nous avons eu.
Vous avez eu.
Ils ont eu.

IMPARFAIT.

J'avais.
Tu avais.
Il avait.
Nous avions.
Vous aviez.
Ils avaient.

PLUS-QUE-PARFAIT.

J'avais eu.
Tu avais eu.
Il avait eu.
Nous avions eu.
Vous aviez eu.
Ils avaient eu.

PASSÉ DÉFINI.

J'eus.
Tu eus.
Il eut.
Nous eûmes.
Vous eûtes.
Ils eurent.

PASSÉ ANTÉRIEUR.

J'eus eu.
Tu eus eu.
Il eut eu.
Nous eûmes eu.
Vous eûtes eu.
Ils eurent eu.

FUTUR.

J'aurai.
Tu auras.
Il aura.
Nous aurons.
Vous aurez.
Ils auront.

FUTUR ANTÉRIEUR.

J'aurai eu.
Tu auras eu.
Il aura eu.
Nous aurons eu.
Vous aurez eu.
Ils auront eu.

CONDITIONNEL.

PRÉSENT.

J'aurais.
Tu aurais.
Il aurait.
Nous aurions.
Vous auriez.
Ils auraient.

PASSÉ.

J'aurais eu.
Tu aurais eu.
Il aurait eu.
Nous aurions eu.
Vous auriez eu.
Ils auraient eu.

ABRÉGÉ

On dit aussi : J'eusse eu. — Tu eusses eu. — Il eût eu. — Nous eussions eu. — Vous eussiez eu. — Ils eussent eu.

IMPÉRATIF.

PRÉSENT.   FUTUR ANTÉRIEUR.
Aie.   Aie eu.
Ayons.   Ayons eu.
Ayez.   Ayez eu.

SUBJONCTIF.

PRÉSENT.   PASSÉ.

Il faut { Que j'aie.   *Il a*   { Que j'aie eu.
          Que tu aies.   *fallu*   Que tu aies eu.
          Qu'il ait.   Qu'il ait eu.
          Que nous ayons.   Que nous ayons eu.
          Que vous ayez.   Que vous ayez eu.
          Qu'ils aient. }   Qu'ils aient eu. }

IMPARFAIT.   PLUS-QUE-PARFAIT.

Il fal- { Que j'eusse.   *Il au-* { Que j'eusse eu.
lait   Que tu eusses.   *rait*   Que tu eusses eu.
            Qu'il eût.   *fallu*   Qu'il eût eu.
            Que nous eussions.   Que nous eussions eu.
            Que vous eussiez.   Que vous eussiez eu.
            Qu'ils eussent. }   Qu'ils eussent eu. }

INFINITIF.

PRÉSENT.   PASSÉ.
Avoir.   Avoir eu.

PARTICIPE.

PRÉSENT.   PASSÉ.
Ayant.   Ayant eu.

PASSÉ.
Eu.

N° 77.

CONJUGAISON DES VERBES ACTIFS.

PREMIÈRE CONJUGAISON : *CHANTER.*

INDICATIF.

Temps simples.   *Temps composés*
PRÉSENT.   PASSÉ INDÉFINI.
Je chant e.   J'ai chanté.

DE LA GRAMMAIRE NATIONALE.

Tu chant *es*.
Il chant *e*.
Nous chant *ons*.
Vous chant *ez*.
Ils chant *ent*.

Tu as chanté.
Il a chanté.
Nous avons chanté.
Vous avez chanté.
Ils ont chanté.

IMPARFAIT.

Je chant *ais*.
Tu chant *ais*.
Il chant *ait*.
Nous chant *ions*.
Vous chant *iez*.
Ils chant *aient*.

PLUS-QUE-PARFAIT.

J'avais chanté.
Tu avais chanté.
Il avait chanté.
Nous avions chanté.
Vous aviez chanté.
Ils avaient chanté.

PASSÉ DÉFINI.

Je chant *ai*.
Tu chant *as*.
Il chant *a*.
Nous chant *âmes*.
Vous chant *âtes*.
Ils chant *èrent*.

PASSÉ ANTÉRIEUR.

J'eus chanté.
Tu eus chanté.
Il eut chanté.
Nous eûmes chanté.
Vous eûtes chanté.
Ils eurent chanté.

FUTUR.

Je chant *erai*.
Tu chant *eras*.
Il chant *era*.
Nous chant *erons*.
Vous chant *erez*.
Ils chant *eront*.

FUTUR ANTÉRIEUR.

J'aurai chanté.
Tu auras chanté.
Il aura chanté.
Nous aurons chanté.
Vous aurez chanté.
Ils auront chanté.

CONDITIONNEL.

PRÉSENT.

Je chant *erais*.
Tu chant *erais*.
Il chant *erait*.
Nous chant *erions*.
Vous chant *eriez*.
Ils chant *eraient*.

PASSÉ.

J'aurais chanté.
Tu aurais chanté.
Il aurait chanté.
Nous aurions chanté.
Vous auriez chanté.
Ils auraient chanté.

On dit aussi : J'eusse chanté. — Tu eusses chanté. — Il eût chanté. — Nous eussions chanté. — Vous eussiez chanté. — Ils eussent chanté.

IMPÉRATIF.

PRÉSENT.

Chant *e*.
Chant *ons*.
Chant *ez*.

FUTUR ANTÉRIEUR.

Aie chanté.
Ayons chanté.
Ayez chanté.

SUBJONCTIF.

PRÉSENT.

Il faut
- Que je chant *e*.
- Que tu chant *es*.
- Qu'il chant *e*.
- Que nous chant *ions*.
- Que vous chant *iez*.
- Qu'ils chant *ent*.

PASSÉ.

Il a fallu
- Que j'aie chanté.
- Que tu aies chanté.
- Qu'il ait chanté.
- Que nous ayons chanté.
- Que vous ayez chanté.
- Qu'ils aient chanté.

IMPARFAIT.

Il fallait
- Que je chant *asse*.
- Que tu chant *asses*.
- Qu'il chant *ât*.
- Que nous chant *assions*.
- Que vous chant *assiez*.
- Qu'ils chant *assent*.

PLUS-QUE-PARFAIT.

Il aurait fallu
- Que j'eusse chanté.
- Que tu eusses chanté.
- Qu'il eût chanté.
- Que nous eussions chanté.
- Que vous eussiez chanté.
- Qu'ils eussent chanté.

INFINITIF.

PRÉSENT.

Chanter.

PASSÉ.

Avoir chanté.

PARTICIPE.

PRÉSENT.

Chantant.

PASSÉ.

Ayant chanté.

PASSÉ.

Chanté.

REMARQUES. 1° Dans les verbes en *cer*, le *c* prend une cédille avant *a*, *o* et *u*. *Nous plaçons, je menaçais*.

Il en est de même pour les autres conjugaisons : *Je conçois, j'aperçus*, etc.

2° Les verbes en *ger*, prennent un *e* après le *g* lorsqu'il doit être suivi de *a* ou de *o* : *je mangeais, nous jugeons*.

3° Les verbes en *eler, eter* comme *appeler, jeter*, doublent les consonnes *l* et *t* devant un *e* muet : *j'appelle, tu jettes*, etc. Sont exceptés de cette règle les verbes *becqueter* et *geler*, qui font je *becquète*, je *gèle*.

4° Dans les verbes qui ont un é fermé accentué avant la syllabe finale, comme *régner, pénétrer, répéter, révéler*, cet *é* devient ouvert et prend l'accent grave devant une syllabe muette : je *règne*, je *pénètre*, je *pénètrerai*, je *révèlerais*. La plupart des grammairiens, cependant, conservent l'accent aigu dans les verbes en *éger*; ils écrivent donc : je *protége*, etc.

5° Dans les verbes *tuer*, *vouer*, etc., on met un tréma sur l'*i* des deux premières personnes plur. de l'imparfait : nous *tuïons*, vous *avouïez*, comme la prononciation l'exige. Le verbe *arguer* doit se conjuguer ainsi : j'*argüe*, nous *argüons*, *argüé*, j'*argüerai*, que nous *argüions*.

6° Dans les verbes en *yer*, comme *effrayer*, *employer*, *appuyer*, l'*y* grec se change en *i* simple devant un *e* muet (c'est même une règle générale) : j'*effraie*, j'*emploierai*, que j'*essuie*. L'*y* se conserve partout dans les verbes en *eyer* : comme *grasseyer*, *plancheyer*. On trouve *planchéier* (mauvais..).

7° Les verbes *créer*, *suppléer*, etc., méritent aussi de l'attention : je *crée*, je *créerai*.

N° 78.

DEUXIÈME CONJUGAISON : *FINIR*.

INDICATIF.

Temps simples.	*Temps composés.*
PRÉSENT.	PASSÉ INDÉFINI.
Je fin *is*.	J'ai fini.
Tu fin *is*.	Tu as fini.
Il fin *it*.	Il a fini.
Nous finiss *ons*.	Nous avons fini.
Vous finiss *ez*.	Vous avez fini.
Ils finiss *ent*.	Ils ont fini.
IMPARFAIT.	PLUS-QUE-PARFAIT.
Je finiss *ais*.	J'avais fini.
Tu finiss *ais*.	Tu avais fini.
Il finiss *ait*.	Il avait fini.
Nous finiss *ions*.	Nous avions fini.
Vous finiss *iez*.	Vous aviez fini.
Ils finiss *aient*.	Ils avaient fini.
PASSÉ DÉFINI.	PASSÉ ANTÉRIEUR.
Je fin *is*.	J'eus fini.
Tu fin *is*.	Tu eus fini.
Il fin *it*.	Il eut fini.

56 ABRÉGÉ

Nous fin *îmes*.
Vous fin *îtes*,
Ils fin *irent*.

Nous eûmes fini.
Vous eûtes fini.
Ils eurent fini (1).

FUTUR.

Je finir *ai*.
Tu finir *as*.
Il finir *a*.
Nous finir *ons*.
Vous finir *ez*.
Ils finir *ont*.

FUTUR ANTÉRIEUR

J'aurai fini.
Tu auras fini.
Il aura fini.
Nous aurons fini.
Vous aurez fini.
Ils auront fini.

CONDITIONNEL.

PRÉSENT.

Je finir *ais*.
Tu finir *ais*.
Il finir *ait*.
Nous finir *ions*.
Vous finir *iez*.
Ils finir *aient*.

PASSÉ.

J'aurais fini.
Tu aurais fini.
Il aurait fini.
Nous aurions fini.
Vous auriez fini.
Ils auraient fini.

On dit aussi : J'eusse fini. — Tu eusses fini. — Il eût fini. — Nous eussions fini. — Vous eussiez fini. — Ils eussent fini.

IMPÉRATIF.

PRÉSENT.

Fin *is*.
Finiss *ons*.
Finiss *ez*.

FUTUR ANTÉRIEUR.

Aie fini.
Ayons fini.
Ayez fini.

SUBJONCTIF.

PRÉSENT.

Il faut { Que je fin *isse*.
Que tu fin *isses*.
Qu'il fin *isse*.
Que nous fin *issions*.
Que vous fin *issiez*.
Qu'ils fin *issent*.

PASSÉ.

Il a fallu { Que j'aie fini.
Que tu aies fini.
Qu'il ait fini.
Que nous ayons fini.
Que vous ayez fini.
Qu'ils aient fini.

---

(1) Il y a un quatrième passé ; mais on s'en sert rarement. Le voici : J'ai eu fini, tu as eu fini, il a eu fini, nous avons eu fini, vous avez eu fini, ils ont eu fini.

IMPARFAIT.		PLUS-QUE-PARFAIT.
Il fal-lait	Que je fin *isse*. Que tu fin *isses*. Qu'il fin *it*. Que nous fin *issions*. Que vous fin *issiez*. Qu'ils fin *issent*.	Il au-rait fallu { Que j'eusse fini. Que tu eusses fini. Qu'il eût fini. Que nous eussions fini. Que vous eussiez fini. Qu'ils eussent fini.

INFINITIF.

PRÉSENT.   PASSÉ.

Finir.   Avoir fini.

PARTICIPE.

PRÉSENT.   PASSÉ.

Finissant.   Ayant fini.

PASSÉ.

Fini.

Le verbe *bénir* a deux participes, *béni, bénie; bénit, bénite*.

Bénit, bénite, se dit quand le participe est combiné avec *être*, et qu'on a en vue d'exprimer l'état des choses consacrées par les prières de l'Église : *Les drapeaux* SONT BÉNITS ; et *béni, bénie*, quand on a en vue l'action exprimée par le verbe, ainsi que dans le sens de louange, de protection, de souhait : *L'ange dit à Marie : Vous êtes* BÉNIE *entre toutes les femmes, et Jésus le fruit de vos entrailles est* BÉNI. *Les armes qui ont* ÉTÉ BÉNITES *par l'Église ne sont pas toujours* BÉNIES *sur le champ de bataille*.

Conjugué avec *avoir*, le premier participe est seul en usage : *Le prêtre a* BÉNI *l'assistance ; l'assistance que le prêtre* A BÉNIE.

Haïr fait, au présent de l'indicatif : *je hais, tu hais, il hait*.

Fleurir fait *florissait* à l'imparfait et *florissant* au participe présent, lorsqu'il est employé au figuré, comme en parlant des sciences, de la prospérité d'un état, etc. *L'empire romain* FLORISSAIT, *était* FLORISSANT *sous Auguste-César*.

ABRÉGÉ

N° 79.

TROISIÈME CONJUGAISON : *RECEVOIR*(1).

INDICATIF.

Temps simples.   *Temps composés.*

PRÉSENT.   **PASSÉ INDÉFINI.**

Je reç *ois*.   J'ai reçu.
Tu reç *ois*.   Tu as reçu.
Il reç *oit*.   Il a reçu.
Nous rec *evons*.   Nous avons reçu.
Vous rec *evez*.   Vous avez reçu.
Ils reç *oivent*.   Ils ont reçu.

IMPARFAIT.   **PLUS-QUE-PARFAIT.**

Je rec *evais*.   J'avais reçu.
Tu rec *evais*.   Tu avais reçu.
Il rec *evait*.   Il avait reçu.
Nous rec *evions*.   Nous avions reçu.
Vous rec *eviez*.   Vous aviez reçu.
Ils rec *evaient*.   Ils avaient reçu.

PASSÉ DÉFINI.   **PASSÉ ANTÉRIEUR.**

Je reç *us*.   J'eus reçu.
Tu reç *us*.   Tu eus reçu.
Il reç *ut*.   Il eut reçu.
Nous reç *ûmes*.   Nous eûmes reçu.
Vous reç *ûtes*.   Vous eûtes reçu.
Ils reç *urent*.   Ils eurent reçu.

FUTUR SIMPLE.   **FUTUR ANTÉRIEUR.**

Je rec *evrai*.   J'aurai reçu.
Tu rec *evras*.   Tu auras reçu.
Il rec *evra*.   Il aura reçu.
Nous rec *evrons*.   Nous aurons reçu.
Vous rec *evrez*.   Vous aurez reçu.
Ils rec *evront*.   Ils auront reçu.

---

(1) On a coutume de donner pour modèle de cette conjugaison un des verbes en CEVOIR (*recevoir, apercevoir*); mais ces verbes, rebelles à la formation des temps, forment une famille, et non une conjugaison. Il faut le reconnaître, les verbes en *oir*, au nombre d'une trentaine, sont tous irréguliers, et celui que nous présentons n'a point d'analogue. On peut douter qu'il y ait une troisième conjugaison. (*Dessiaux.*)

DE LA GRAMMAIRE NATIONALE.

CONDITIONNEL.

PRÉSENT.
Je reç *evrais*.
Tu reç *evrais*.
Il reç *evrait*.
Nous reç *evrions*.
Vous reç *evriez*.
Ils reç *evraient*.

PASSÉ.
J'aurais reçu.
Tu aurais reçu.
Il aurait reçu.
Nous aurions reçu.
Vous auriez reçu.
Ils auraient reçu.

On dit aussi : J'eusse reçu. — Tu eusses reçu. — Il eût reçu. — Nous eussions reçu. — Vous eussiez reçu. — Ils eussent reçu.

IMPÉRATIF.

PRÉSENT.
Reç *ois*.
Reç *evons*.
Reç *evez*.

FUTUR ANTÉRIEUR.
Aie reçu.
Ayons reçu.
Ayez reçu.

SUBJONCTIF.

PRÉSENT.

Il faut { Que je reç *oive*.
Que tu reç *oives*.
Qu'il reç *oive*.
Que nous reç *evions*.
Que vous reç *eviez*.
Qu'ils reç *oivent*. }

PASSÉ.

Il a fallu { Que j'aie reçu.
Que tu aies reçu.
Qu'il ait reçu.
Que nous ayons reçu.
Que vous ayez reçu.
Qu'ils aient reçu. }

IMPARFAIT.

Il fallait { Que je reç *usse*.
Que tu reç *usses*.
Qu'il reç *ût*.
Que nous reç *ussions*.
Que vous reç *ussiez*.
Qu'ils reç *ussent*. }

PLUS-QUE-PARFAIT.

Il aurait fallu { Que j'eusse reçu.
Que tu eusses reçu.
Qu'il eût reçu.
Que nous eussions reçu.
Que vous eussiez reçu.
Qu'ils eussent reçu. }

INFINITIF.

PRÉSENT.
Recevoir.

PASSÉ.
Avoir reçu.

PARTICIPE.

PRÉSENT.
Recevant.

PASSÉ.
Ayant reçu.

PASSÉ.
Reçu.

Mais les verbes *devoir* et *redevoir* prennent l'accent circonflexe au participe passé masculin, *dû, redû*.

Les verbes *pouvoir, vouloir* et *valoir* et leurs composés prennent *x* au lieu d'*s* à la première et à la seconde personne de l'indicatif.

N° 80.

QUATRIÈME CONJUGAISON : *RENDRE*.

INDICATIF.

Temps simples. *Temps composés.*

PRÉSENT. **PASSÉ.**

Je rend *s*. J'ai rendu.
Tu rend *s*. Tu as rendu.
Il rend. Il a rendu.
Nous rend *ons*. Nous avons rendu.
Vous rend *ez*. Vous avez rendu.
Ils rend *ent*. Ils ont rendu.

IMPARFAIT. **PLUS-QUE-PARFAIT.**

Je rend *ais*. J'avais rendu.
Tu rend *ais*. Tu avais rendu.
Il rend *ait*. Il avait rendu.
Nous rend *ions*. Nous avions rendu.
Vous rend *iez*. Vous aviez rendu.
Ils rend *aient*. Ils avaient rendu.

PASSÉ DÉFINI. **PASSÉ ANTÉRIEUR.**

Je rend *is*. J'eus rendu.
Tu rend *is*. Tu eus rendu.
Il rend *it*. Il eut rendu.
Nous rend *îmes*. Nous eûmes rendu.
Vous rend *îtes*. Vous eûtes rendu.
Ils rend *irent*. Ils eurent rendu (1).

FUTUR. **FUTUR ANTÉRIEUR.**

Je rend *rai*. J'aurai rendu.
Tu rend *ras*. Tu auras rendu.
Il rend *ra*. Il aura rendu.

---

(1) Il y a un quatrième passé; mais on s'en sert rarement. Le voici : J'ai eu rendu, tu as eu rendu, il a eu rendu, nous avons eu rendu, vous avez eu rendu, ils ont eu rendu.

Nous rend *rons*. Nous aurons rendu.
Vous rend *rez*.   Vous aurez rendu.
Ils rend *ront*.   Ils auront rendu.

CONDITIONNEL.

PRÉSENT.   PASSÉ.

Je rend *rais*.   J'aurais rendu.
Tu rend *rais*.   Tu aurais rendu.
Il rend *rait*.   Il aurait rendu.
Nous rend *rions*.   Nous aurions rendu.
Vous rend *riez*.   Vous auriez rendu.
Ils rend *raient*.   Ils auraient rendu.

On dit aussi : J'eusse rendu. — Tu eusses rendu. — Il eût rendu. — Nous eussions rendu. — Vous eussiez rendu. — Ils eussent rendu.

IMPÉRATIF.

PRÉSENT.   FUTUR ANTÉRIEUR.

Rend *s*.   Aie rendu.
Rend *ons*.   Ayons rendu.
Rend *ez*.   Ayez rendu.

SUBJONCTIF.

PRÉSENT.   PASSÉ.

Il faut { Que je rend *e*.   *Il a* { Que j'aie rendu.
           Que tu rend *es*.   *fallu* Que tu aies rendu.
           Qu'il rend *e*.   Qu'il ait rendu.
           Que nous rend *ions*.   Que nous ayons rendu.
           Que vous rend *iez*.   Que vous ayez rendu.
           Qu'ils rend *ent*. }   Qu'ils aient rendu. }

IMPARFAIT.   PLUS-QUE-PARFAIT.

Il fal- { Que je rend *isse*.   *Il au-* { Que j'eusse rendu.
lait   Que tu rend *isses*. *rait*   Que tu eusses rendu.
            Qu'il rendît.   *fallu*   Qu'il eût rendu.
            Que nous rend *issions*.   Que nous eussions rendu.
            Que vous rend *issiez*.   Que vous eussiez rendu.
            Qu'ils rend *issent*. }   Qu'ils eussent rendu. }

INFINITIF.

PRÉSENT.   PASSÉ.

Rend *re*.   Avoir rendu.

PARTICIPE.

PRÉSENT.   PASSÉ.
Rend *ant*.   Ayant rendu.

PASSÉ.
Rend *u*.

Les verbes en *indre* et en *soudre*, comme *craindre*, *peindre*, *absoudre*, *résoudre*, etc., ne prennent le *d* qu'au présent de l'infinitif, au futur et au conditionnel : je *craindrai*, je *craindrais*; dans les autres temps on supprime cette lettre : je *peins*, tu *peins*, il *peint*; je *crains*, tu *crains*, il *craint*; je *résous*, tu *résous*, il *résout*, etc.

Les verbes terminés en *aître* comme *naître*, *connaître*, *paraître*, etc., conservent l'accent circonflexe sur l'*î* lorsque cette lettre est suivie d'un *t* : ils *naîtront*, il nous *connaît*; ils perdent l'accent devant une autre lettre : nous *naissons*, nous *connaissons*, etc.

N° 81.

ORTHOGRAPHE DES VERBES.

| L'adversité *fait* l'homme. | La plainte *aigrit* les cœurs. |
| Le ciel *protège* Troie. | Il ne *méritait* pas tant d'honneurs. |

Présent de l'indicatif.

Si la première personne du singulier finit par *e*, *j'aime*. *j'ouvre*, etc., on ajoute *s* à la seconde : la troisième est semblable à la première. Exemples : *j'aime*, tu *aimes*, il *aime*.

Si la première personne finit par *s* ou *x*, la seconde est semblable à la première; la troisième finit ordinairement en *t* : je *finis*, tu *finis*, il *finit*. Dans quelques verbes, la troisième personne se termine en *d*; il *rend*, il *vend*, il *prétend*.

Pluriel. Le pluriel, dans toutes les conjugaisons, se termine toujours par *ons*, *ez*, *ent* : nous *aimons*, vous *aimez*, ils *aiment*; nous *finissons*, vous *finissez*, ils *finissent*.

DE LA GRAMMAIRE NATIONALE. 63

Sont exceptés *faire* et ses composés, qui font *faites*, à la seconde personne du pluriel ; les verbes *dire* et *redire*, font aussi *vous dites, vous redites* ; les autres composés de *dire* sont réguliers à cette personne.

Imparfait de l'indicatif.

L'imparfait se termine toujours de cette manière : *ais, ais, ait, ions, iez, aient.*

J'aim*ais*, tu aim*ais*, il aim*ait*, nous aim*ions*, vous aim*iez*, ils aim*aient*.

N° 82.

Passé défini.

Le passé *défini* a quatre terminaisons : *ai, is, us, ins,* de cette manière :

J'aim*ai*, tu aim*as*, il aim*a*, nous aim*âmes*, vous aim*âtes*, ils aim*èrent*.

Je fin*is*, tu fin*is*, il fin*it*, nous fin*îmes*, vous fin*îtes*, ils fin*irent*.

Je reç*us*, tu reç*us*, il reç*ut*, nous reç*ûmes*, vous reç*ûtes*, ils reç*urent*.

Je dev*ins*, tu dev*ins*, il dev*int*, nous dev*înmes*, vous dev*întes*, ils dev*inrent*.

Futur.

Il se termine toujours ainsi : *rai, ras, ra, rons, rez, ront.*

J'aime*rai*, tu aime*ras*, il aime*ra*, nous aime*rons*, vous aime*rez*, ils aime*ront*.

Je recev*rai*, tu recev*ras*, il recev*ra*, nous recev*rons*, vous recev*rez*, ils recev*ront* (1).

---

(1) N'écrivez pas *je recevErai, je rendErai* ; on ne met *E* devant *rai* qu'à la première conjugaison.

N° 83.

Conditionnel présent.

Il se termine toujours ainsi : *rais, rais, rait, rions, riez, raient.*

J'aimerais, tu aimerais, il aimerait, nous aimerions, vous aimeriez, ils aimeraient.

Je recevrais, tu recevrais, il recevrait, nous recevrions, vous recevriez, ils recevraient.

Impératif.

La seconde personne du singulier de l'impératif est semblable à la première de l'indicatif, excepté dans les verbes *aller, avoir, être, savoir,* qui font *va, aie, sois, sache.* Cependant, dans les verbes où cette personne est terminée par un *e* muet on ajoute l'*s* euphonique lorsque le verbe est suivi de *y* et de *en* pronoms : *Apportes-en, donnes-y tes soins.* (*Voir* page 67.)

L'impératif n'a réellement pas de troisième personne tant au singulier qu'au pluriel ; cette troisième personne est empruntée au mode subjonctif.

N° 84.

Présent du subjonctif.

Il se termine toujours ainsi : *e, es, ions, iez, ent.*

Que j'aime, que tu aimes, qu'il aime, que nous aimions, que vous aimiez, qu'ils aiment.

Imparfait du subjonctif.

Il a quatre terminaisons : *asse, isse, usse, insse ;* de cette manière :

Que j'aimasse, que tu aimasses, qu'il aimât, que nous aimassions, que vous aimassiez, qu'ils aimassent.

Que je finisse, que tu finisses, qu'il finît, que nous finissions, que vous finissiez, qu'ils finissent.

Que je reçusse, que tu reçusses, qu'il reçût, que nous reçussions, que vous reçussiez, qu'ils reçussent.

Que je devinsse, que tu devinsses, qu'il devînt, que nous devinssions, que vous devinssiez, qu'ils devinssent.

Observez que les secondes personnes plurielles des verbes ont ordinairement un *z* à la fin.

N° 85.

Formation des temps des verbes.

Le verbe, par rapport à la manière de l'écrire, se compose de deux parties, l'une invariable, c'est le *radical*; l'autre variable, désignant son rapport avec la personne, le nombre et le temps, c'est la *terminaison*.

Dans { aimer, finir, recevoir, rendre } le radical est { aim, fin, rec, rend } la terminaison est { er, ir, evoir, re }.

Pour conjuguer un verbe il suffit d'ajouter à son radical les terminaisons de la conjugaison modèle. Ainsi on conjuguera le verbe *chanter* en ajoutant au radical *chant* les terminaisons du verbe *aimer*.

On divise les temps des verbes en temps *primitifs* et en temps *dérivés*.

— Les temps *primitifs* sont ceux qui servent à former tous les autres; ils sont au nombre de cinq :

Le *présent de l'infinitif*,
Le *participe présent*,
Le *participe passé*,
Le *présent de l'indicatif*,
Et *le passé défini*.

— Les temps dérivés sont ceux qui sont formés des temps primitifs.

Du présent de l'infinitif on forme deux temps :

1° Le *futur absolu*, en ajoutant *ai* après le *r* final :

chanter, je chanter*ai*; finir, je finir*ai*; prévoir, je prévoir*ai*; répondre, je répondr*ai*.

2° *Le présent du conditionnel* par le futur auquel on ajoute *s* je chanterais, je finirais, etc. Dans les verbes *avouer*, *remuer*, etc., les poètes écrivent quelquefois je remûrai, j'avoûrai, etc.

Du participe présent on forme trois temps :

1° Les trois personnes plur. du présent de l'indicatif, en changeant *ant* en *ons*, pour la 1re; en *ez*, pour la 2e; en *ent*, pour la 3me : chant*ant*, nous chant*ons*, vous chant*ez*, ils chant*ent*; finiss*ant*, nous finiss*ons*, etc. Le présent de l'indicatif n'est un temps primitif que par son singulier.

2° *Le parfait* en changeant *ant* en *ais* : chant*ant*, je chant*ais*, prévoy*ant*, je prévoy*ais*, répond*ant*, je répond*ais*.

3° Le présent du subjonctif, en changeant *ant* en *e* muet : chant*ant*, que je chant*e*; finiss*ant*, que je finiss*e*, etc., etc.

RÈGLE GÉNÉRALE.—L'*y* grec, comme nous l'avons dit, se change en *i* simple devant l'*e* muet : ainsi prévoy*ant* fait que je *prévoie*, effray*ant*, que j'*effraie*, etc. On excepte les verbes dont le participe présent est en *eyant*, comme *grasseyant*, *asseyant*, que j'*asseye*, que je *grasseye*, parce que l'*e* qui précède l'*y* est fermé.

Du participe passé on forme :

Tous les temps composés, au moyen des auxiliaires *avoir* et *être* : j'*ai* chanté, il *avait* fini, je *serai* tombé, etc.

Du présent de l'indicatif on forme :

L'impératif, en supprimant les pronoms sujets : *tu* chantes, chante; *nous* finissons, finissons, etc.

La seconde personne singulière de l'impératif ne prend pas de *s* après l'*e* muet, excepté quand le verbe est suivi des pronoms *en* et *y*, et que ces pronoms sont complémens de ce verbe (alors le *s* est euphonique, et quelques grammairiens le mettent entre deux tirets.) Tu vas à la campagne, *mènes-y* des ouvriers, *mènes-en* beaucoup, *sache en* trouver, *daigne y* conduire ta sœur. L'impératif *va* suit la même règle : *vas-y, va y mettre ordre, va en chercher* (*en* est le complément de *chercher*.)

Du passé défini on forme :

L'imparfait du subjonctif en ajoutant *se* à la seconde personne singulière de ce primitif : tu *chantas*, que je *chantasse* ; tu *répondis*, que je *répondisse*.

N° 86.

Des verbes irréguliers.

Les verbes réguliers sont ceux qui se conjuguent dans tous leurs temps comme le verbe modèle de la conjugaison à laquelle ils appartiennent ; les verbes irréguliers sont ceux qui ne se conjuguent pas comme le verbe modèle.

Il y a des verbes qui ne sont irréguliers qu'aux temps primitifs : plusieurs de ces verbes appartiennent à des classes assez nombreuses pour être regardés comme des variétés de la conjugaison dont ils font partie : tels sont *ouvrir, sentir, craindre, paraître, conduire*, etc.

PREMIÈRE CONJUGAISON.

ALLER. *Ind.* Je vais; tu vas, il va, nous allons, vous allez, ils vont ; *imparf.*, j'allais ; *passé déf.*, j'allai ; *futur*, j'irai, etc. ; *condit.*, j'irais, etc. ; *imp.*, va, allons, allez ; *subj.*, que j'aille, que tu ailles, qu'il aille, que nous allions, que vous alliez, qu'ils aillent ; *imparf.*, que j'allasse..; *part.*, allant, allé. Il en est de même de *s'en aller*.

ENVOYER. Le *futur* et le *conditionnel* ont pour radical *enver*, les autres temps sont réguliers.

DEUXIÈME CONJUGAISON.

ACQUÉRIR. *Ind.*, j'acquiers, tu acquiers, il acquiert, n. v. rég. ils acquièrent ; *imp. rég.; passé déf.*, j'acquis, etc. ; *passé indéf.*, j'ai acquis, etc. ; *fut.* et *cond.* rég. ;

	impératif, acquiers, acquérons, acquérez; *subj.*, que j'acquière, que tu acquières, etc.; *imp.*, que j'acquisse, etc.; *part.*, acquérant, acquis. Il en est de même de *conquérir, requérir, s'enquérir.*
ASSAILLIR.	*Ind.*, J'assaille...; *imp.*, j'assaillais...; *subj.*, que j'assaille...; *part.*, assaillant, assailli.
BOUILLIR.	*Ind.*, Je bous.., nous bouillons...; *imp.*, je bouillais, nous bouillions...; *futur*, je bouillirai...; *impér.*, bous...; *subj.*, que je bouille...; *imp.*, que je bouillisse...; *part.*, bouillant, bouilli.
COURIR.	*Ind.* Je cours..., nous courons...; *futur*, je courrai...; *conditionnel*, je courrais...; *subj.*, que je coure...; *imp.*, que je courusse...; *part.*, courant, couru. Il en est de même de tous ceux dont la finale est en *courir*, comme *accourir, concourir secourir,* etc.
CUEILLIR.	*Présent.* Je cueille, tu cueilles, il cueille, nous cueillons...; *futur*, je cueillerai...; *conditionnel*, je cueillerais...; *part.*, cueillant. cueilli. Il en est de même de ses composés *recueillir* et *accueillir.*
FAILLIR.	Ce verbe très irrégulier fait, au *présent*, je faux, tu faux, il faut; il n'est guère employé que dans ces formes: je faillis, nous faillîmes..., j'ai, j'aurais ou j'eusse failli; *part.*, faillant, failli.
FÉRIR.	(frapper). Il n'est employé que dans cette locution: *Sans coup férir* (sans frapper de coups).
FUIR.	*Présent.* Je fuis..., nous fuyons...; *imparf.*, je fuyais..., nous fuyions...; *passé défini*, je fuis..., nous fuîmes...; *subj.*, que je fuie...; *imparfait*, que je fuisse..., que nous fuissions... Il en est de même de *s'enfuir.*
GÉSIR.	(être couché). N'est usité que dans les formes suivantes: Ci-gît, il gît, nous gisons, ils gisent; *part.*, gisant.
MOURIR.	*Présent.* Je meurs..., nous mourons...; *imparfait*, je mourais..., nous mourions...; *passé déf.*, je mourus..., nous mourûmes...; *futur*, je mourrai, nous mourrons...; *impératif*, meurs..., mourons...; *part.*, mourant, mort.
SENTIR.	*Présent.* Je sens...; *subj.*, que je sente...; *part.*, sentant, senti.
SORTIR.	*Présent.* Je sors...; *subj.*, que je sorte... Il en est de même de *ressortir*, sortir une seconde fois.

DE LA GRAMMAIRE NATIONALE.

Tressaillir, Saillir. Comme assaillir.

Venir. *Présent.* Je viens..., nous venons..., ils viennent..; *futur*, je viendrai...; *subj.*, que je vienne; *imparfait*, que je vinsse..., que nous vinssions...; *part.*, venant, venu. Il en est de même de ceux dont la finale est en *venir*, comme *revenir, devenir, convenir*, etc.

Vêtir. *Présent.* Je vêts, tu vêts, il vêt, nous vêtons, vous vêtez, ils vêtent; *imparf.*, je vêtais...; *passé*, je vêtis; *futur*, je vêtirai...; *impératif*, vêts..., vêtons...; *subj.*, que je vête...; *imparf.*, que je vêtisse; *part.*, vêtant, vêtu. Il en est de même de *revêtir, dévêtir*, etc.

TROISIÈME CONJUGAISON.

S'asseoir. *Présent.* Je m'assieds, tu t'assieds, il s'assied, nous nous asseyons, vous vous asseyez, ils s'asseyent; *imparfait*, je m'asseyais...; nous nous asseyions, vous vous asseyiez, ils s'asseyaient; *passé déf.*, je m'assis...; *futur*, je m'assiérai ou je m'asseyerai...; *conditionnel*, je m'assiérais ou je m'asseyerais...; *impératif*, assieds-toi, asseyons-nous, asseyez-vous; *subj.*, que je m'asseye, que tu t'asseyes...; *imparf.*, que je m'assisse...; *part.*, s'asseyant, assis. Il en est de même de *rasseoir*.

Devoir. Le part. passé, au masculin, s'écrit avec l'accent circonflexe *dû*.

Déchoir. Je déchois, tu déchois, il déchoit, nous déchoyons, vous déchoyez, ils déchoient; *imparf.*, je déchéais..., nous déchéions...; *futur*, je décherrai...; nous décherrons...; *conditionnel*, je décherrais...; *subj.*, que je déchoie..., que nous déchoyions...; *imparf.*, que je déchusse..., que nous déchussions...; *part. prés.*, déchéant; *passé*, déchu.

Falloir. (unipersonnel.) Il faut, il fallait, il fallut, il faudra, qu'il faille.

Mouvoir. *Présent.* Je meus, tu meus, il meut, nous mouvons, vous mouvez, ils meuvent; *imp.*, je mouvais... *cond.*, je mouvrais...; *impér.*, meus..., mouvons...; *subj.*, que je meuve..., que nous mouvions..., qu'ils meuvent; *imp.*, que je musse, qu'il mût...; *part.*; mouvant, mu. Il en est de même de *émouvoir*.

Pleuvoir. (unipersonnel.) Il pleut, il pleuvait, il plut, il pleuvra, qu'il pleuve, qu'il plût, pleuvant.

PRÉVALOIR. *Présent*, Je prévaux...; *imp.*, je prévalais...; *futur*, je prévaudrai...; *subj.*, que je prévale..., que nous prévalussions...; *imp.*, que je prévalusse.

POURVOIR. *Ind.* Je pourvois, tu pourvois, il pourvoit, nous pourvoyons, vous pourvoyez, ils pourvoient; *imparf.*, je pourvoyais, nous pourvoyions...; *futur*, je pourvoirai...; *impér.*, pourvois, pourvoyons...; *subj.*, que je pourvoie, que nous pourvoyions; *imp.*, que je pourvusse, que nous pourvussions.

POUVOIR. Je peux ou je puis, tu peux, il peut, nous pouvons, vous pouvez, ils peuvent; *futur*, je pourrai, tu pourras, il pourra...; *subj.*, que je puisse..., que nous puissions...; *imparf.*, que je pusse, que tu pusses... (En interrogeant on met *puis-je*, et non pas *peux-je*.) *Part.*, pouvant, pu.

SAVOIR. Je sais..., nous savons...; *imp.*, je savais...; *passé déf.*, je sus...; *futur*, je saurai...; *impér.*, sache...; *subj.*, que je sache...; *imp.*, que je susse...; *part.*, sachant, su.

SEOIR. (signifiant être convenable), ne s'emploie qu'aux temps suivants. *Présent*. Il sied, ils siéent; *imparf.*, il seyait; *futur*, il siéra; *cond.*, il siérait.

SURSEOIR. *Présent*. Je surseois..., nous surseoyons...; *imparf.*, je surseoyais...; *futur*, je surseoirai...; *imparf. du subj.*, que je sursisse; *part.*, sursis.

VALOIR. Je vaux, tu vaux, il vaut, nous valons...; *futur*, je vaudrai...; *subj.*, que je vaille..., que nous valions, que vous valiez, qu'ils vaillent; *imp.*, que je valusse...; *part.*, valant, valu.

VOIR. Je vois..., nous voyons..., ils voient; *imparf.*, je voyais..., nous voyions...; *passé déf.*, je vis..., nous vîmes...; *futur*, je verrai...; *imp.*, vois..., voyons...; *subj.*, que je voie..., que nous voyions...; *imparf.*, que je visse...; *part.*, voyant, vu. Il en est de même de *revoir*, *entrevoir*, etc.

VOULOIR. *Présent*. Je veux, tu veux, il veut, nous voulons..., ils veulent; *imparf.*, je voulais...; *futur*, je voudrai; *impér.*, veuille, veuillons, veuillez; *subj.*, que je veuille, que tu veuilles, qu'il veuille, que nous voulions, que vous vouliez, qu'ils veuillent; *imparf.*, que je voulusse..., que nous voulussions...; *part.*, voulant, voulu.

QUATRIÈME CONJUGAISON.

ABSOUDRE. J'absous, tu absous, il absout, nous absolvons...;

imp., j'absolvais... Sans *passé déf.*, ni *imparf.* du *subj. Futur*, j'absoudrai...; *subj.*, que j'absolve... *Part.*, absolvant, absous, absoute. Il en est de même de *dissoudre* et *résoudre*; cependant ce dernier fait au passé défini je *résolus*, nous *résolûmes*.

ATTEINDRE. J'atteins...; *passé*, j'atteignis...; *part.*, atteignant, atteint.

BATTRE. Je bats, tu bats, il bat...; *part.*, battant, battu. Il en est de même de ceux dont la finale est en *battre*, comme *abattre*, *combattre*, etc.

BOIRE. *Présent.* Je bois, tu bois, il boit, nous buvons, vous buvez, ils boivent, *imp.*, je buvais...; *futur*, je boirai...; *subj.*, que je boive, que tu boives, qu'il boive, que nous buvions, que vous buviez, qu'ils boivent; *imparf.*, que je busse...; *part.*, buvant, bu.

BRAIRE. Verbe peu usité, excepté dans ces formes : Il brait, il brayait, il braira, il brairait; *part.*, brayant.

BRUIRE. Verbe peu employé, excepté dans ces formes : il bruit, ils bruissent, il bruyait (les flots bruissent); *part.*, bruyant.

CLORE. Je clos, tu clos, il clot, je clorai...; verbe peu usité.

CONCLURE. Je conclus...; *part.*, concluant, conclu. Il en est de même de *exclure*.

CONFIRE. *Prés.* Je confis...; *passé*, je confis; *part.*, confisant, confit.

CONNAÎTRE. Je connais..., nous connaissons...; *subj.*, que je connaisse...; *imp.*, que je connusse; *part.*, connaissant, connu. Conjuguez de même *paraître*, *croître*, et leurs composés.

COUDRE. Je couds, tu couds, il coud, nous cousons...; *imp.*, je cousais..., nous cousions...; *passé*, je cousis...; *futur*, je coudrai...; *impér.*, couds..., cousons...; *subj.*, que je couse...; *imparf.*, que je cousisse...; *part.*, cousant, cousu. Il en est de même de ses composés.

CRAINDRE. Je crains...; je craignis...,; *part.*, craignant, craint. Conjuguez de même *contraindre*.

CROIRE. Je crois..., nous croyons..., ils croient..., *imp.*; je croyais..., nous croyions..., *subj.*, que je croie..., que nous croyions, que vous croyiez, qu'ils croient; *imp.*, que je crusse...; *part.*, croyant, cru.

DIRE. Je dis..., nous disons, vous dites...; *subj.*, que je dise..., que nous disions...; *imp.*, que je disse..., que nous dissions. Des composés de dire, il n'y a que le verbe redire qui se conjugue de même, les autres font : vous contredisez, vous médisez, vous prédisez, etc.; disant, dit. Conjuguez de même *dédire, contredire, interdire;* cependant ces derniers font vous *dédisez*, vous *contredisez*, vous *interdisez*, au lieu de vous *dédites*, etc.

ÉCRIRE.   J'écris, tu écris..., nous écrivons...; *imp.*, j'écrivais..., que j'écrivisse; *part.*, écrivant, écrit. Conjuguez de même *circonscrire* et tous les verbes en *crire*, comme *proscrire, prescrire*, etc.

FAIRE.   Je fais, tu fais, il fait, nous faisons, vous faites, ils font; *futur*, je ferai...; *impér.*, fais..., faisons, faites...; *subj.*, que je fasse..., que nous fassions...; *imp.*, que je fisse...; *part.*, faisant, fait. Conjuguez de même *contrefaire* et autres verbes en *faire*.

FRIRE.   Verbe peu usité, excepté au présent et au futur : Je fris, tu fris, il frit; *futur*, je frirai. Ordinairement même on dit : Je fais frire, je ferai frire, faites frire, etc.

JOINDRE.   Je joins...; *passé*, je joignis; *part.*, joignant, joint. Conjuguez de même *rejoindre* et tous les verbes en *joindre*.

LIRE.   Je lis...; *imp.*, je lisais...; *passé*, je lus...; *part.*, lisant, lu.

LUIRE.   Je luis...; luisant, lui. Ce verbe n'a pas de *passé défini*, ni *d'imparf. du subj.*

METTRE.   Je mets, tu mets, il met, nous mettons...; *imp.*, je mettais...; *passé*, je mis...; *impér.*, mets..., mettons...; *subj.*, que je mette...; *imparf.*, que je misse...; *part.*, mettant, mis. Conjuguez de même les verbes en *mettre*, comme *soumettre, admettre*, etc.

MOUDRE.   Je mouds, tu mouds, il moud, nous moulons, vous moulez, ils moulent; *imp.*, je moulais...; *futur*, je moudrai...; *subj.*, que je moule...; *part.*, moulant, moulu. Conjuguez de même *émoudre* et *rémoudre*.

NAITRE.   Je nais...; *passé*, je naquis...; *part.*, naissant, né (Il se conjugue avec être.)

PAÎTRE.   Ce verbe n'est pas usité dans tous les temps. Je pais, tu pais, il paît, nous paissons...; *imp.*, je paissais...; *futur*, je paîtrai...; *subj. prés.*, que je paisse; *part.*, paissant.

PARAÎTRE. Je parais, tu parais, il paraît, nous paraissons. *Part.*, paraissant, paru.

PEINDRE. Je peins, tu peins, il peint, nous peignons...; *imp.*, je peignais...; *impér.*, peins..., peignons...; *subj.*, que je peigne...; *imparf.*, que je peignisse...; *part.*, peignant, peint. Conjuguez de même *dépeindre, repeindre, restreindre, teindre*, etc.

PLAIRE. Je plais, tu plais, il plaît, nous plaisons...; *part.*, plaisant, plu.

PRENDRE. Je prends..., nous prenons..., ils prennent; *impér.*, prends, prenons, prenez; *subj.*, que je prenne..., que nous prenions..., qu'ils prennent. (L'*n* se redouble quand la syllabe qui le suit a le son de l'*e* muet.) *Part.*, prenant, pris. Conjuguez de même tous les verbes en *prendre* comme *reprendre, apprendre*, etc.

RÉSOUDRE. Je résous, tu résous, il résout, nous résolvons...; *imp.*, je résolvais...; *impér.*, résous..., résolvons...; *subj.*, que je résolve...; *imp.*, que je résolusse...; *part.*, résolvant, résolu, résous.

RIRE. Je ris; *part.*, riant, ri. Conjuguez de même *sourire*.

ROMPRE. Je romps...; *passé*, je rompis...; *part.*, rompant, rompu. Conjuguez de même *interrompre*, etc.

SUFFIRE. Je suffis...; *passé*, je suffis...; *part.*, suffisant, suffi.

SUIVRE. Je suis, tu suis, il suit, nous suivons...; *impér.*, suis, suivons...; *subj.*, que je suive...; *part.*, suivant, suivi. Conjuguez de même *poursuivre* et *s'ensuivre*.

TAIRE. Je tais; *passé*, je tus; *part.*, taisant, tu.

TRAIRE. Je trais, tu trais, il trait, nous trayons, ils traient...; *subj.*, que je traie (pas *d'imparf. du subj.*) Conjuguez de même *distraire, abstraire, extraire, soustraire*, etc.

VAINCRE. Peu usité : je vaincs, tu vaincs, il vainc, nous vainquons...; *imp.*, je vainquais..., nous vainquions...; *impér.*, vaincs..., vainquons...; *subj.*, que je vainque..., que nous vainquions...; *imp.* que je vainquisse...; *part.*, vainquant, vaincu. Conjuguez de même *convaincre*, etc.

4

N° 87.

CONJUGAISON DES VERBES PASSIFS (1).

Il n'y a qu'une seule conjugaison pour tous les verbes *passifs*; elle se compose de l'auxiliaire *être* dans tous ses temps, et du participe passé du verbe actif que l'on veut conjuguer passivement.

Voici un modèle de la conjugaison des verbes passifs.

INDICATIF.

PRÉSENT.

Je suis
Tu es
Il *ou* elle est } aimé *ou* aimée.
Nous sommes
Vous êtes
Ils *ou* elles sont } aimés *ou* aimées.

IMPARFAIT.

J'étais
Tu étais
Il *ou* elle était } aimé *ou* aimée.
Nous étions
Vous étiez
Ils *ou* elles étaient } aimés *ou* aimées.

PASSÉ DÉFINI.

Je fus
Tu fus
Il *ou* elle fut } aimé *ou* aimée.
Nous fûmes
Vous fûtes
Ils *ou* elles furent } aimés *ou* aimées.

PASSÉ INDÉFINI.

J'ai été
Tu as été
Il *ou* elle a été } aimé *ou* aimée.
Nous avons été
Vous avez été
Ils *ou* elles ont été } aimés *ou* aimées.

PASSÉ ANTÉRIEUR.

J'eus été
Tu eus été
Il *ou* elle eut été } aimé *ou* aimée.
Nous eûmes été
Vous eûtes été
Ils *ou* elles eurent été } aimés *ou* aimées.

PLUS-QUE-PARFAIT.

J'avais été
Tu avais été
Il *ou* elle avait été } aimé *ou* aimée.

---

(1) Nous l'avons déjà dit (v. p. 46), nous n'avons pas, à proprement parler, de *verbes passifs*. Ce qui constitue une voix *active* ou *passive* ou *moyenne*, soit en grec, soit en latin, c'est une conjugaison à part, c'est une série de signes incorporés au radical, et qui en modifient le sens. Où trouve-t-on rien de pareil dans les verbes français? Supposons que le participe passé ne soit rien autre chose qu'un *adjectif* formé du verbe, quelle différence trouver entre la conjugaison de *je suis* AILÉ, adj. et *je suis* AIMÉ, partic.; de *je suis* JOLI et *je suis* POLI, *je suis* ÉPERDU et *je suis* PERDU? Or, le participe passé n'est rien autre chose qu'un *adjectif* soumis aux règles communes de cette partie du discours, et fort étonné de se trouver conjugué avec le verbe *être*, de préférence à tout autre adjectif.

DE LA GRAMMAIRE NATIONALE.

Nous avions été ⎱ aimés
Vous aviez été ⎰ ou
Ils *ou* elles avaient été ⎱ aimées.

FUTUR.

Je serai ⎱ aimé
Tu seras ⎰ ou
Il *ou* elle sera ⎱ aimée.
Nous serons ⎰ aimés
Vous serez ⎱ ou
Ils *ou* elles seront ⎰ aimées.

FUTUR ANTÉRIEUR.

J'aurai été ⎱ aimé
Tu auras été ⎰ ou
Il *ou* elle aura été ⎱ aimée.
Nous aurons été ⎰ aimés
Vous aurez été ⎱ ou
Ils *ou* elles auront été ⎰ aimées.

CONDITIONNEL.

PRÉSENT.

Je serais ⎱ aimé
Tu serais ⎰ ou
Il *ou* elle serait ⎱ aimée.
Nous serions ⎰ aimés
Vous seriez ⎱ ou
Ils *ou* elles seraient ⎰ aimées.

PASSÉ.

J'aurais été ⎱ aimé
Tu aurais été ⎰ ou
Il *ou* elle aurait été ⎱ aimée.
Nous aurions été ⎰ aimés
Vous auriez été ⎱ ou
Ils *ou* elles auraient été ⎰ aimées.

On dit aussi :

J'eusse été ⎱ aimé
Tu eusses été ⎰ ou
Il *ou* elle eût été ⎱ aimée.
Nous eussions été ⎰ aimés
Vous eussiez été ⎱ ou
Ils *ou* elles eussent été ⎰ aimées.

IMPÉRATIF.

*Point de 1re personne du sing.
ni de 3e pour les 2 nombres.*

Sois ⎱ aimé
⎰ ou
⎱ aimée.
Soyons ⎰ aimés
Soyez ⎱ ou
⎰ aimées.

SUBJONCTIF.

PRÉSENT OU FUTUR.

Que je sois ⎱ aimé
Que tu sois ⎰ ou
Qu'il *ou* qu'elle soit ⎱ aimée.
Que nous soyons ⎰ aimés
Que vous soyez ⎱ ou
Qu'ils *ou* qu'elles soient ⎰ aimées.

IMPARFAIT.

Que je fusse ⎱ aimé
Que tu fusses ⎰ ou
Qu'il *ou* qu'elle fût ⎱ aimée.
Que nous fussions ⎰ aimés
Que vous fussiez ⎱ ou
Qu'ils *ou* qu'elles fussent. ⎰ aimées.

PASSÉ.

Que j'aie été ⎱ aimé
Que tu aies été ⎰ ou
Qu'il *ou* qu'elle ait été ⎱ aimée.
Que nous ayons été ⎰ aimés
Que vous ayez été ⎱ ou
Qu'ils *ou* qu'elles aient été ⎰ aimées.

PLUS-QUE-PARFAIT.

Que j'eusse été ⎱ aimé
Que tu eusses été ⎰ ou
Qu'il *ou* qu'elle eût été ⎱ aimée.
Que nous eussions été ⎰ aimés
Que vous eussiez été ⎱ ou
Qu'ils *ou* qu'elles eussent été ⎰ aimées.

INFINITIF.	PARTICIPE.
PRÉSENT.	PRÉSENT.
Être aimé *ou* aimée.	Étant aimé *ou* aimée.
PASSÉ.	PASSÉ.
Avoir été aimé *ou* aimée.	Ayant été aimé *ou* aimée.

N° 88.

CONJUGAISON DES VERBES NEUTRES (1).

Les verbes neutres se conjuguent comme les verbes actifs, quand ils prennent l'auxiliaire *avoir*; mais lorsqu'ils prennent l'auxiliaire *être*, le participe varie à la manière passive aux temps composés.

INDICATIF.

PRÉSENT.

Je pars.
Tu pars.
Il *ou* elle part.
Nous partons.
Vous partez.
Ils *ou* elles partent.

IMPARFAIT.

Je partais.
Tu partais.
Il *ou* elle partait.
Nous partions.
Vous partiez.
Ils *ou* elles partaient.

PASSÉ DÉFINI.

Je partis.
Tu partis.
Il *ou* elle partit.
Nous partîmes.
Vous partîtes.
Ils *ou* elles partirent.

PASSÉ INDÉFINI.

Je suis { parti *ou* partie.
Tu es
Il *ou* elle est
Nous sommes { partis *ou* parties.
Vous êtes
Ils *ou* elles sont

PASSÉ ANTÉRIEUR.

Je fus { parti *ou* partie.
Tu fus
Il *ou* elle fut
Nous fûmes { partis *ou* parties.
Vous fûtes
Ils *ou* elles furent

PLUS-QUE-PARFAIT.

J'étais { parti *ou* partie.
Tu étais
Il *ou* elle était

---

(1) Si nous n'avons pas de verbe *passif*, nous n'avons pas non plus de verbe *neutre*, car le verbe *neutre* se conjuguant exactement sur le modèle d'une des quatre conjugaisons admises pour les autres verbes, il ne peut donner lieu qu'à une simple remarque sur la différence de leurs fonctions dans la langue, l'un ayant un complément ou régime direct, l'autre n'en pouvant avoir.

DE LA GRAMMAIRE NATIONALE.

Nous étions · · · · · · partis
Vous étiez · · · · · · · ou
Ils ou elles étaient · · parties.

FUTUR.
Je partirai.
Tu partiras.
Il ou elle partira.
Nous partirons.
Vous partirez.
Ils ou elles partiront.

FUTUR ANTÉRIEUR.
Je serai · · · · · · · parti
Tu seras · · · · · · · ou
Il ou elle sera · · · · partie.
Nous serons · · · · · partis
Vous serez · · · · · · ou
Ils ou elles seront · · parties.

CONDITIONNEL.
PRÉSENT.
Je partirais.
Tu partirais.
Il ou elle partirait.
Nous partirions.
Vous partiriez.
Ils ou elles partiraient.

PASSÉ.
Je serais · · · · · · · parti
Tu serais · · · · · · · ou
Il ou elle serait · · · partie.
Nous serions · · · · · partis
Vous seriez · · · · · · ou
Ils ou elles seraient · parties.

On dit aussi :
Je fusse · · · · · · · parti
Tu fusses · · · · · · · ou
Il ou elle fût · · · · · partie.
Vous fûmes · · · · · · partis
Nous fûtes · · · · · · ou
Ils ou elles furent · · parties.

IMPÉRATIF.
Point de 1re personne du sing. ni de 3e pour les 2 nombres.
Pars.
Partons.
Partez.

SUBJONCTIF.
PRÉSENT OU FUTUR.
Que je parte.
Que tu partes.
Qu'il ou qu'elle parte.
Que nous partions.
Que vous partiez.
Qu'ils ou qu'elles partent.

IMPARFAIT.
Que je partisse.
Que tu partisses.
Qu'il ou qu'elle partît.
Que nous partissions.
Que vous partissiez.
Qu'ils ou qu'elles partissent.

PASSÉ.
Que je sois · · · · · · parti
Que tu sois · · · · · · ou
Qu'il ou qu'elle soit · partie.
Que nous soyons · · · partis
Que vous soyez · · · · ou
Qu'ils ou qu'elles soient parties.

PLUS-QUE-PARFAIT.
Que je fusse · · · · · parti.
Que tu fusses · · · · · ou
Qu'il ou qu'elle fût · partie.
Que nous fussions · · partis
Que vous fussiez · · · ou
Qu'ils ou qu'elles fussent parties.

INFINITIF
PRÉSENT.
Partir.

PASSÉ.
Être parti ou partie.

PARTICIPE.
PRÉSENT.
Partant.

PASSÉ.
Parti, partie ; étant parti ou partie.

N° 89.

CONJUGAISON DES VERBES RÉFLÉCHIS (1).

Les verbes réfléchis se conjuguent toujours avec l'auxiliaire *être*, qui remplace l'auxiliaire *avoir*; le participe varie aux temps composés, si les pronoms réfléchis sont en régimes directs.

INDICATIF.

PRÉSENT.

Je me flatte.
Tu te flattes.
Il *ou* elle se flatte.
Nous nous flattons.
Vous vous flattez.
Ils *ou* elles se flattent.

IMPARFAIT.

Je me flattais.
Tu te flattais.
Il *ou* elle se flattait.
Nous nous flattions.
Vous vous flattiez.
Ils *ou* elles se flattaient.

PASSÉ DÉFINI.

Je me flattai.
Tu te flattas.
Il se flatta.
Nous nous flattâmes.
Vous vous flattâtes.
Ils *ou* elles se flattèrent.

PASSÉ INDÉFINI.

Je me suis ⎫ flatté
Tu t'es ⎬ ou
Il *ou* elle s'est ⎭ flattée.

---

(1) On n'a pas voulu conserver la dénomination de verbe *réfléchi*. Pourquoi? Nous sommes encore à nous le demander. Si jamais les grammairiens ont donné un nom, nous ne dirons pas exact, mais ingénieux, à quelque division de la science, n'est-ce pas celui-là? *J'aime mon frère* : l'action part ici du sujet pour se diriger vers un autre objet. *Il s'aime trop;* ici l'action part du sujet et retourne sur lui-même, comme un miroir nous renvoie notre image *réfléchie*. Et que va-t-on substituer à cette dénomination, dont le sens est si facile à saisir? Le voici : *Verbe pronominal*. Le premier sens qui se présente, c'est que ces verbes-là ont des *pronoms*, et là-dessus on se demande si tous les verbes n'en ont pas. *J'aime, tu finis, il reçoit*. Non pas, nous dit-on alors, nous ne reconnaissons de verbes *pronominaux* que ceux qui se conjuguent avec deux pronoms de la même personne. Mais, répondrons-nous, dans cette phrase : *je le lui donne*, il y a deux pronoms de la même personne, qui pourraient s'y trouver dans toute la conjugaison du verbe; il s'en trouverait même trois dans *il le lui donne;* cependant ce n'est pas un verbe pronominal. Si je dis : *Pierre se loue*, il n'y a qu'un pronom, et cependant le verbe est pronominal. Donc votre définition est fausse. Le mot *réfléchi* nous paraît meilleur : 1° en ce qu'il n'est pas équivoque; 2° en ce qu'il définit cette espèce de verbe par son essence et non par des circonstances accessoires indépendantes, qui ne sont pas intimes à sa nature.

DE LA GRAMMAIRE NATIONALE.

Nous nous sommes ⎧ flattés
Vous vous êtes ⎨ ou
Ils *ou* elles se sont ⎩ flattées.

PASSÉ ANTÉRIEUR.

Je me fus ⎧ flatté
Tu te fus ⎨ ou
Il *ou* elle se fut ⎩ flattée.
Nous nous fûmes ⎧ flattés
Vous vous fûtes ⎨ ou
Ils *ou* elles se furent ⎩ flattées.

PLUS-QUE-PARFAIT.

Je m'étais ⎧ flatté
Tu t'étais ⎨ ou
Il *ou* elle s'était ⎩ flattée.
Nous nous étions ⎧ flattés
Vous vous étiez ⎨ ou
Ils *ou* elles s'étaient ⎩ flattées.

FUTUR.

Je me flatterai.
Tu te flatteras.
Il *ou* elle se flattera.
Nous nous flatterons.
Vous vous flatterez.
Ils *ou* elles se flatteront.

FUTUR ANTÉRIEUR.

Je me serai ⎧ flatté
Tu te seras ⎨ ou
Il *ou* elle se sera ⎩ flattée.
Nous nous serons ⎧ flattés
Vous vous serez ⎨ ou
Ils *ou* elles se seront ⎩ flattées.

CONDITIONNEL.

PRÉSENT.

Je me flatterais.
Tu te flatterais.
Il *ou* elle se flatterait.
Nous nous flatterions.
Vous vous flatteriez.
Ils *ou* elles se flatteraient.

PASSÉ.

Je me serais ⎧ flatté
Tu te serais ⎨ ou
Il *ou* elle se serait ⎩ flattée.
Nous nous serions ⎧ flattés
Vous vous seriez ⎨ ou
Ils *ou* elles se seraient ⎩ flattées.

On dit aussi :

Je me fusse ⎧ flatté
Tu te fusses ⎨ ou
Il *ou* elle se fût ⎩ flattée.
Nous nous fussions ⎧ flattés
Vous vous fussiez ⎨ ou
Ils *ou* elles se fussent ⎩ flattées.

IMPÉRATIF.

Point de 1re personne du sing. ni de 3e pour les 2 nombres.

Flatte-toi.
Flattons-nous.
Flattez-vous.

SUBJONCTIF.

PRÉSENT OU FUTUR.

Que je me flatte.
Que tu te flattes.
Qu'il *ou* qu'elle se flatte.
Que nous nous flattions.
Que vous vous flattiez.
Qu'ils *ou* qu'elles se flattent.

IMPARFAIT.

Que je me flattasse.
Que tu te flattasses.
Qu'il *ou* qu'elle se flattât.
Que nous nous flattassions.
Que vous flattassiez.
Qu'ils *ou* qu'elles se flattassent.

PASSÉ.

Que je me sois ⎧ flatté
Que tu te sois ⎨ ou
Qu'il *ou* qu'elle se soit ⎩ flattée.
Que nous nous soyons ⎧ flattés
Que vous vous soyez ⎨ ou
Qu'ils *ou* qu'elles se soient ⎩ flattées.

PLUS-QUE-PARFAIT.		INFINITIF.
		PRÉSENT.
Que je me fusse	flatté	Se flatter.
Que tu te fusses	ou	PASSÉ.
Qu'il ou qu'elle se fût	flattée.	S'être flatté ou flattée.
Que nous nous fussions	flattés	PARTICIPE.
Que vous vous fussiez	ou	PRÉSENT.
Qu'ils ou qu'elles se fussent	flattées.	Se flattant.
		PASSÉ.
		S'étant flatté ou flattée.

N° 90.

CONJUGAISON DES VERBES UNIPERSONNELS (1).

VERBE UNIPERSONNEL *TONNER*.

Les verbes unipersonnels se conjuguent à la troisième personne comme les autres verbes.

INDICATIF.	FUTUR.
PRÉSENT.	Il tonnera.
Il tonne.	FUTUR ANTÉRIEUR.
IMPARFAIT.	Il aura tonné.
Il tonnait.	CONDITIONNEL.
PASSÉ DÉFINI.	PRÉSENT.
Il tonna.	Il tonnerait.
PASSÉ INDÉFINI.	PASSÉ.
Il a tonné.	Il aurait tonné.
PASSÉ ANTÉRIEUR.	SUBJONCTIF.
Il eut tonné.	PRÉSENT OU FUTUR.
PLUS-QUE-PARFAIT.	Qu'il tonne.
Il avait tonné.	IMPARFAIT.
	Qu'il tonnât.

---

(1) Ces verbes ne sont pas des verbes à part, ils sont fort réguliers ; toute la différence consiste dans cette circonstance, que les autres verbes s'emploient à toutes les personnes, et ceux-ci à une personne seulement. C'est à tort qu'on les appelle *impersonnels*. Cette dénomination ne pourrait convenir qu'aux verbes qui ne seraient employés qu'à l'infinitif et au participe.

PASSÉ. | PASSÉ.
Qu'il ait tonné. | Avoir tonné.

PLUS-QUE-PARFAIT. | **PARTICIPE.**
Qu'il eût tonné.

INFINITIF. | PRÉSENT.
| Tonnant.

PRÉSENT. | PASSÉ.
Tonner. | Ayant tonné.

N° 94.

MODÈLE DES VERBES CONJUGUÉS INTERROGATIVEMENT.

Le langage par interrogation étant très usité, nous pensons qu'il est nécessaire de donner un modèle des verbes conjugués sous cette forme.

VERBE *être* CONJUGUÉ INTERROGATIVEMENT.

MODE INDICATIF.

PRÉSENT.

Suis-je?
Es-tu?
Est-il?
Sommes-*nous*?
Êtes-*vous*?
Sont-*ils*?

IMPARFAIT.

Étais-je?
Étais-tu?
Était-il?
Étions-*nous*?
Étiez-*vous*?
Étaient-*ils*?

Fûmes-*nous*?
Fûtes-*vous*?
Furent-*ils*?

PASSÉ INDÉFINI.

Ai-je été?
As-tu été?
A-t-il été?
Avons-*nous* été?
Avez-*vous* été?
Ont-*ils* été?

PASSÉ ANTÉRIEUR.

Eus-je été?
Eus-tu été?
Eut-il été?
Eûmes-*nous* été?
Eûtes-*vous* été?

Avions-*nous* été?
Aviez-*vous* été?
Avaient-*ils* été?

FUTUR SIMPLE.

Serai-je?
Seras-tu?
Sera-t-il?
Serons-*nous*?
Serez-*vous*?
Seront-*ils*?

FUTUR ANTÉRIEUR.

Aurai-je été?
Auras-tu été?
Aura-t-il été?
Aurons-*nous* été?
Aurez-*vous* été?

Serais-tu?
Serait-il?
Serions-*nous*?
Seriez-*vous*?
Seraient-*ils*?

PASSÉ.

Aurais-je été?
Aurais-tu été?
Aurait-il été?
Aurions-*nous* été?
Auriez-*vous* été?
Auraient-*ils* été?

On dit aussi :

Eussé-je été?

DE LA GRAMMAIRE NATIONALE. 83

N° 92.

VERBE *avoir* CONJUGUÉ INTERROGATIVEMENT.

MODE INDICATIF.

PRÉSENT.

Ai-je?
As-tu?
A-t-il? a-t-elle?
Avons-nous?
Avez-vous?
Ont-ils? ont-elles?

IMPARFAIT.

Avais-je?
Avais-tu?
Avait-il? avait-elle?
Avions-nous?
Aviez-vous?
Avaient-ils? avaient-elles?

PASSÉ DÉFINI.

Fus-je?
Fus-tu?
Fut-il?

PASSÉ DÉFINI.

Eus-je?
Eus-tu?
Eut-il? eut-elle?
Eûmes-nous?
Eûtes-vous?
Eurent-ils? eurent-elles?

PASSÉ INDÉFINI.

Ai-je eu?
As-tu eu?
A-t-il eu? a-t-elle eu?
Avons-nous eu?
Avez-vous eu?
Ont-ils eu? ont-elles eu?

PASSÉ ANTÉRIEUR.

Eus-je eu?
Eus-tu eu?
Eut-il eu? eut-elle eu?
Eûmes-nous eu?
Eûtes-vous eu?
Eurent-ils eu? Eurent-elles eu?

PLUS-QUE-PARFAIT.

Avais-je eu?
Avais-tu eu?
Avait-il eu? avait-elle eu?
Avions-nous eu?
Aviez-vous eu?
Avaient-ils eu? avaient-elles eu?

FUTUR SIMPLE.

Aurai-je?

Auront-ils été?

PLUS-QUE-PARFAIT.

Avais-je été?
Avais-tu été?
Avait-il été?

CONDITIONNEL.

PRÉSENT.

Serais-je?

Eurent-ils été?

Eusses-tu été?
Eût-il été?
Eussions-nous été?
Eussiez-vous été?
Eussent-ils été?

Auras-tu?
Aura-t-il? aura-t-elle?
Aurons-nous?
Aurez-vous?
Auront-ils? auront-elles?

FUTUR ANTÉRIEUR.

Aurai-je eu?
Auras-tu eu?
Aura-t-il eu? aura-t-elle eu?
Aurons-nous eu?
Aurez-vous eu?
Auront-ils eu? auront-elles eu?

MODE CONDITIONNEL.

PRÉSENT.

Aurais-je?

	PASSÉ.	
Aurais-tu?	Aurais-je eu?	Eusses-tu eu?
Aurait-il? aurait-elle?	Aurais-tu eu?	Eût-il eu? eût-elle eu?
Aurions-nous?	Aurait-il ou? aurait-elle eu?	Eussions-nous eu?
Auriez-vous?	Aurions-nous eu?	Eussiez-vous eu?
Auraient-ils? elles?	Auriez-vous eu?	Eussent-ils eu? eussent-elles eu?
	Auraient-ils eu? auraient-elles eu?	
	On dit aussi;	
	Eussé-je eu?	

N° 93.

MODÈLE DES QUATRE CONJUGAISONS INTERROGATIVES.

INDICATIF.

PRÉSENT.

Aimé-je?	Finis-je?	Reçois-je?	Rends-je?
Aimes-tu?	Finis-tu?	Reçois-tu?	Rends-tu?
Aime-t-il?	Finit-il?	Reçoit-il?	Rend-il?
Aimons-nous?	Finissons-nous?	Recevons-nous?	Rendons-nous?
Aimez-vous?	Finissez-vous?	Recevez-vous?	Rendez-vous?
Aiment-ils?	Finissent-ils?	Reçoivent-ils?	Rendent-ils?

IMPARFAIT.

Aimais-je?	Finissais-je?	Recevais-je?	Rendais-je?
Aimais-tu?	Finissais-tu?	Recevais-tu?	Rendais-tu?
Aimait-il?	Finissait-il?	Recevait-il?	Rendait-il?
Aimions-nous?	Finissions-nous?	Recevions-nous?	Rendions-nous?
Aimiez-vous?	Finissiez-vous?	Receviez-vous?	Rendiez-vous?
Aimaient-ils?	Finissaient-ils?	Recevaient-ils?	Rendaient-ils?

PASSÉ DÉFINI.

Aimai-je?	Finis-je?	Reçus-je?	Rendis-je?
Aimas-tu?	Finis-tu?	Reçus-tu?	Rendis-tu?
Aima-t-il?	Finit-il?	Reçut-il?	Rendit-il?
Aimâmes-nous?	Finîmes-nous?	Reçûmes-nous?	Rendîmes-nous?
Aimâtes-vous?	Finîtes-vous?	Reçûtes-vous?	Rendîtes-vous?
Aimèrent-ils?	Finirent-ils?	Reçurent-ils?	Rendirent-ils?

PASSÉ INDÉFINI.

Ai-je aimé?	Ai-je fini?	Ai-je reçu?	Ai-je rendu?
As-tu aimé?	As-tu fini?	As-tu reçu?	As-tu rendu?
A-t-il aimé?	A-t-il fini?	A-t-il reçu?	A-t-il rendu?
Avons-nous aimé?	Avons-nous fini?	Avons-nous reçu?	Avons-nous rendu?
Avez-vous aimé?	Avez-vous fini?	Avez-vous reçu?	Avez-vous rendu?
Ont-ils aimé?	Ont-ils fini?	Ont-ils reçu?	Ont-ils rendu?

PASSÉ ANTÉRIEUR.

Eus-je aimé?	Eus-je fini?	Eus-je reçu?	Eus-je rendu
Eus-tu aimé?	Eus-tu fini?	Eus-tu reçu?	Eus-tu rendu?
Eut-il aimé?	Eut-il fini?	Eut-il reçu?	Eut-il rendu?
Eûmes-nous aimé?	Eûmes-nous fini?	Eûmes-nous reçu?	Eûmes-nous rendu?
Eûtes-vous aimé?	Eûtes-vous fini?	Eûtes-vous reçu?	Eûtes-vous rendu?
Eurent-ils aimé?	Eurent-ils fini?	Eurent-ils reçu?	Eurent-ils rendu?

PLUS-QUE-PARFAIT.

Avais-je aimé	Avais-je fini?	Avais-je reçu?	Avais-je rendu?

FUTUR.

Aimerai-je? — Finirai-je? — Recevrai-je? — Rendrai-je?
Aimeras-tu? — Finiras-tu? — Recevras-tu? — Rendras-tu?
Aimera-t-il? — Finira-t-il? — Recevra-t-il? — Rendra-t-il?
Aimerons-nous? — Finirons-nous? — Recevrons-nous? — Rendrons-nous?
Aimerez-vous? — Finirez-vous? — Recevrez-vous? — Rendrez-vous?
Aimeront-ils? — Finiront-ils. — Recevront-ils? — Rendront-ils?

FUTUR ANTÉRIEUR.

Aurai-je aimé? — Aurai-je fini? — Aurai-je reçu? — Aurai-je rendu?
Auras-tu aimé? — Auras-tu fini? — Auras-tu reçu? — Auras-tu rendu?
Aura-t-il aimé? — Aura-t-il fini? — Aura-t-il reçu? — Aura-t-il rendu?
Aurons-nous aimé? — Aurons-nous fini? — Aurons-nous reçu? — Aurons-nous rendu?
Aurez-vous aimé? — Aurez-vous fini? — Aurez-vous reçu? — Aurez-vous rendu?
Auront-ils aimé? — Auront-ils fini? — Auront-ils reçu? — Auront-ils rendu?

CONDITIONNEL.

PRÉSENT.

Aimerais-je? — Finirais-je? — Recevrais-je? — Rendrais-je?
Aimerais-tu? — Finirais-tu? — Recevrais-tu? — Rendrais-tu?
Aimerait-il? — Finirait-il? — Recevrait-il? — Rendrait-il?

DE LA GRAMMAIRE NATIONALE.

Aimerions-nous ?
Aimeriez-vous ?
Aimeraient-ils ?

Finirions-nous ?
Finiriez-vous ?
Finiraient-ils ?

Recevrions-nous ?
Recevriez-vous ?
Recevraient-ils ?

Rendrions-nous ?
Rendriez-vous ?
Rendraient-ils ?

PASSÉ.

Aurais-je aimé ?
Aurais-tu aimé ?
Aurait-il aimé ?
Aurions-nous aimé ?
Auriez-vous aimé ?
Auraient-ils aimé ?

Aurais-je fini ?
Aurais-tu fini ?
Aurait-il fini ?
Aurions-nous fini ?
Auriez-vous fini ?
Auraient-ils fini ?

Aurais-je reçu ?
Aurais-tu reçu ?
Aurait-il reçu ?
Aurions-nous reçu ?
Auriez-vous reçu ?
Auraient-ils reçu ?

Aurais-je rendu ?
Aurais-tu rendu ?
Aurait-il rendu ?
Aurions-nous rendu ?
Auriez-vous rendu ?
Auraient-ils rendu ?

On dit aussi :

Eussé-je aimé ?
Eusses-tu aimé ?
Eût-il aimé ?
Eussions-nous aimé ?
Eussiez-vous aimé ?
Eussent-ils aimé ?

Eussé-je fini ?
Eusses-tu fini ?
Eût-il fini ?
Eussions-nous fini ?
Eussiez-vous fini ?
Eussent-ils fini ?

Eussé-je reçu ?
Eusses-tu reçu ?
Eût-il reçu ?
Eussions-nous reçu ?
Eussiez-vous reçu ?
Eussent-ils reçu ?

Eussé-je rendu ?
Eusses-tu rendu ?
Eût-il rendu ?
Eussions-nous rendu ?
Eussiez-vous rendu ?
Eussent-ils rendu ?

Remarques : 1° *l'impératif*, les temps *du subjonctif* et *l'infinitif* ne sont pas employés interrogativement.

Il en est de même de la première personne du singulier du présent de l'indicatif, à l'égard de quelques verbes qui n'ont qu'une syllabe. Ainsi on ne dit pas : *rends-je ? lis-je ? mens-je ?* Il faut alors donner une autre forme à la phrase; par exemple, on pourrait dire : *est-ce que je rends? est-ce que je lis?* etc. Les verbes *avoir, être, aller, voir, devoir, faire,* etc., sont exceptés; car on dit bien : *ai-je? dois-je? fais-je? sais-je? vais-je? vois-je?* etc.

2° Les pronoms personnels sont placés après le verbe, dans les temps simples, et après l'auxiliaire dans les temps composés, et sont liés à l'un ou à l'autre par un trait d'union : *reçois-je, ai-je aimé, reçoit-il?*

3° L'*e* muet se change en *e* fermé quand il est suivi du pronom *je* : *aimé-je? donné-je?* (1)

4° Pour ne pas confondre le présent de l'indicatif *aimé-je* avec le passé *aimai-je*, il faut examiner si en faisant perdre au verbe la forme interrogative on obtient le présent ou le passé sans changer l'objet de la pensée; ainsi on n'écrira pas *aimai-je maintenant? aimé-je hier?* car en faisant disparaître la forme interrogative on obtient j'AIME *maintenant;* j'AIMAI *hier.* Donc il faut AIMÉ-*je maintenant?* AIMAI-*je hier?*

5° Quand le verbe est terminé par une voyelle et suivi de l'un des pronoms *il, elle, on,* on les fait précéder de la lettre euphonique *t* placée entre deux traits d'union : *donne-t-il? aime-t-elle? a-t-on fini?*

---

(1) Nous nous conformons ici à l'orthographe adoptée par les grammairiens, qui veulent qu'on fasse entendre un *é* fermé dans ces sortes de verbes; mais l'usage universel et l'autorité des personnes qui parlent le mieux, démentent journellement cette opinion; elles prononcent : *aimè-je, veillè-je, règnè-je,* avec l'accent grave.

QUESTIONNAIRE.

59. Qu'est-ce qu'un verbe? — A quoi reconnaît-on un verbe?
60. Qu'est-ce que le sujet d'un verbe? — Quels sont les mots qui peuvent servir de sujets?
61. Qu'est-ce que le régime d'un verbe? — Qu'est-ce que le régime direct? — Le régime indirect? — Quels sont les mots qui servent ordinairement de régimes directs?
62. Quand un verbe est-il à la première, à la deuxième, à la troisième personne?
63. Quand un verbe est-il au singulier? — Au pluriel?
64. Combien y a-t-il de temps principaux dans les verbes? — Qu'est-ce que le présent? — Le passé? — Le futur?
65. Quels sont les autres temps du passé et du futur? — Qu'est-ce que l'imparfait? — Le passé défini? — Le passé indéfini? — Le passé antérieur? — Le plus-que-parfait?
66. Qu'entend-on par temps simples et temps composés?
67. Qu'entend-on par modes dans les verbes? — Combien y a-t-il de modes? — Qu'est-ce que l'indicatif? — Le conditionnel? — L'impératif? — Le subjonctif? — L'infinitif?
68. Qu'entend-on par modes personnels et modes impersonnels? — Quels sont les modes impersonnels? — Les modes personnels?
69. Combien y a-t-il de sortes de verbes?
70. Qu'est-ce que le verbe actif?
71. Qu'est-ce que le verbe passif?
72. Qu'est-ce que le verbe neutre?
73. Qu'est-ce qu'un verbe réfléchi?
74. Qu'est-ce qu'un verbe unipersonnel?
75. Qu'est-ce que conjuguer un verbe? — Combien y a-t-il de conjugaisons? — Comment se termine l'infinitif de la première conjugaison? — De la seconde? — De la troisième? — De la quatrième?
76. Qu'entend-on par verbes auxiliaires? — Quels sont-ils? — A quoi sert le verbe *être*?
77. A quoi sert le verbe *avoir*?

78. A quelles remarques donnent lieu les verbes en *cer?* — En *ger?* — En *eler, eter?* — En *éler, éter?* — En *uer, ouer?* — En *yer?* — En *éer?*
79. Quelles remarques avez-vous à faire sur le participe du verbe *bénir?* — Sur les verbes *haïr, fleurir?*
80. Comment s'écrivent les participes passés des verbes *devoir* et *redevoir?* — Comment font à la première et à la deuxième personne de l'indicatif *pouvoir, valoir, vouloir?*
81. A quelles remarques donnent lieu les verbes en *indre*, en *soudre*, en *aître?*
82. Quelles remarques avez-vous à faire sur l'orthographe des verbes employés au présent de l'indicatif? — A l'imparfait?
83. Au passé défini? — Au futur?
84. Au conditionnel? — A l'impératif?
85. Au subjonctif? — A l'imparfait du subjonctif?
86. Qu'est-ce que le radical d'un verbe? — Qu'est-ce que la terminaison? Qu'est-ce qu'un temps primitif? — Un temps dérivé? — Quels sont les temps primitifs? — Comment se forme le futur? — Le conditionnel? — L'indicatif? — L'imparfait? — Le présent du subjonctif? — Quels temps forme-t-on du participe passé? — Comment se forme l'impératif? — Le passé du subjonctif?
87. Qu'est-ce qu'un verbe régulier? — Irrégulier? — Dites les temps principaux des verbes *aller, envoyer, acquérir, assaillir, bouillir, courir, cueillir, faillir, férir, fuir, gésir*, etc.
88. Combien y a-t-il de conjugaisons pour les verbes passifs?
89. Comment se conjuguent les verbes neutres?
90. Comment se conjuguent les verbes réfléchis?
91. Comment se conjuguent les verbes unipersonnels?
92. Quelles remarques avez-vous à faire sur les verbes conjugués interrogativement?

CHAPITRE SIXIÈME.

DU PARTICIPE (1).

N° 94.

L'homme *pratiquant* la vertu.	Un enfant *aimé* de ses parents.
Le vent *soufflant* avec force.	Une mère *adorée* de ses enfants.

Le *participe* est un mot qui tient de la nature du verbe et de celle de l'adjectif; du verbe, en ce qu'il en a la signification et le régime : *un homme aimant Dieu, des enfans ayant aimé l'étude;* et de l'adjectif, en ce qu'il qualifie le mot auquel il se rapporte : *un homme aimant, des enfants aimés.*

Il y a deux sortes de participes : le participe *présent*, et le participe *passé*.

Le participe *présent* ajoute au mot qu'il qualifie l'idée d'une action faite par ce mot; il est terminé en *ant*, et est toujours invariable : *une femme* LISANT, *des hommes* LISANT.

---

(1) C'est pour nous conformer à l'usage généralement suivi, que nous conservons ces dénominations de *participe présent* et *participe passé*, et que nous en faisons une classe de mots à part, ce qui est tout-à-fait contre l'idéologie. L'idée des temps n'existe dans aucune des formes verbales dites *participes présents, participes passés*, et, conséquemment, les dénominations qu'on leur donne manquent d'exactitude. Le prétendu participe présent se combine avec tous les temps. On dit au présent : je vous trouve *écrivant ;* au passé, je vous ai trouvé *écrivant ;* au futur, je vous trouverai *écrivant*. C'est donc une erreur grossière, malheureusement consacrée dans presque toutes les grammaires, que de prétendre que cette forme en *ant* exprime l'idée du temps présent. Il en est de même du prétendu *participe passé*, qui n'est par lui-même qu'un adjectif, et qui ne devient verbe que lorsque, combiné avec un des auxiliaires *avoir* ou *être*, il sert à former les temps composés des verbes.

Il est nommé *présent*, parce qu'il marque toujours un temps présent par rapport à une autre époque : AIMANT *la poésie*, JE LIS, JE LUS, JE LIRAI *Racine et Boileau*.

Le participe *passé* ajoute au mot qu'il qualifie l'idée d'une action reçue par ce mot ; il a diverses terminaisons, et est susceptible de prendre l'accord : *une lettre* LUE, *des lettres* LUES, *des enfants* CHÉRIS, *des femmes* ESTIMÉES.

Il est nommé *passé*, parce que, joint au verbe *avoir*, il exprime toujours un temps passé : *j'ai* AIMÉ, *j'avais* AIMÉ, *j'aurais* AIMÉ, *que j'eusse* AIMÉ, etc.

QUESTIONNAIRE.

94. Qu'est-ce que le participe ? — Combien y a-t-il de sortes de participes ? — Qu'est-ce que le participe présent ? — Qu'est-ce que le participe passé ?

CHAPITRE SEPTIÈME.

DE L'ADVERBE.

N° 95.

Il se lève *tranquillement*, Déjeûne *raisonnablement*, Dans le Luxembourg *fréquemment*, Promène son désœuvrement.

Tout mot qui sert à modifier un verbe ou un adjectif est un adverbe.

Si je dis : *vous parlez*, je ne présente que l'idée de parler ; mais si je dis : *vous parlez* SAGEMENT, ce mot *sagement* modifie le verbe *parler* ; il indique de quelle manière vous parlez. C'est donc un adverbe.

De même, si je dis : *votre sœur est* EXTRÊMEMENT *aimable*, le mot *extrêmement* modifie le sens de l'adjectif *aimable ;* c'est donc aussi un adverbe.

L'adverbe peut aussi modifier un autre adverbe : *il parle* TRÈS *éloquemment*. Son nom d'*adverbe* lui vient de ce qu'il accompagne le plus souvent un verbe.

Les adverbes les plus usités sont : *alors — assez — aujourd'hui — auparavant — aussi — autant — auprès — beaucoup — bien — bientôt — d'abord — davantage — dedans — dehors — déjà — demain — désormais — dessous — dessus — enfin — ensemble — ensuite — fort — guère — hier — jadis — jamais — ici — là — loin — maintenant — mal — même — mieux — moins — ne pas — où — pourtant — près — peu — plus — presque — souvent — tôt — toujours — très — trop — volontiers — tranquillement*, et tous les adverbes en *ment*.

N° 96.

Formation des adverbes en ment.

Les premières amitiés tiennent *terriblement*.

On ne saurait manquer de louer *largement* les dieux.

Un bien qu'on n'attend plus *facilement* s'oublie.

Ne parlez pas *inconsidérément*.

Les adverbes en *ment* se forment des adjectifs de la manière suivante :

1° Quand l'adjectif masculin est terminé par une voyelle sonore, on ajoute *ment : aisément, poliment, ingénument*. On excepte *impuni*, qui fait *impunément*, et les adjectifs *beau, nouveau, fou, mou*, dont les adverbes sont formés du féminin : *bellement, nouvellement, follement, mollement*.

2° Quand l'adjectif masculin est terminé par un *e* muet, on y ajoute la finale *ment : horriblement, terriblement ;* excepté *aveugle, commode, conforme, énorme, incommode, opiniâtre* et *uniforme* qui changent l'*e* muet en *é* fermé : *aveuglément, commodément, conformément*, etc. On excepte encore *traître*, qui fait *traîtreusement*.

3° Quand l'adjectif est terminé au masculin par une consonne, l'adverbe en *ment* se forme de la terminaison féminine : *bonnement, hautement, vivement*, etc. Il faut excepter : 1° *gentil*, qui fait *gentiment* ; 2° *commune, confuse, diffuse, expresse, importune, obscure, précise, profonde*, qui changent l'*e* muet en *é* fermé : *communément, confusément*, etc.

4° Les adjectifs en *ant* et en *ent* forment l'adverbe en *ment* par le changement de *nt* en *mment* : *élégant, élégamment ; prudent, prudemment*. On excepte *lent, présent* et *véhément*, dont les adverbes sont *lentement, présentement* et *véhémentement*.

N° 97.

Des adjectifs employés comme adverbes.

Ce luth est monté trop *bas*.	Oh ! que ces violettes sentent *bon* !
L'écolier jeta *bas* sa robe de classe.	Oh ! mon fils, que tes jours coûtent *cher* à ta mère !

Certains adjectifs s'emploient quelquefois comme adverbes, c'est lorsqu'ils modifient un verbe ou un adjectif : tels sont *ferme, haut, soudain, juste, faux*, etc., dans *frapper ferme, parler haut, sortir soudain, parler juste, chanter faux*, c'est-à-dire *frapper fermement, parler hautement, sortir soudainement*, etc.

N° 98.

Des locutions adverbiales.

On se prodigue *à l'envi* les louanges et les adulations.	On ne doit jamais parler tous *à la fois*.
Un service rendu *à propos* peut faire oublier une grande offense.	J'aurai *du moins* l'honneur de l'avoir entrepris.

On appelle *locution adverbiale* tout assemblage de mots qui sert à modifier un verbe ou un adjectif.

Il le fait à DESSEIN ; ces mots à *dessein* forment une locution adverbiale, parce qu'elle est composée de plusieurs mots qui servent à modifier le verbe *fait*.

Les locutions adverbiales les plus usitées sont : *à jamais — à la fois — à l'envi — à part — après-demain — à présent — à regret — à tort — à loisir — à peine — avant-hier — avec soin — avec peine — avec raison — çà et là — ci-après — ci-inclus — ci-joint — d'abord — d'accord — d'ailleurs — de même — de plus — de suite — dès lors — d'ordinaire — du reste — du moins — du tout — en avant — en arrière — en vain — jusque là — longtemps — nulle part — par hasard — par-ici — par-là — pêle-mêle — peut-être — plus tard — plus tôt — sans doute — tôt ou tard — tour-à-tour — sens dessus dessous — tout d'un coup — mal à propos — coup sur coup — tout-à-fait — tout-à-l'heure — sur-le-champ. —*

QUESTIONNAIRE.

95. Qu'est-ce que l'adverbe ?
96. Comment se forment les adverbes en *ment* ?
97. Quand les adjectifs sont-ils employés adverbialement ?
98. Qu'est-ce qu'une locution adverbiale ?

CHAPITRE HUITIÈME.

DE LA PRÉPOSITION.

N° 99.

La bonté *de* Dieu est infinie. | Il était *sur* son char.
Seigneur, je viens *à* vous. | Ils courent *après* une ombre.

Tout mot qui sert à lier par le sens un mot à un autre mot, est une PRÉPOSITION.

Si je dis: *la bonté.... Dieu*, ces mots présentent l'idée de l'objet *bonté* et de l'objet *Dieu*, mais aucune liaison, aucun rapport n'est établi entre ces deux mots. Mais si je dis: *la bonté de Dieu*, *de* sert à lier le mot *bonté* au mot *Dieu*; c'est une *préposition*, c'est-à-dire, mot *placé devant*. Ici le mot *de* est en effet placé devant le mot *Dieu* pour marquer le rapport qu'il y a entre ce mot, et le mot *bonté* qui précède.

Les prépositions les plus usitées sont: *à — après — attendu — avec — chez — contre — dans — de — depuis — derrière — dès — devant — durant — en — entre — envers — hormis — hors — malgré — moyennant — nonobstant — outre — par — parmi — pendant — pour — sans — sauf — selon — sous — suivant — sur — touchant — vers.*

N° 100.

Des locutions prépositives.

Molière marche *à côté de* Plaute et de Térence.

Par-delà tous les cieux le Dieu des cieux réside.

L'art est toujours grossier *auprès de* la nature.

Les fondements de cet édifice sont déjà *à fleur de* terre.

On appelle *locution prépositive* tout assemblage de mots qui sert à lier un mot à un autre mot.

Il est A L'ABRI DE *tout soupçon*; ces mots *à l'abri de*, servant à établir un rapport entre *il est* et *tout soupçon*, forment une locution prépositive.

Liste des locutions prépositives les plus usitées.

A côté de — à cause de — au-delà de — auprès de — autour de — au travers de — delà — en-deçà — jusqu'à — loin de — par-delà de — par-dessus de — près de — vis-à-vis de — faute de — à couvert de — à fleur de — à force de — à la faveur de — à l'abri de — à la mode de — à l'insu de — à l'exclusion de — à rai-

son de — au dedans de — au péril de — aux dépens de — aux environs de — le long de — quant à — proche de — hors de — sauf à — attenant à — à même de.

QUESTIONNAIRE.

99. Qu'est-ce qu'une préposition ?
— Nommez les principales prépositions ?
100. Qu'est-ce qu'une locution prépositive ?
— Quelles sont les locutions prépositives les plus usitées ?

CHAPITRE NEUVIÈME.

DE LA CONJONCTION.

N° 101.

Fais du bien aujourd'hui puisque tu vis encore.
Que font les toits dorés, si l'on n'y vit en maître ?

Je pense, *donc* Dieu existe.
Il y a trois choses à consulter, *savoir :* le juste, l'honnête et l'utile.

Tout mot qui sert à établir un rapport entre deux membres de phrase, est une CONJONCTION. La conjonction est aux phrases ce que la préposition est aux mots. *Sa figure me charme* ET *m'intéresse;* et sert à lier le premier membre de phrase, *sa figure me charme*, au second membre de phrase, *m'intéresse*. Et est donc une *conjonction*.

Liste des principales conjonctions.

Ainsi — *car* — *comme* — *cependant* — *donc* — *et* — *lorsque* — *mais* — *néanmoins* — *ni* — *or* — *ou* — *parce que* — *puisque* — *quand* — *que* — *quoique* — *savoir* — *si* — *soit* — *toutefois*.

N° 102.

Des conjonctions composées ou locutions conjonctives.

On n'est pas bien, *dès qu'on* veut être mieux.
Il y a des choses que tout le monde dit, *parce qu'*elles ont été dites une fois.

Le vent est plus ou moins froid, *selon qu'*il nous vient du nord ou du sud.

Il y a des conjonctions simples et des conjonctions composées. Les conjonctions *simples* sont celles qui s'écrivent en un seul mot ; les conjonctions *composées*, ou locutions conjonctives sont celles qui sont formées de plusieurs mots.

Et, ni, mais, or, ou, car, puisque, etc., sont des conjonctions *simples*.

Tandis que, parce que, afin que, etc., sont des conjonctions *composées*.

QUESTIONNAIRE.

101. Qu'est-ce qu'une conjonction ?
102. Qu'est-ce qu'une locution conjonctive ?

CHAPITRE DIXIÈME.

DE L'INTERJECTION.

N° 103.

Ah ! s'il est un heureux, c'est sans doute un enfant.
Ha ! vous vous emportez.

Beaux-arts, *eh !* dans quel lieu n'avez-vous droit de plaire.
Ha ! ha ! monsieur est Persan ?

Tout mot invariable qui se jette, qui s'interjette dans

le discours pour exprimer une émotion, une affection vive et subite de l'âme, est une INTERJECTION. — OH ! *qu'il est cruel de n'espérer plus.* OH ! est une *interjection,* parce que c'est un mot qui se jette, qui s'interjette dans le discours pour exprimer un mouvement subit de l'ame.

Les principales interjections sont : *Ah ! — Ha ! — Oh ! — Ho ! — Eh ! — Hé ! — Fi ! — Hélas ! — Pouf ! — Holà ! — Chut ! — Paix ! — Ça ! — Allons ! — Adieu ! — Alerte ! — Hem ! — Bon ! — Ferme ! — Fi donc ! — Gare ! — Courage !*

QUESTIONNAIRE.

103. Qu'est-ce qu'une interjection ?
— Quelles sont les principales interjections ?

SECONDE PARTIE.

SYNTAXE.

N° 104.
De la Syntaxe.

Il ne suffit pas, pour exprimer ses pensées, de proférer ou d'écrire des mots les uns à la suite des autres, il faut encore savoir coordonner ces différentes parties du discours, les lier ensemble et leur donner la forme et le rang qui leur conviennent. La partie de la grammaire qui enseigne les règles à suivre pour l'emploi des mots, et qui détermine la place qu'ils doivent occuper dans le discours, est appelée *syntaxe*; donc,

La syntaxe est la partie de la Grammaire qui fait connaître les rapports des mots entre eux, leur construction ou arrangement, et les inflexions avec lesquelles ils doivent être employés dans le discours.

CHAPITRE PREMIER.

DU SUBSTANTIF.

§ Ier. — DU GENRE DES SUBSTANTIFS.

N° 105.
Du double genre de quelques substantifs.

Aigle.

Masculin.	Féminin.
L'*aigle audacieux*, planant au haut des airs, dispute à un	L'*aigle* étant de retour, et voyant ce ménage,

autre aigle les limites de son vaste empire.
(Bernardin-de-St-Pierre.)

Quand on sait bien les quatre règles, qu'on peut conjuguer le verbe *avoir*, on est *un aigle* en finances. (Mirabeau.)

Remplit le ciel de cris ; et pour [comble de rage, Ne sait sur qui venger le tort [qu'*elle* a souffert.
(La Fontaine.)

Les *aigles romaines* n'étaient point des *aigles peintes* sur des drapeaux, c'étaient des aigles d'argent ou d'or au haut d'une pique. (Trévoux.)

Les substantifs n'ont ordinairement qu'un seul genre. Cependant quelques-uns sont tantôt du masculin, tantôt du féminin; ils ne doivent cette duplicité de genre qu'à l'usage, les hommes ayant appliqué par assimilation à leur nature l'idée du féminin, pendant que d'autres y appliquaient l'idée du masculin.

Aigle est du masculin lorsqu'on veut désigner le mâle de l'oiseau de proie, ou lorsque figurément il signifie un homme d'un génie, d'un esprit supérieur. On dit encore du papier *grand aigle* pour dire du papier du plus grand format.

Aigle est, au contraire, du féminin, s'il désigne précisément la femelle de l'oiseau de proie, ou bien s'il est employé comme terme d'enseignes militaires, d'armoiries, de blason, de devises, de constellation, enfin s'il indique une espèce de poisson : *l'aigle marine* (espèce de raie).

N° 106.
Amour.

Masculin.	Féminin.
L'amour divin est la source de toutes les vertus. (Massillon.)	Adrien déshonora son règne par des *amours monstrueuses*. (Bossuet.)
L'amour immodéré de la vérité n'est pas moins *dangereux* que *tous* les autres *amours*. (Larochefoucauld.)	Tout change, tout vieillit, tout [périt, tout s'oublie; Mais qui peut oublier ses *pre-*[*mières amours?* (Ginguené.)

Amour, au singulier, est aujourd'hui du masculin, en prose comme en poésie. Au pluriel, il est encore du masculin, **1°** lorsqu'il désigne toutes sortes d'amours; **2°** Quand il signifie les petits génies qui servent d'emblême dans les arts : *Tous ces petits amours sont bien groupés.*

Amour, au pluriel, est féminin dans le sens de *passion : folles amours, éternelles amours.*

N° 107.

Automne.

Masculin.	*Masculin.*
Couronné d'épis et tenant en main sa faucille, l'*automne joyeux* descend sur nos campagnes jaunissantes. (Deleuze.) Et toi, *riant automne,* accorde [à nos désirs Ce qu'on attend de toi, des biens [et des plaisirs. (Saint-Lambert.)	L'*automne* a été universellement *beau* et *sec.* (Linguet.) Aussi voyez comment l'au- [tomne *nébuleux,* Tous les ans, pour gémir, nous [amène en ces lieux. (Delille.)

Automne était autrefois des deux genres; aujourd'hui il n'a plus que le genre masculin, commun aux noms des autres saisons.

N° 108.

Couple.

Masculin.	*Féminin.*
Ce soir *un couple* heureux, [d'une voix solennelle, Parlait tout bas d'amour et [de flamme éternelle. (Victor Hugo.) *Un couple* de pigeons est suffisant pour peupler une volière. (Guizot.) *Certain couple* d'amis, en un [bourg établi, Possédait quelque bien. (La Fontaine.)	Je suis bien aise que vous ayez cet automne *une couple* de beaux-frères. (Mme de Sévigné.) *Une couple* de pigeons ne sont pas suffisants pour le dîner de six personnes. (Guizot.) Il faut à peu près vingt livres de blé par an pour nourrir *une couple* de moineaux. (Buffon.)

Couple est masculin quand il désigne deux êtres animés

ou supposés tels, unis par la volonté, par un sentiment quelconque, ou par toute autre cause qui les fait agir de concert : *un couple d'heureux époux; un couple de chevaux de trait.*

Couple est féminin lorsqu'il désigne seulement deux êtres animés ou inanimés de la même espèce, unis accidentellement, et sans participation de la volonté : *une couple de pigeons; une couple d'écus.*

D'après ces définitions, *un couple d'amis* signifie deux hommes unis par l'amitié : *Oreste et Pilade étaient un couple d'amis. Une couple d'amis* sont deux individus pris dans la généralité des hommes qui méritent ce titre. Nommer Harmodius et Pilade, c'est citer *une couple d'amis.*

N° 109.

Délices.

Masculin.	Féminin.
C'est un *délice* que de contribuer au bonheur des autres. (Trévoux.)	La lecture des divines écritures faisait autrefois les plus *chères délices* des premiers fidèles. (Massillon.)
Entre inégaux, quelle société, quelle harmonie, *quel vrai délice* peuvent s'assortir ? (Châteaubriand.)	O véritable religion ! que tes *délices* sont *puissantes*. (Châteaubriand.)

Délice est masculin au singulier et féminin au pluriel; mais pour éviter la rencontre aussi choquante que bizarre des deux genres après *un de*, on dit : *un de mes plus grands délices*, et non *un de mes plus grandes délices.*

N° 110.

Enfant.

Masculin.	Féminin.
Voilà un *bel enfant*. (Académie.)	Voilà une *belle enfant*. (Académie.)

Enfant, désignant un petit garçon, est masculin, et féminin, s'il se dit d'une petite fille.

N° 111.

Exemple.

Masculin.	*Masculin.*
Aucun *exemple* ne peut justifier ce qui est absurde. (Boiste.)	Son maître à écrire lui donne tous les jours de *nouveaux exemples*. (Académie.)

Exemple est du masculin, lors même qu'il signifie un modèle d'écriture. L'Académie, comme on le voit, est de cette opinion qui, du reste, est partagée par les meilleurs grammairiens.

N° 112.

Foudre.

I.

Féminin singulier.	*Masculin singulier.*
C'est dans un morceau d'ambre que la propriété électrique fut aperçue pour la première fois; et l'homme est parti de ce point pour arracher *la foudre* du ciel. (Bernardin-de-St-Pierre.)	C'est la mythologie des anciens qui, nous représentant toujours Jupiter armé *du foudre*, nous inspire tant de frayeur de Dieu, de la divinité. (Bernardin-de-St-Pierre.)

Foudre est féminin toutes les fois qu'il est au singulier et qu'il signifie au propre cette exhalaison enflammée qui sort de la nue avec éclat et violence; il est masculin si l'on parle de l'arme de Jupiter. Dans ce cas même on peut le faire du féminin :

Les Païens regardaient Jupiter comme le maître absolu de tout, et le représentaient toujours *la foudre* en main, porté sur un aigle. (Dict. de la Fable.)

Foudre est encore féminin si on l'emploie au figuré, comme synonyme de vengeance, de colère :

La FOUDRE *est dans ses yeux.* (Voltaire.)

II.

Féminin pluriel.	*Masculin pluriel.*
Aplanissez ces monts dont les [rochers fumants Tremblaient sous nos *foudres* [*guerrières.* (Casimir Delavigne.)	Affronter la tempête De cent *foudres* d'airain *tour*- [*nés* contre sa tête. (Boileau.)
Temeswar. . . . . Sous nos *foudres toutes prêtes,* Va voir tomber son orgueil. (J.-B. Rousseau.)	. . . . . Daigne le juste ciel Ne lancer que sur moi les *fou*- [*dres mérités.* (Corneille.)
Les *foudres* de Rome, quand elles sont injustes, ne sont que les foudres de Salmonée. (Mézerai.)	Allez vaincre l'Espagne, et son- [gez qu'un grand homme Ne doit point redouter les *vains* [*foudres* de Rome. (Voltaire.)

Foudres signifiant, au figuré, soit des pièces de canon, soit le courroux céleste, soit l'excommunication de la cour de Rome, peut être employé au masculin ou au féminin pluriel.

III.

Masculin.	*Masculin.*
Quand le sublime vient à écla- ter où il faut, il renverse tout comme *un foudre.* (Boileau.)	C'est *un foudre* que le pou- voir irrité. (Boiste.)
La valeur d'Alexandre était à [peine connue; Ce *foudre* était encore enfermé [dans la nue. (Racine.)	Comment ! des animaux qui [tremblent devant moi ! Je suis donc *un foudre* de guerre. (La Fontaine.)

On appelle figurément *un foudre de guerre, un grand foudre de guerre,* un grand prince, un grand général d'armée qui a remporté plusieurs victoires et donné des preuves d'une valeur extraordinaire. On dit aussi *un foudre d'éloquence* pour dire un grand orateur. En cette acception *foudre* est toujours masculin.

N° 113.

Gens.

I.

Masculin.	*Féminin.*
Les questionneurs les plus impitoyables sont les *gens vains* et *désœuvrés*. (Larochefoucauld.)	..... C'est pour les *bonnes gens* Que le Ciel a créé les plaisirs innocents. (Desmoutier.)
Nous détestons les *gens* Tantôt rouges, tantôt *blancs*. (Béranger.)	Les grands admirateurs sont pour la plupart de *sottes gens*. (Saint-Évremont.)

L'adjectif qui suit le mot *gens* se met au masculin; et au féminin, s'il le précède. Aux exemples qui établissent cette règle, nous ajouterons encore les suivants qui la confirment.

Nous avons à faire à force fripons qui ont peu réfléchi; à une foule de *petites gens brutaux, ivrognes, voleurs*.
(Voltaire.)

Certaines gens savent si bien observer les nuances, qu'ils n'ont de probité que ce qu'il faut pour n'être pas *traités* de *fripons*. (Boiste.)

Les *bonnes gens* sont *tous bavards*. (Gresset.)

Certaines gens fesant *les empressés*
S'introduisent dans les affaires. (La Fontaine.)

D'après ces quatre derniers exemples, on concevra très aisément que si l'adjectif venait à précéder le mot *gens* par inversion, cet adjectif ne se mettrait pas au féminin, mais au masculin. On dira donc : *Instruits par l'expérience, les vieilles gens se tiennent sur leurs gardes*, l'ordre direct étant *les vieilles gens se tiennent* etc., *instruits par l'expérience*. Il en de même dans cette phrase de Pascal : ô qu'*heureux sont les gens qui ne veulent pas souffrir les injures, d'être instruits en cette doctrine*. L'ordre direct est *les gens qui ne veulent pas souffrir les injures, sont heureux*, etc. Voilà la seule raison pourquoi *heureux* est au masculin.

Féminin.	Masculin.
Toutes gens d'esprit scélérat Hantaient le tronc pourri d'un [pin vieux et sauvage. (La Fontaine.) *Telles gens*, tels patrons. (La Bruyère.)	*Tous ces gens-*là étaient-ils chrétiens ? (Pascal.) *Tels* sont les *gens* qu'on voit régenter l'univers. (Lemare.)

Lorsque le mot *gens* est immédiatement précédé des adjectifs *tout*, *certain*, *quel*, *tel*, ces adjectifs doivent être mis au féminin : *toutes gens d'esprit scélérat, telles gens, quelles gens*; mais si ces adjectifs ne précèdent pas immédiatement le mot *gens*, ils se mettent au masculin : *tous ces gens là, tels sont les gens d'aujourd'hui, quels sont les gens que vous fréquentez, certains honnêtes gens, quels braves gens*, à moins que le mot *gens* ne soit précédé d'un ou de plusieurs adjectifs qui aient une terminaison différente pour les deux genres : *quelles bonnes et dignes gens ! quelles viles et méchantes gens !* Si Pascal a dit : *voyez un peu quels gens je vous cite*, en mettant *quels* au masculin, c'est qu'au mot *gens* s'attache l'idée d'*hommes* ; c'est un rapport sylleptique. Ne regardez pas comme incorrects les exemples suivants :

Le sort avait raison. *Tous gens* sont ainsi *faits* :
Notre condition jamais ne nous contente. (La Fontaine.)

Spartacus se vit jusqu'à six vingt mille hommes à ses ordres, prêtres, bandits, esclaves, transfuges, *tous gens* féroces et cruels.
(Vertot.)

Chiens, chevaux, valets, *tous gens* bien *endentés*,
(La Fontaine.)

Ces trois exemples, loin de contrarier la règle qui vient d'être établie ne font que la justifier. En effet, *tous gens sont ainsi faits*; c'est pour *tous les gens sont ainsi faits*. De même *tous gens féroces*, *tous gens bien endentés*, c'est pour *tous* qui étaient des *gens féroces*, qui étaient des *gens* bien *endentés*. *Tous* ne se rapportent pas à *gens*, mais aux mots qui précèdent, comme dans cet exemple de Voltaire : *c'étaient tous des gens mal assortis, rois, princes, ministres, pontifes; tous jaloux les uns des autres, tous gens pesant leurs paroles.* Au lieu de la construction pleine l'écrivain eût pu mettre : *c'étaient tous gens mal assortis.*

III.

Masculin.	*Féminin.*
Tous les habiles *gens.*	*Toutes* les vieilles *gens.*
(Académie.)	(Académie.)

Quand un adjectif de tout genre précède le mot *gens*, on met *tous* au masculin : *Tous les honnêtes gens.* Et quand un adjectif de terminaison féminine précède *gens*, on met *toutes* : *toutes les bonnes gens, toutes les vilaines gens.*

IV.

Masculin.	*Masculin.*
Les *faux honnêtes gens* sont ceux qui déguisent leurs défauts aux autres et à eux-mêmes. Les *vrais honnêtes gens* sont ceux qui les connaissent parfaitement et les confessent. (Larochefoucauld.)	Les *vrais gens de lettres* et les vrais philosophes ont beaucoup plus mérité du genre humain que les Orphée, les Hercule et les Thésée. (Voltaire.)
Tous les *gens gais* ont le don [merveilleux De mettre en train *tous* les [*gens sérieux.* (Voltaire.)	. . . . Il ne paraît pas . . . . Où *tous* les *gens d'honneur* cher-[chent un beau trépas. (Corneille.)

Toutes les fois qu'un adjectif qualifie les expressions substantives *honnêtes gens*, *braves gens*, *jeunes gens*, il se met au masculin : *les faux honnêtes gens, les beaux jeunes gens, quels braves gens.* Si le mot *gens* est suivi d'un adjectif déterminatif ou d'une expression qualificative, les adjectifs qui précèdent se mettent encore au masculin : *quels gens gais, quels gens sérieux, quels gens ennuyeux, quels gens de lettres.*

N° 114.

Hymne.

Féminin.

Les *anciennes hymnes* de l'église ont le mérite de la simplicité, mais n'ont que celui-là.
(Marmontel.)

Elles chantaient dans leur langue des *hymnes sacrées*.
(Villemain.)

Masculin.

Et du fond des bosquets un *hymne universel*, s'élève dans les airs et monte jusqu'au ciel.
(Michaud.)

La vie de Turenne est un *hymne* à la louange de l'humanité. (Montesquieu.)

Hymne est féminin, quand il désigne un cantique en l'honneur de la divinité; mais il est masculin lorsqu'il signifie un chant profane, en l'honneur des Dieux ou des héros. Les écrivains n'ont pas toujours rigoureusement observé cette différence.

N° 115.

Jujube.

Masculin.

Le *jujube* pour la toux, est préférable au réglisse.
(Dict. des sc. méd.)

Féminin.

En Languedoc, comme en Italie, on mange les *jujubes fraîches*. (Dict. des sc. méd.)

Jujube est masculin, quand il désigne le suc extrait de la jujube, et féminin, lorsqu'il désigne le fruit du jujubier.

N° 116.

Œuvre.

Masculin.

On travaille sans succès au *grand œuvre* de la félicité publique, si l'on ne prend pour base l'amour de la patrie.
(Boiste.)

Renoncer aux plaisirs, c'est

Féminin.

Toutes les *œuvres* de Dieu sont l'équité et la justice même.
(Massillon.)

La religion désavoue les œu-

folie; les régler; c'est le *grand œuvre* de la sagesse.
(Charron.)

vres les plus *saintes* qu'on substitue aux devoirs.
(Massillon.)

OEuvre est masculin dans le sens de grand ouvrage, de grande entreprise; il est encore masculin lorsqu'on l'emploie pour désigner un ouvrage de peinture, de gravure, de sculpture ou de musique : le *premier œuvre de Callot, le second œuvre de Grétry.* (Académie.)

OEuvre est féminin, quand il signifie une action quelconque ou des productions d'esprit : *faire de bonnes œuvres; œuvres complètes de Racine, de Corneille.*

N° 147.
Office.

Masculin.	Féminin.
La foi la conduisit dans *tous* les *offices* de la vie chrétienne. (Fléchier.)	Il y a dans ce palais de *grandes offices*, de *belles offices*, des *offices* bien *éclairées*. (Académie.)
Vous pouvez comme lui nous rendre *un bon office*. (Corneille.)	Cette *office* est spacieuse et bien meublée. (*Id.*)

Office est masculin, dans le sens de *devoir*, de *service*; *rendre un bon office, assister à l'office divin*; il est féminin, 1° Quand il désigne l'endroit où l'on fait, où l'on prépare tout ce que l'on met sur la table, pour le dessert, et dans lequel on garde le linge et la vaisselle; 2° lorsqu'il se dit des gens de service : *dans* cette maison l'*office* est très *nombreuse*. (Lavaux.)

N° 148.
Orge.

Féminin.	Masculin.
La luzerne, le sainfoin, la vesce, soit en vert ou en sec, les lupins, les navets, l'*orge bouillie* sont de très-bons aliments pour les bœufs. (Buffon.)	L'*orge mondé* sert aux bouillies que l'on apprête de différentes manières. (L'abbé Rozier.)

Les *orges nues* sont des céréales précieuses pour les habitants des pays du nord ou des montagnes où le froment ne peut réussir.
(Dict. des sc. méd.)

. . . .
Coupez l'*orge* quand *elle* est bien *mûre*. (L'abbé Rozier.)

C'est une fille accoutumée à vivre de salade, de lait, de fromage et de pommes, et à laquelle, par conséquent, il ne faudra ni table bien servie, ni consommés exquis, ni *orges mondés* perpétuels.
(Molière.)

Orge est féminin au singulier comme au pluriel; il est masculin seulement dans *orge mondé*, *orge perlé*.

N° 119.

Orgue.

Masculin. | *Féminin.*

Constantin-Michel envoya *un orgue* à Charlemagne.
(Trévoux.)
Vitruve décrit *un orgue* dans son dixième livre.
(Encyclopédie.)
La nuit approchait comme nous passions entre deux murs dans une rue déserte; tout-à-coup le son d'*un orgue* vient frapper notre oreille.
(Châteaubriand.)

Les *premières orgues* qu'on ait vues en France furent apportées par des ambassadeurs de l'empereur Constantin Capronyme qui les offrirent au roi Pépin. (Trévoux.)
La flûte grave, le tympanon, *toutes les orgues* du clavier mélodieux, tous les sons touchés sur la corde ou le fil d'or, confondirent de doux accords entremêlés de voix en chœur ou à l'unisson.
(Châteaubriand.)

Orgue est masculin au singulier et féminin au pluriel; mais, pour éviter le contraste bizarre et choquant des deux genres après *un de*, on lui donne le masculin pour les deux nombres : *C'est un des plus beaux orgues que je connaisse.*

N° 120.

Pâques.

Masculin. | *Féminin.*

Pâques est tardif cette année.
(Académie.)

Je viens faire *la Pâque* chez vous avec mes disciples.
(Évangile.)

Pâques, fête des chrétiens, s'écrit avec un s; dans ce sens il est masculin, et rejette l'article : *Pâques est tardif*; *Pâque*, fête des juifs, s'écrit sans s; dans cette acception, il est féminin et on met l'article ; je viens faire *la pâque*.

On dit aussi au féminin pluriel : *Pâques fleuries*; *mes Pâques sont faites; faire ses Pâques*.

N° 121.
Parallèle.

Masculin.	*Féminin.*
Tout parallèle offense l'homme, parce qu'il se croit unique en son espèce. (Dufrény.)	Une parallèle est une ligne qui a deux de ses points également éloignés d'une autre ligne. (Encyclopédie.)

Parallèle est masculin, lorsque ce mot est pris dans le sens de comparaison; il est féminin, lorsqu'il signifie une ligne à égale distance d'une autre dans tous les points.

N° 122.
Pendule.

Masculin.	*Féminin.*
Huyghens appliqua le premier le *pendule* à la construction des horloges. (Laveaux.)	Ce n'est point un grand avantage d'avoir l'esprit vif si on ne l'ajuste. La perfection d'*une pendule* n'est pas d'aller vite, mais d'être réglée. (Vauvenargues.)

Pendule, pour désigner le balancier d'une horloge est masculin; il est féminin, quand il désigne l'horloge même.

N° 123.
Période.

Masculin.	*Féminin.*
Racine a porté au plus *haut période* l'harmonie de la langue française. (Laveaux.)	Le soleil fait *sa période* en 365 jours et près de six heures. (Académie.)

Période est masculin, lorsqu'il signifie le plus haut degré, où une personne ou une chose puisse arriver.

Période est au contraire du féminin quand il indique la durée du cours d'une planète d'un point à un autre du ciel. *Période* est également du féminin lorsqu'il se dit de la révolution d'une fièvre qui revient à des temps réglés : *la fièvre quarte et toutes les fièvres intermittentes ont leurs périodes réglées.* (Académie.)

Période est encore du féminin lorsqu'il se dit d'une phrase composée de plusieurs membres dont la réunion forme un sens complet : *Période longue, période courte, période nombreuse.* (Académie.)

N° 124.
Personne.

Masculin.	Féminin.
Personne ne voudrait de la vie s'il ne la recevait à son insu. (J.-J. Rousseau.)	Loin *des personnes* qui nous sont chères, tout demeure est un désert. (Mme Necker.)

Personne, indéterminé, signifie *nul, qui que ce soit*; en ce sens il est toujours masculin.

Personne est féminin, quand il est déterminé et qu'il signifie un homme ou une femme.

N° 125.
Quelque chose.

Masculin.	Féminin.
Je prenais souvent plaisir à blâmer publiquement *quelque chose qu'il avait fait.* (Fénelon.)	Ces actions qui comblèrent Pompée de gloire firent que, dans la suite, *quelque chose qu'il eût faite* au préjudice des lois, le Sénat se déclara toujours pour lui. (Montesquieu.)
Si l'on perd *quelque chose* à ne pas prendre toujours les robustes ouvriers, on le regagne bien par l'affection que cette préférence inspire à ceux qu'on choisit. (J.-J. Rousseau.)	*Quelque chose qu'il m'ait dite*, je n'ai pu le croire. (Marmontel.)
	Quelque chose qu'il eût faite, il ne la niait jamais. (Lemare.)

Quelque chose n'est féminin que lorsqu'il est suivi

d'un verbe au subjonctif; hors de là il est toujours masculin : *quelque chose qu'il ait faite, quelque chose qu'il avait fait, quelque chose de bon.*

Quant à l'expression *autre chose*, elle est du genre masculin, toutes les fois qu'elle est indéterminée : *il y a autre chose de nouveau* ; mais s'il y a une détermination, elle est du genre féminin : *C'est une autre chose encore plus merveilleuse.*

N° 126.

Réglisse.

Masculin.	*Féminin.*
Le réglisse, tel qu'on le trouve dans le commerce, est une espèce de bâtons presque cylindriques. (Dict. des sc. méd.)	Il y a dans ce jardin d'excellente *réglisse*. (Académie.)

Réglisse plante, est féminin;
Réglisse, suc extrait de la plante, est masculin.

N° 127.

Sentinelle.

Féminin.	*Masculin.*
On trouva *la sentinelle* endormie. Relever *la sentinelle*. (Académie.) Poser *la sentinelle*. (Planche.)	Ces postes menaçants, ces *nom-* [*breux sentinelles*, Qui veillent chaque jour aux [portes éternelles. (Delille.)

Sentinelle, d'après l'Académie et tous les lexicographes, est toujours féminin en prose. En poésie on lui a donné quelquefois les deux genres.

N° 128.

Trompette.

Masculin.	*Féminin.*
A peine il achevait ces mots, Que lui-même il sonna la [charge, Fut *le trompette* et le héros. (Lafontaine.)	Attacher le bonheur au char de la renommée, c'est le mettre dans le bruit *d'une trompette*. (La Mettrie.)

Trompette est masculin, quand il désigne celui qui joue de la trompette, ou celui qui a coutume de publier ce qu'il sait.

Trompette est féminin lorsqu'il signifie un instrument militaire.

§ II. DU NOMBRE DES SUBSTANTIFS.

N° 129.

Des noms pris matériellement.

Il faut soigneusement distinguer entre les faits et les *ouï-dire*. (Voltaire.)
Il n'y a aucune nation en Europe qui fasse sentir les *e* muets, excepté la nôtre. (Voltaire.)

Trois *un* de suite font cent onze en chiffres arabes. (Académie.)
Les *si*, les *car*, les contrats [sont la porte
Par où la noise entra dans l'uni-[vers.
(La Fontaine.)

Les noms pris matériellement restent invariables.

N° 130.

Des adjectifs abstraits pris substantivement.

Il faut dans le savoir préférer l'*utile* au *brillant*. (Girard.)
Le *vrai* peut quelquefois n'être [pas vraisemblable. (Boileau.)

Il faut qu'il y ait dans l'éloquence de l'*agréable* et du *réel*. (Pascal.)
Le *grand* vous plaît, et la gloire [vous flatte. (Voltaire.)

Les adjectifs abstraits pris substantivement ne s'emploient jamais au singulier.

N° 131.

Des noms de métaux et d'aromates.

Après le fer, le *cuivre* est le métal le plus difficile à fondre. (Buffon.)
L'*argent* est comme le temps: n'en perdez pas, vous en aurez assez. (Lévis.)

Un *baume* de vie s'insinuait de veine en veine jusqu'au fond de son cœur. (Fénelon.)
L'*encens* lointain caché dans la [Lybie
Vaut-il les fleurs dont se couvrent [nos vins?
(Cas. Delavigne.)

Les noms de métaux, d'aromates, quand ils signifient chacun une substance composée de plusieurs parties, comme l'*or*, l'*argent*, la *myrrhe*, l'*encens* etc., s'emploient toujours au singulier, mais si on les considère comme mis en œuvre, ils peuvent prendre la marque du pluriel. On dira bien des ors, des cuivres de différentes couleurs, des fers, des encens de différentes qualités. Et en effet, Buffon a dit : *on connaît les fers de Perse, d'Arabie, et surtout les aciers fameux, connus sous le nom de Damas.*

N° 132.

Des noms de vertus et de vices.

On pardonne tout, hors l'*orgueil*. (Voltaire.)	La *sagesse* est la connaissance du vrai bien. (Vauvenargues.)
L'*avarice* est la plus vile de nos passions. (Duclos.)	La *probité* est la vertu des pauvres. (Duclos.)

Les noms de vertus et de vices ne se mettent au pluriel, que lorsqu'ils signifient les actes ou les effets de nos passions, de nos sentiments. Exemple : *choisissez des sujets dignes de vos bontés.* (Corneille).

N° 133.

Des substantifs qui sont toujours employés au pluriel.

Toute la doctrine des *mœurs* tend uniquement à nous rendre heureux. (Bossuet.)	Toujours la tyrannie a d'heureuses *prémices*. (Voltaire.)
Aux *dépens* du bon sens, gardez de plaisanter. (Boileau.)	Il y a plusieurs martyrs enterrés dans les *Catacombes*. (Académie.)

Il y a des substantifs qui ne sont jamais employés qu'au pluriel, tels sont *mœurs, dépens, catacombes* etc.

N° 134.

Des noms étrangers.

Ce fut Mazarin qui fit représenter à Paris les premiers *opéras*. (Laharpe.)	Nous avons souvent chanté des *Te-Deum* que bien des mères traduisaient en *De Profundis*. (Boiste.)

DE LA GRAMMAIRE NATIONALE.

Louis XIV se plaisait et se connaissait aux choses ingénieuses, aux *impromptus*, aux chansons agréables.
(Voltaire.)

Les *Lazzaroni* forment une grande partie de la population de Naples. (De Jouy.)

Parmi les noms qui nous viennent des langues étrangères, il n'y a que ceux que l'usage a tout-à-fait francisés qui prennent le signe de la pluralité.

Voici la liste des substantifs étrangers auxquels nos meilleurs auteurs accordent la marque du pluriel : des *opéras*, des *impromptus*, des *duos*, des *échos*, des *accessits*, des *agendas*, des *alinéas*, des *apartés*, des *bravos*, des *concettis*, des *débets*, des *déficits*, des *examens*, des *factums*, des *imbroglios*, des *incognitos*, des *macaronis*, des *magisters*, des *panoramas*, des *numéros*, des *pensums*, des *pianos*, des *quiproquos*, des *zéros*, des *quolibets*, des *récépissés*, des *exéats*, des *satisfecits*.

Mais on écrit, des *te-Deum*, des *pater*, des *ave*, des *recto*, des *verso*, des *forté-piano*, des *miserere*, des *requiem*, des *allegro*, des *in-quarto*, des *in-folio*, des *confiteor*, des *crescendo*, des *ex-voto*, des *post-scriptum*, des *mezzo-termine*, des *ana*, des *alleluia*, des *fac-simile*, des *lazzaroni*, des *condottieri*, des *dilettanti*.

DES NOMS PROPRES.

N° 135.

Des noms propres employés comme tels ou comme noms communs.

Wasingthon n'appartient pas, comme Bonaparte, à cette race des *Alexandre* et des *César*, qui dépasse la stature de l'espèce humaine. (Châteaubriand.)

Ce qu'il y a de certain, c'est que les plus savants des hommes, les *Socrate*, les *Platon*, les *Newton*, ont été les plus religieux. (Bern. de St.-Pierre.)

Il n'y a si petite nation moderne qui n'ait ses *Alexandres* et ses *Césars*, et aucune ses Bacchus et ses Cérès.
(Bern. de St.-Pierre.)

Si tous les hommes étaient des *Socrates*, la science alors ne leur serait pas nuisible; mais ils n'auraient aucun besoin d'elle.
(J.-J. Rousseau.)

Employés comme tels, les noms propres sont invariables; au contraire, ils varient, s'ils sont employés comme noms communs.

N 136.

Des noms propres désignant deux ou plusieurs individus d'une même famille.

La dernière ressource de la république semble périr en Espagne avec les deux *Scipion*. (Bossuet.)

L'Espagne s'honore d'avoir produit les deux *Sénèque*. (Raynouard.)

Par la vertu des deux *Antonin*, ce nom devint les délices des Romains. (Bossuet.)

Je fis la connaissance des deux *Barillot* dont le père était d'une société très-aimable. (J. J. Rousseau.)

Les noms propres désignant deux ou plusieurs individus d'une même famille, restent invariables.

Cependant, on écrit avec le signe de pluralité les *Césars*, les *Gracques*, les *Horaces*, les *Scipions*, les *Stuarts*, les *Guises*, les *Condés*, les *Bourbons*, les *Pharaons*, etc., soit à l'imitation des latins, qui dans tous les cas employaient le pluriel, soit parce que la plupart de ces mots sont plutôt des titres, des surnoms que des noms; plusieurs même ne sont plus des noms individuels, car ils désignent certaines classes d'individus, certaines familles.

N° 137.

Des noms propres devenus noms communs.

J'examinerai les trois *OEdipes* avec une égale exactitude. (Voltaire.)

M. Adry n'hésite pas à qualifier de faux *Elzévirs* les mémoires de La Rochefoucault. (Biog. universelle.)

A peine y a-t-il un morceau qui demande grâce pour le reste dans les deux *Bérénices* de Racine et de Corneille. (Voltaire.)

Il arriva que les deux *Phèdres* semblèrent avoir une égale destinée. (Voltaire.)

A la bibliothèque de Rouen, d'innombrables pieds carrés sont tapissés de *Lahires* et de *Jouvenets* que l'on paraît estimer plutôt par leur dimension que par leur mérite. (Crapelet.)

Dans ces exemples on a écrit des *OEdipes*, des *Phè-*

dres pour des tragédies sur *OEdipe*, des tragédies sur *Phèdre*. On a écrit encore des *Elzevirs*, des *Lahires*, des *Jouvenets* pour des éditions d'*Elzevir*, de *Lahire*, de *Jouvenet*. On écrira de même des *Raphaëls*, des *Poussins*, des *Petitots*, des *Callots* etc. pour des tableaux de *Raphaël*, de *Poussin*, des gravures de *Callot*. Le fréquent usage que l'on fait de ces noms propres, les a rendus communs; c'est ainsi que l'on dit des *Calpins*, des *barêmes*, des *Spencers*, des *Quinquets*, des *Carcels*, des *Charlottes* etc. Ces noms doivent prendre, en pareille circonstance, le signe du pluriel.

DES NOMS COMPOSÉS.

N° 138.

Deux noms réunis par un tiret, comme chef-lieu.

Une feuille suffit au nid de l'*oiseau-mouche*. (Bern. de St.-Pierre.)	C'est dans les contrées les plus chaudes du Nouveau-Monde que se trouvent toutes les espèces d'*oiseaux-mouches*. (Buffon.)
En vain on suppose des analogies entre la femme de l'homme et la femelle de l'*orang-ou-tang*. (*Id.*)	Les *orangs-outangs* sont extrêmement sauvages; mais il paraît qu'ils sont plus méchants. (*Id.*)

Lorsque deux substantifs réunis par un tiret forment un nom composé, ils prennent tous les deux au pluriel le signe de la pluralité; on excepte *garde-chasse*, *garde-marine*, *colin-maillard*, *bain-marie*, *bonjour-commandeur*, *brèche-dents*, *appui-main*, qui s'écrivent au pluriel, *gardes-chasse*, *gardes-marine*, *colins-maillard*, *bain-marie*, *bonjour-commandeurs*, *brèche-dents*, *appui-main*.

N° 139.

Un adjectif et un nom réunis, comme plain-chant.

La clé du *coffre-fort* et des *cœurs*, c'est la même. (Lafontaine.)	Pour moi, les *coffres-forts* me sont suspects. (Molière.)
Nous vîmes un *poisson-volant*. (Bern. de St.-Pierre.)	Nous vîmes des *poissons-volants*. (Bern. de St.-Pierre.)

Lorsqu'un nom composé est formé d'un adjectif et d'un substantif il prennent tous deux la marque du pluriel. On excepte des *grand-pères*, des *grand'-mères*, des *demi-dieux*, des *demi-heures*, des *blanc-seings*, des *terre-pleins*.

N° 140.

Deux noms unis par une préposition, comme chef-d'œuvre.

Le corps de l'homme qui paraît le *chef-d'œuvre* de la nature, n'est pas comparable à la pensée.
(Fénelon.)

C'est avec de l'*eau-de-vie*, de la poudre à canon, des fusils, des sabres, du fer, que nous commerçons principalement avec les Américains et les Africains.
(Bern. de St.-Pierre.)

Les monuments de Balbeck et de Palmyre sont encore, sous leurs décombres, de *chefs-d'œuvre* d'architecture. (Voltaire.)

L'usage immodéré du café, du thé, du chocolat, des épiceries, ont chez les Européens une partie des effets que nos *eaux-de-vie* chez les sauvages.
(Saint-Lambert.)

Quand un nom composé est formé de deux substantifs unis par une préposition, le premier prend seul la marque du pluriel. On excepte des *coq-à-l'âne* des *tête-à-tête*, des *pied-à-terre*, des *fête-Dieu*, des *hôtel-Dieu*, des *paille-en-queue*.

N° 141.

Un verbe et un substantif singulier, comme casse-tête.

La fleur du *perce-neige* est blanche, et elle éclot dans des saisons et des lieux froids.
(Bern. de St.-Pierre.)

De guerrier fameux qu'il était, le sauvage du Canada est devenu berger obscur : espèce de pâtre extraordinaire conduisant ses cavales avec un *casse-tête* et ses moutons avec des flèches.
(Châteaubriand.)

Je regarde à mes pieds si mes bourgeons en pleurs
Ont de mes *perce-neige* épanoui les fleurs.
(De Lamartine.)

Nous découvrîmes de loin une troupe nombreuse d'habitants des montagnes bleues qui descendaient dans la plaine, armés de *casse-tête*. (Voltaire.)

Lorsqu'un nom composé est formé d'un verbe et d'un

substantif, le premier reste toujours invariable et le second se met au singulier s'il éveille une idée d'unité. *Un* ou *des perce-neige*, c'est une fleur ou des fleurs qui percent la neige ; un *casse-tête*, *des casse-tête*, c'est un instrument ou des instruments qui cassent la tête.

N° 142.

Un verbe et un substantif pluriel comme gobe-mouches.

Le *gobe-mouches* noir à collier est la seconde des deux espèces de *gobe-mouches* d'Europe. (Buffon.)

Comme je ne fus jamais un grand *croque-notes*, je suis persuadé que, sans mon dictionnaire de musique, on aurait dit à la fin que je ne la savais pas. (J.-J. Rousseau.)

J'allais avec la foule des *gobe-mouches* attendre sur la place l'arrivée des courriers. (J.-J. Rousseau.)

Si les manœuvres et les *croque-notes* relèvent souvent des erreurs, j'espère que les vrais artistes y trouveront des vues utiles dont ils sauront bien tirer parti. (*Id.*)

Lorsqu'un nom composé est formé d'un verbe et d'un substantif, le premier, comme nous l'avons déjà dit, reste invariable et le second se met au pluriel, s'il renferme une idée de pluralité. *Un* ou *des gobe-mouches*, c'est un oiseau ou des oiseaux qui gobent les mouches (au figuré, un homme ou des hommes flâneurs, musards, crédules); *un* ou *des croque-notes*, c'est un musicien ou des musiciens qui croquent les notes (qui en passent, qui en sautent.)

N° 143.

Un mot invariable et un substantif comme contre-coup.

Et de monsieur Géronte, il s'en faudrait bien peu,
Que par-là je ne fusse un *arrière-neveu*.
(Regnard.)

Les Hongrois sont superbes et magnifiques en diamants. Le palatin de Hongrie ou *vice-roi* est le plus opulent. (*Id.*)

Dans la progression des lumières croissantes, nous paraîtrons nous-mêmes des barbares à nos *arrière-neveux*.
(Châteaubriand.)

Les *vice-rois* des provinces de la Chine étaient tenus de fournir à l'empereur, chacun, mille chariots de guerre attelés de quatre chevaux. (Voltaire.)

Lorsqu'un nom composé est combiné avec une préposition, un adverbe ou tout autre mot invariable et un substantif, ce dernier prend seul la marque du pluriel : *Un arrière-neveu*, *des arrière-neveux*, *un vice-roi*, *des vice-rois*. Il faut excepter un *après-midi*, *des après-midi*.

N° 144.

Deux mots invariables comme pour-boire.

Un *pour-boire* est une petite récompense au-delà du prix convenu. (Académie.)

Juvénal rapporte que les Tintirites mangèrent un de leurs ennemis : il ne fait pas ce conte sur un *oui-dire*. (Voltaire.)

On dit que ses lettres lui ont valu quelques *pour-boire*. (Voltaire.)

Les jugements portés d'après des *oui-dire* sont hasardés ou faux, et ce sont les plus ordinaires. (Boiste.)

Tout nom composé formé de deux mots invariables ne prend jamais la marque du pluriel : un *pour-boire*, des *pour-boire*, un *oui-dire*, des *oui-dire*, un *passe-passe*, des *passe-passe*, un *passe-partout*, des *passe-partout*.

§ V. DU NOMBRE DES SUBSTANTIFS APRÈS LA PRÉPOSITION *de*.

N° 145.

Cas où, de deux noms joints par la préposition de*, le premier est le même dans chaque colonne, et le second un substantif différent, singulier ou pluriel.*

Les *gens d'esprit* n'en ont jamais moins que lorsqu'ils veulent en avoir. (Duclos.)

Les *hommes de mérite* s'attirent une sorte de respect qui n'a point été établi par les lois de la société. (Montesquieu.)

Les disputes des *gens de lettres* ne servent qu'à faire rire les sots aux dépens des gens d'esprit. (Voltaire.)

Les étudiants, les avocats, les *hommes d'affaires*, courent, dès le matin, de l'autre côté de Lochnorth. (Pichot.)

Dans les citations de la première colonne les mots *esprit*, *mérite*, sont et doivent être au singulier, parce qu'ils sont pris dans un sens général, et qu'ils n'éveillent qu'une idée d'unité ; au contraire, les mots *lettres, affaires* sont au pluriel dans la seconde, parce qu'ils expriment une idée de pluralité. En effet, *des gens d'esprit, des hommes de mérite*, ce sont des gens qui ont de l'esprit, des hommes qui ont du mérite. D'un autre côté, *des gens de lettres*, des *hommes d'affaires* sont des gens voués à la culture des lettres, des hommes chargés de la gestion des affaires. Par la même raison, l'on écrira :

Au singulier.	*Au pluriel.*
Un pot de réséda.	Un pot de violettes.
Un bouquet de jasmin.	Un bouquet de roses.
Un boisseau de blé.	Un boisseau de haricots.
Du jus de veau.	Du jus d'herbes.
Un pot de basilic.	Un pot de fleurs.
Un pied d'alouette.	Un pied d'œillets.
Du jus de réglisse.	Du jus de pruneaux.
Du jus de citron.	Du jus d'oranges (en salade).

N° 146.

Cas où de deux substantifs joints par la préposition de, le second seul étant le même peut se mettre au singulier ou au pluriel.

J'entends ces jeunes filles prononcer de leur *bouche de rose* un langage inconnu et barbare, (Bern. de St.-Pierre.)	La nonchalante oisiveté se blesse sur un *lit de roses*. (De Bernis.)
Sardanapale, si fameux par son abandon aux voluptés, fut le premier qui fit usage de *lit de plume*. (Sallentin.)	Tous les hiboux ont deux ai-grettes *de plumes* en forme d'o-reilles, droites de chaque côté de la tête. (Buffon.)

Dans les exemples de la première colonne, *rose, plume* sont au singulier, parce que ces mots sont pris dans une acception générale : *une bouche de rose* est une bouche qui ressemble à la rose, *un lit de plume* est un lit fait avec de la plume, du duvet.

Dans les exemples de la colonne latérale, les mêmes mots sont au pluriel, parce qu'ils sont employés dans un sens collectif, individuel. En effet, dans *un lit de roses, deux aigrettes de plumes*, il est question de plusieurs roses et de plusieurs plumes.

On écrira donc de même :

Au singulier.	Au pluriel.
Huile de rose.	Bouquet de roses.
Gens d'épée.	Fabricant d'épées.
Confitures de groseille.	Livre de groseilles.
Confitures de prune.	Quarteron de prunes.
Gelée de mouton.	Troupeau de moutons.
Sirop de groseille.	Panier de groseilles.
Pâte d'amande.	Gâteau d'amandes.
Huile d'olive.	Baril d'olives.
Fabricant de papier.	Tas de papiers.
Confitures de cerise.	Panier de cerises.
Confitures d'abricot.	Ratafiat de cerises, d'abricots.
Gelée de poulet.	Paire de poulets.
Sirop de framboise.	Conserve de framboises.
Gelée de groseille.	Livre de groseilles.

On écrira encore :

Sucre de betterave.	Champ de betteraves.
Jus de betterave.	Voiture de betteraves.
Marmelade de pomme.	Compote de pommes.
Fécule de pomme de terre.	Sac de pommes de terre.

Dans le premier cas, *la betterave, la pomme, la pomme de terre* n'entrent que comme matière composante; leur forme a disparu, ce sont des mots purement déterminatifs ; dans le second cas, les mêmes fruits conservent leur forme ; on les compte pour ainsi dire : de là l'idée du nombre jointe à l'idée de détermination.

N° 147.

Cas où les deux substantifs unis par la préposition de étant les mêmes, le second se met au singulier ou au pluriel.

Le peuple, incapable de raisonner, cause en un *clin d'œil* des maux irréparables.
(Boiste.)

Ces gens qui, par une âme à [l'intérêt soumise, Font d'élévation métier et mar- [chandises,

Se faire obéir par un *clin d'œil.* (Académie.)

J'aime le bon vin; mais où en prendre? Chez un *marchand de vin?* Comme que je fasse, il m'empoisonnera.
(J.-J. Rousseau.)

Et veulent acheter crédit et dignités, A prix de faux *clins d'yeux* et d'élans affectés.
(Molière.)

Les vins qu'on vend en détail chez les *marchands de vins* de Paris, quoiqu'ils ne soient pas tous lithargés, sont rarement exempts de plomb.
(J.-J. Rousseau.)

C'est encore parce que les mots *œil* et *vin* sont employés d'une manière générale ou spécifique qu'ils sont au singulier dans les exemples de la première colonne; mais dans ceux de la seconde, ils sont au pluriel, parce qu'ils sont pris dans un sens collectif, individuel. Cette distinction est surtout bien sensible dans des *clins-d'œil* et des *clins-d'yeux.* Il suit de là que l'on dira *une caisse d'épargne, une caisse de retenue,* si l'on veut exprimer une idée d'unité; et *une caisse d'épargnes, une caisse de retenues,* si l'on veut indiquer une idée de pluralité. C'est par l'analyse que l'on se rend bien compte de l'emploi de l'un et de l'autre nombre. *Une caisse d'épargne, une caisse de retenue,* au singulier, c'est une caisse où l'on porte son épargne, où l'on exerce une retenue; *une caisse d'épargnes, une caisse de retenues,* au pluriel, c'est une caisse où l'on va porter ses épargnes, où l'on exerce des retenues.

Ecrivez donc de même:

Au singulier.		*Au pluriel.*
Jeu d'enfant	ou	Jeu d'enfants.
Fricassée de poulet		Fricassée de poulets.
Panier de fruit		Panier de fruits.
Cabinet de société		Cabinet de sociétés.
Année de service		Année de services.
Panier de raisin		Panier de raisins.

Nous ajouterons, d'après les exemples qui suivent,

que, si le substantif est déterminé par quelque autre mot de la phrase, le pluriel est indispensable :

Ces cannibales coupaient des *têtes d'hommes tués* sur le champ de bataille, et ils en formaient des pyramides.

Que de *têtes d'hommes coupables* ont échappé au glaive de la justice !

D'après les faits et les observations qui précèdent, nous pouvons donc établir ce principe général :

1° Lorsque deux noms sont joints par la préposition *de*, le second reste au singulier, toutes les fois qu'il est pris dans un sens spécifique, absolu ou général ;

2° Il se met au pluriel, s'il est employé dans une acception individuelle ou collective.

Enfin nous ferons observer que ce principe est également applicable à la préposition *de* précédée d'un adjectif, d'un verbe ou d'un adverbe, et à toutes les prépositions en général. On peut dire : *plein de bonté* ou *plein de bontés*, *vivre de poisson* ou *vivre de poissons*, *peu de chose* ou *peu de choses*, *voltiger de fleur en fleur* ou *de fleurs en fleurs*, *se conduire en bon chrétien* ou *en bons chrétiens*, *traiter de puissance à puissance* ou *de puissances à puissances*. Tous ces substantifs se mettent au singulier ou au pluriel, selon qu'on a dans l'esprit l'idée de l'unité ou de la pluralité ; ce qu'on peut vérifier en traduisant sa pensée par des mots dont la forme nous aide à en pénétrer le sens.

QUESTIONNAIRE.

105. Les substantifs ont-ils plusieurs genres ? — Dans quel cas *aigle* est-il masculin, et dans quel cas est-il féminin ?
106. De quel genre est *amour* au singulier et au pluriel ?
107. De quel genre est *automne* ?
108. Quand le mot *couple* est-il masculin et quand est-il féminin ?

DE LA GRAMMAIRE NATIONALE.

109, 110, 111. De quel genre sont les mots *délice*, *enfant*, *exemple* ?
112. *Foudre* est-il masculin ou féminin ?
113. Quand le mot *gens* est-il masculin et quand est-il féminin ?
114, 115. De quel genre sont *hymne* et *jujube* ?
116. Dans quel cas *œuvre* est-il masculin ? dans quel cas est-il féminin ?
117. De quel genre est le mot *office* ?
118. De quel genre est le mot *orge* ?
119. Le mot *orgue* est-il du même genre au singulier comme au pluriel ?
120. Dans quel cas *Pâque* s'écrit-il avec ou sans *s*; de quel genre est ce mot ?
121, 122, 123. Dans quel cas dit-on *un* ou *une parallèle*, *un* ou *une pendule*, *un* ou *une période* ?
124. De quel genre est le mot *personne* ?
125. De quel genre sont les expressions *quelque chose* et *autre chose* ?
126, 127, 128. Quel est le genre des mots *réglisse*, *sentinelle* et *trompette* ?
129. Les mots pris matériellement prennent-ils la marque du pluriel ?
130. Les adjectifs abstraits sont-ils susceptibles de pluralité ?
131. Les noms de métaux et d'aromates peuvent-ils se mettre au pluriel ?
132. Dans quel cas les noms de vertus et de vices peuvent-ils prendre la marque du pluriel ?
133. Citez les noms qui n'ont pas de pluriel ?
134. Les noms étrangers prennent-ils tous le signe du pluriel ?
135. Dans quel cas les noms propres peuvent-ils se mettre au pluriel ?
136. Peut-on mettre au pluriel les noms propres qui désignent deux ou plusieurs individus de la même famille ?
137. Les noms propres devenus communs se mettent-ils au pluriel ?
138. Comment s'écrivent au pluriel les noms composés formés de deux substantifs ?
139. *Idem*. D'un adjectif et d'un nom ?
140.   De deux noms unis par une préposition ?
141.   D'un verbe et d'un substantif singulier ?
142.   D'un verbe et d'un substantif pluriel ?
143.   D'un invariable et d'un substantif ?
144.   De deux invariables ?
145, 146, 147. Dans quel cas le second de deux noms unis par la préposition *de* prend-il la marque du pluriel ?
— Citez le principe général.

CHAPITRE II.

DE L'ARTICLE.

N° 148.

Emploi de l'article ou de la préposition de.

En France la forme *du gouvernement* est monarchique. (Montesquieu.) L'esprit *des enfants* est presque toujours rempli de ténèbres. (Nicolle.)	On a beaucoup disputé sur la meilleure forme de *gouvernement*. (J.-J. Rousseau.) Vos grandeurs sont des mascarades ; Jeux *d'enfants* que tous vos projets. (Favart.)

On se sert des articles *du*, *des*, etc., si l'on veut désigner les personnes ou les choses; de la préposition *de*, s'il ne s'agit que d'exprimer une idée qualificative. Ainsi dans *la forme du gouvernement, l'esprit des enfants*, l'article nous fait considérer *le gouvernement, les enfants* comme des êtres tout-à-fait définis. Mais dans *la forme de gouvernement, les jeux d'enfants*, les mots *gouvernement, enfants*, n'offrent rien de déterminé ; ils n'éveillent à l'aide de la préposition *de* qu'une simple idée de qualification, puisque aussi bien les adjectifs *gouvernementale, enfantins* pourraient remplacer les expressions *de gouvernement, d'enfants*.

N° 149.

Emploi de l'article devant un nom déterminé.

...Seigneur, je cherche, j'envisage Des monarques persans la conduite et l'usage. (Racine.)	*Du chagrin* le plus noir elle écarte les ombres, Et fait *des jours* sereins de nos jours les plus sombres. (Racine.)

Et *du dieu d'Israël* les fêtes sont [cessées.] (Racine.) | *Du Dieu qui nous créa* la justice [infinie,] etc. (Voltaire.)

Lorsqu'un mot est suivi d'un adjectif ou d'une expression qualificative qui en restreint l'étendue, ce mot doit toujours être précédé de l'article. Ainsi dites, *un bouquet des fleurs que vous avez cueillies*, *la beauté de l'astre naissant*.

N° 150.

Emploi de au ou de la préposition à.

Perrette, sur sa tête ayant un pot [*au lait,*] Bien posé sur un coussinet, Prétendait sans encombre arriver [à la ville.] (La Fontaine.) | Le phaéton d'une voiture *à foin* vit son char embourbé. (La Fontaine.) A Madrid on a des salons superbes, mais point de fenêtres qui ferment, et l'on couche dans des *nids à rats*. (J.-J. Rousseau.)

On emploie *au* devant un substantif quand on veut désigner l'existence réelle de la chose dont on parle; mais on se sert de la préposition *à* seulement, pour indiquer la qualité d'un objet. Il suit de là qu'*un pot aux confitures* est un pot où il y a des confitures; au contraire, *un pot à confitures*, c'est un pot propre à mettre des confitures.

N° 151.

De l'article devant un substantif quand la phrase est négative ou affirmative.

La religion veut que nous fassions du bien à ceux qui nous font *du mal*. (Massillon.) Quand on *a de l'esprit*, on se tire d'affaire. (Dufresne.) Il y a *des soldats parfaits* comme il y a des hommes d'une *parfaite probité*. (La Roche.) | Le premier pas vers le bien est de *ne pas faire de mal*. (J.-J. Rousseau.) L'on ne dit jamais que l'on *n'a point d'esprit*. (Boursault.) Locke n'admet point *d'idées innées*. (Voltaire.)

Devant les substantifs, compléments de verbes et employés dans un sens partitif, on fait usage de l'article, quand la phrase est affirmative; de la préposition *de* seulement, si la phrase est négative. Cependant lorsqu'on veut donner plus de force, plus de précision à l'expression, on peut aussi dans les phrases négatives se servir de l'article. Exemple :

Je ne prendrai pas *de la peine* pour rien. (Montesquieu.)
Franchement, je ne fais pas *des vers*, ni même *de la prose* quand je veux. (Boileau.)
Madame, je n'ai point *des sentiments si bas*. (Racine.)
Albin, ne me tiens pas *des discours superflus*. (*Id*.)

Quelquefois la phrase a un tour négatif et renferme un sens positif. Dans ce cas, le substantif, complément de la préposition *de*, doit être précédé de l'article. Je *n'ai pas de l'argent pour le dépenser follement*, signifie : j'ai de l'argent, mais ce n'est pas pour le dépenser follement. Je *n'ai pas d'argent pour faire telle chose* signifierait qu'on est privé d'argent.

La même différence existe dans ces phrases présentées sous la forme négative et interrogative :

AVEC L'ARTICLE.	SANS L'ARTICLE.
N'avez-vous pas des enfants?	N'avez-vous point d'enfants?
N'avez-vous pas du pain?	N'avez-vous point de pain?
N'avez-vous pas de la fortune?	N'avez-vous point de fortune?
N'y a-t-il pas du monde?	N'y a-t-il point de monde?

Dans les phrases de la première colonne on fait entendre que vous avez des enfants, du pain, etc.; dans celles de la seconde colonne, l'interrogation n'est qu'une simple question; on exprime simplement un doute.

N° 152.

Emploi de l'article ou de la préposition de après un substantif précédé ou suivi d'un adjectif.

Les conseils agréables sont rarement *des conseils utiles*.	...D'un conte, avec un peu d'adresse,
(Dict. de max.)	On fait jaillir *d'utiles vérités*.
	(Rigaud.)

Dans les phrases affirmatives, lorsqu'un substantif,

employé dans un sens partitif, est suivi d'un adjectif, il est déterminé par l'article : *des conseils utiles* ; mais si l'adjectif précède le substantif, on fait simplement usage de la préposition *de* : *d'utiles vérités*.

N° 153.

Emploi de l'article ou de la préposition de avant un adjectif suivi d'un substantif pris dans un sens partitif, général ou individuel.

Tout homme qui boit *de bon vin* doit reconnaître un Être suprême. (Voltaire.)

Pour rétablir la brebis après qu'elle a mis bas, on la nourrit *de bon foin* et d'orge mondé. (Buffon.)

Un malade du peuple n'a guère besoin que *de bon bouillon*. (Bern. de St-Pierre.)

Elle vit qu'il s'attendait à boire *du vrai vin d'Espagne*. (J.-J. Rousseau.)

On donne aux serins, pour faire leurs nids, de la mousse et *du petit foin* sec et très menu. (Buffon.)

Comme la peau de l'âne est très dure et très élastique, on en fait *du gros parchemin*. (Id.)

Lorsqu'un adjectif est placé devant un substantif pris dans un sens général et partitif, cet adjectif doit être précédé de la préposition *de* : *de bon vin*, *de bon tabac*, *de bonne soupe* ; mais si le substantif est pris dans un sens individuel, ou bien qu'il forme avec l'adjectif qui le précède un seul mot, on se sert de l'article : *du bon vin*, *du gros parchemin*, *du petit lait*.

N° 154.

Emploi de l'article après les adjectifs et les verbes suivis de la préposition de.

Les armées romaines étaient composées *de citoyens*. (Bossuet.)

Nous étions sans cesse entourés *d'administrateurs*. (Massillon.)

Ce rassemblement était composé *des hommes les plus violents*. (Thiers.)

Il était entouré *des seigneurs de la cour*. (Académie.)

Après les verbes et les adjectifs qui se construisent avec la préposition *de*, le complément refuse l'article s'il est exprimé indéfiniment; mais s'il est déterminé, l'article doit être énoncé.

N° 155.

Emploi de l'article avec les noms de contrées, de royaumes, de provinces.

Charlatans, faiseurs d'horoscope, Quittez les cours des princes de *l'Europe*. (La Fontaine.)	Ils venaient changer leur or contre de l'eau-de-vie et des quincailleries *d'Europe*. (La Harpe.)
Roland fut entendu sur l'état *de la France* et de la capitale. (Thiers.)	Le génie du grand Condé ne put rien contre les meilleures troupes *de France*. (Voltaire.)
Les habitants *de la Nouvelle-Hollande* sont peut-être les gens du monde les plus misérables. (Buffon.)	La place importante *de Dunkerque* fut reprise par les Espagnols. (Id.)
Suivant ensuite le cours *du Rhin* jusqu'en Hollande, on prenait le duc Albert à revers. (Thiers.)	Le parlement *de Bordeaux* servait alors le prince de Condé. (Id.)

Avec les noms de contrées, de royaumes, de provinces, on peut ou non faire usage de l'article quand on veut exprimer une idée qualificative. Ainsi l'on dit également bien *les peuples d'Asie, les nations d'Europe*, ou *les peuples de l'Asie, les nations de l'Europe* pour *les peuples asiatiques, les nations européennes;* mais l'emploi de l'article est indispensable si raisonnablement l'on ne peut traduire la préposition *de* et son complément par un adjectif. Il a donc fallu dire : *Roland fut entendu sur l'état de la France.*

On emploie encore l'article avec les noms d'îles, de fleuves, de rivières; mais seulement la préposition *de* avec les noms de villes.

N° 156.

Emploi de l'article après les adverbes de quantité et les noms collectifs.

Il n'est qu'*un petit nombre*	Les méchants ont *bien de la*

de justes qui opère à l'écart son | peine à demeurer unis.
salut. (Massillon.) | (Fénelon.)
Les premiers saints ont fait | *La plupart des hommes* n'ont
beaucoup de *miracles*. | pas d'avis à eux.
(Pascal.) | (d'Alembert.)
Je veux *moins* de valeur et *plus* | La santé succombe sous *la
d'obéissance*. | multiplicité des remèdes*.
(Racine.) | (Massillon.)

Les substantifs refusent l'article lorsqu'ils sont sous la dépendance des mots *un nombre, un petit nombre, beaucoup, moins, plus, autant, tant, peu, une quantité, une infinité*, etc. Cependant si les substantifs sont déterminés par quelque circonstance particulière il faut faire usage de l'article; exemples:

Un grand nombre des principaux de la ville vinrent nous complimenter. (La Harpe.)
Une demi-douzaine des femmes du roi entrèrent avec d'énormes calebasses de lait aigre. (Id.)
Quantité des fruits sauvages de cette contrée sont empoisonnés. (Id.)

La seconde colonne nous fait voir qu'après le mot *bien* et les expressions *la plupart, la multiplicité* et autres semblables on emploie toujours l'article.

N° 157.

Répétition de l'article après deux ou plusieurs substantifs.

Les pères et les mères des | L'union des pères et mères
enfants ouvraient la marche. | aux enfants est naturelle.
(Châteaubriand.) | (Buffon.)
Les Samoïèdes, les Zembliens, | Les Slavons, Alains, Huns,
les Borandiens, les Lapons, les | Hérules, Lombards, Ostrogoths,
Groënlandais sont tous des hom- | Visigoths, Vandales, Bourgui-
mes de même espèce. | gnons, Francs, Normands, vin-
(Buffon.) | rent partager les dépouilles du
 | monde. (Voltaire.)

On répète ou non l'article devant deux ou plusieurs substantifs pluriels, liés par *et*. Quand on le répète, l'expression en acquiert plus d'énergie; si on le supprime, elle en acquiert plus de rapidité.

Devant deux ou plusieurs substantifs singuliers ou de nombre différent l'article doit toujours se répéter. Il est mieux de dire : *le père et la mère, le président et les juges*, que *les père et mère, les président et juges*. Les dernières expressions, quoique grammaticalement incorrectes, sont cependant consacrées par l'usage.

N° 158.

Répétition de l'article après deux substantifs liés par ou.

Dans la décision la plus importante de la vie, n'ordonnez pas *le oui ou le non*; laissez le libre arbitre. (Boiste.)

C'est un calcul très fautif que d'évaluer en argent *les gains ou les pertes* des souverains. (J.-J. Rousseau.)

On trouve les condors sur les bords de la mer et des rivières, dans *les savanes* ou *prairies* naturelles. (Buffon.)

L'abus du gouvernement a fait imaginer la voie *des députés* ou *représentants* du peuple. (J.-J. Rousseau.)

Lorsque deux substantifs sont liés par *ou* et qu'ils représentent des objets différents, on exprime l'article devant chaque substantif; mais si le substantif qui suit la conjonction *ou* n'est que l'explication du premier, l'article alors ne se répète point : *le oui ou le non; les savanes ou prairies.*

N° 159.

De l'emploi de l'article avec deux adjectifs liés par et.

Si nous voyageons, *les belles et fertiles plaines* nous ennuient. (De Ségur.)

Je ne perdrai pas *les chers et derniers travaux* auxquels je consacre le reste infortuné de ma vie. (J.-J. Rousseau.)

L'ancien et le nouveau continent paraissent tous les deux avoir été rongés par l'océan. (Buffon.)

L'amour s'accommode de toutes les positions; *de la bonne et de la mauvaise fortune*. (Bern. de St-Pierre.)

Lorsque deux adjectifs servent à qualifier un seul et

même substantif, on n'emploie qu'une seule fois l'article : *les belles et fertiles prairies.*

Au contraire, si l'on veut déterminer plusieurs substantifs lorsqu'il y en a un de sous-entendu, il faut répéter l'article devant chaque adjectif : *l'ancien et le nouveau continent.*

Néanmoins, on peut dire, en supprimant la conjonction *et* : *les belles, les fertiles prairies*, etc. ; c'est une espèce de gradation. L'usage permet aussi de dire : *les philosophes anciens et modernes.* Il serait cependant plus régulier d'exprimer l'article comme dans cet exemple : *au 12ᵉ siècle les moines noirs et les blancs formaient de grandes factions.* (Voltaire.)

N° 160.

Emploi de l'article avec deux adjectifs unis par la conjonction ou.

Les bonnes ou les mauvaises conversations gâtent l'homme. (Pascal.)

Il y a des jeunes gens qui ne grandissent plus après la 14 ou la 15ᵉ année. (Buffon.)

Les bons ou les mauvais traitements ne peuvent ni dompter ni adoucir la férocité du serval. (Buffon.)

Qu'importe du bonheur la source fausse ou vraie. (Piron.)

Aux soupirs vrais ou faux celle-là s'abandonne. (La Fontaine.)

Les remords vrais ou faux de l'évêque en donnèrent au peuple. (Voltaire.)

Quand un substantif est précédé de deux adjectifs liés par *ou* et exprimant des qualités opposées, l'article doit toujours se répéter : *les bonnes ou les mauvaises conversations,* etc. Mais si les adjectifs viennent après le substantif, l'article ne se répète pas : *la source fausse ou vraie,* etc. Dans ce cas cependant rien n'empêche de répéter l'article. On peut dire : *les philosophes anciens ou modernes,* comme *les philosophes anciens ou les modernes.*

N° 161.

Emploi de l'article avec les superlatifs.

Achille est représenté comme le *plus impétueux et le moins politique* des hommes.
(Voltaire.)

Les dogmes *les plus vrais et les plus sains* peuvent avoir de très mauvaises conséquences.
(Montesquieu.)

L'article doit toujours être répété quand le substantif est précédé ou suivi de deux adjectifs énonçant la qualification au plus haut degré comme dans les exemples cités.

N° 162.

Le tantôt variable, tantôt invariable, avant les adverbes plus, mieux, moins.

Les plus savants ont été les plus religieux.
(Bern. de St-Pierre.)
La ruse *la mieux ourdie* peut nuire à son inventeur.
(La Fontaine.)

C'est dans l'âge de l'enfance, où les peines sont *le moins* sensibles.
(J.-J. Rousseau.)
Les pays où les supplices sont *le plus terribles* sont aussi ceux où ils sont *le plus fréquents*.
(J.-J. Rousseau.)

Le devant *plus, mieux, moins* est variable quand on veut établir une comparaison avec plusieurs objets, plusieurs personnes; il est invariable toutes les fois que *plus, mieux, moins* modifient le verbe et qu'il s'agit d'exprimer la qualité portée au premier ou au dernier degré.

Dans cette phrase : *les plus savants sont les plus religieux*, il y a de sous-entendu : *des hommes*; dans cette autre : *c'est dans l'âge de l'enfance où les peines sont le moins sensibles*, cette expression *le moins* signifie au moindre degré.

N° 163.

Emploi des articles après les prépositions, quand leur complément est pris dans un sens partitif.

.... On rencontre sa destinée

Je ne puis vous imaginer dans

Souvent *par des chemins* qu'on | le tête-à-tête *sans des mouve-*
[prend pour l'éviter. | ments de colère.
(La Fontaine.) | (J.-J. Rousseau.)

Après les prépositions on exprime l'article toutes les fois que le complément est pris dans un sens partitif.

N° 164.

De la suppression de l'article dans les phrases sententieuses.

Mieux vaut *goujat* debout qu'em- | A *gens* d'honneur *promettre*
[*pereur* en terre. | [vaut *serment.*
(La Fontaine.) | (Voltaire.)
Tombeaux, trônes, palais, tout | *Vieillards, hommes, enfants,*
[périt, tout s'écroule. | [tous voulaient me voir.
(Delille.) | (Montesquieu.)
Mortels, tout doit périr, et tout | *France,* en les divisant, on perd
[a son trépas. | [tous tes héros.
(Delille.) | (De Belloy.)

On supprime l'article : 1° dans certaines phrases sententieuses ou proverbiales ; 2° dans les énumérations, à cause du besoin de s'exprimer avec le plus de rapidité et de concision possible ; 3° enfin dans les circonstances où l'on apostrophe.

N° 165.

Suppression de l'article dans les locutions verbales.

Quelquefois on *a peine* à sur- | Quel plaisir ont les rois de pou-
[monter la honte. | [voir *faire grâce !*
(T. Corneille.) | (Boursault.)
Ne *portons* pas *envie* aux mor- | L'espérance *tient lieu* des soins
[tels trop savants. | [qu'elle promet.
(De Montesquiou.) | (La Chaussée.)

Quand un substantif est pris dans un sens absolu et qu'il forme avec le verbe auquel il est joint une expression verbale, l'article n'est jamais exprimé. Cependant on dit *faire tort* et *faire du tort, faire mal* et *faire du mal,* etc.

N° 166.

Entendre raillerie, entendre la raillerie.

Le neveu de Constantin, qui a ri et qui a fait rire aux dépens des Césars, *n'entendait pas la raillerie* aussi bien que vous.
(Voltaire.)

Si les hommes se quittaient ou se fuyaient les uns les autres, il faudrait en *demander la raison*.
(Montesquieu.)

Ne manque donc pas, sitôt qu'il sera remis, de me l'envoyer, c'est-à-dire de le laisser venir, car je *n'entendrai pas raillerie*.
(J.-J. Rousseau.)

Je *demandai raison* d'un acte si perfide. (Boileau.)

Le sens de certaines phrases change quelquefois entièrement par l'emploi ou par la suppression de l'article. Ainsi, *entendre la raillerie*, c'est entendre l'art de railler, c'est savoir railler; *entendre raillerie*, c'est savoir supporter la raillerie, c'est ne s'en point fâcher.

Demander la raison d'une chose, c'est en demander la cause; *demander raison d'une chose*, c'est en demander justice.

Observez également la différence qu'il y a entre *un homme de génie* et *un homme du génie*.

QUESTIONNAIRE.

148. Dans quel cas faut-il faire usage de l'article ou de la préposition *de*?
149. Doit-on employer l'article devant un nom déterminé?
150. Quand doit-on employer *à* ou *au* après un nom?
151. Dans les phrases négatives et affirmatives doit-on employer l'article?
152. Dans quel cas faut-il se servir de l'article ou de la préposition *de*: lorsqu'un substantif est précédé d'un adjectif?
153. Dans quel cas faut-il employer l'article ou la préposition *de* avant un adjectif suivi d'un substantif pris dans un sens partitif, général ou individuel?
154. Quand faut-il employer l'article après les adjectifs et les verbes suivis de la préposition *de*?
155. Devant les noms de contrées, de royaumes, de provinces, de villes, etc. faut-il se servir de l'article ou de la préposition *de*?

156. Les substantifs refusent-ils l'article après les adverbes et les noms collectifs? — Dans quel cas l'admettent-ils?

157. Doit-on répéter l'article après un ou plusieurs substantifs liés par *et*?

158. Doit-on le répéter quand les substantifs sont liés par *ou*?

159. Dans quel cas faut-il répéter ou ne pas répéter l'article devant un substantif précédé de deux adjectifs liés par *et*?

160. Faut-il répéter ou ne pas répéter l'article devant un substantif précédé ou suivi de deux adjectifs?

161. Doit-on répéter l'article devant les superlatifs?

162. Dans quel cas *le* est-il ou non variable avant les adverbes *plus*, *mieux*, *moins*?

163. Emploie-t-on l'article devant les prépositions dont le complément est pris dans un sens partitif?

164. Dans les phrases sentencieuses supprime-t-on l'article?

165. Le supprime-t-on dans les locutions verbales?

166. Quelle différence y a-t-il entre *entendre raillerie* et *entendre la raillerie*; *demander raison d'une chose* et *la raison d'une chose*; *homme de génie* et *homme du génie*?

CHAPITRE III.

DES ADJECTIFS QUALIFICATIFS.

§ Ier. — ACCORD DE L'ADJECTIF QUALIFICATIF.

N° 167.

Accord de l'adjectif avec un substantif.

La vérité est une reine qui a dans le ciel son *trône éternel*.
(Bossuet.)

La simplicité est la marque d'une *belle âme*.
(Sanial-Dubay.)

Les plus *beaux jours* de la vie ne sont que des portions de notre mort.
(Massillon.)

Un ton poli rend *les bonnes raisons meilleures*.
(Châteaubriand.)

L'adjectif s'accorde en genre et en nombre avec le substantif ou le pronom auquel il se rapporte et qu'il qualifie.

N° 168.

Adjectifs avec plusieurs substantifs du même genre liés par et.

Les Arabes ont *le visage et le corps brûlés* de l'ardeur du soleil. (Buffon.)

Avec une gradation lente et ménagée, on rend *l'homme et l'enfant intrépides* à tout. (J.-J. Rousseau.)

Néron ne pouvait souffrir Octavie, princesse *d'une bonté et d'une vertu exemplaires.* (Racine.)

L'hypocrisie et la superstition sont *seules fanatiques et intolérantes.* (De Ségur.)

Lorsqu'un adjectif est précédé ou suivi de plusieurs substantifs de même genre liés par la conjonction *et*, il se met au pluriel et au même genre que les substantifs. Cependant si les substantifs ont à peu près la même signification, l'adjectif s'accorde avec le dernier : La place fut remplie de six-vingts licteurs qui écartaient la multitude avec un *faste* et un *orgueil insupportable.* (Vertot.)

N° 169.

Adjectifs avec plusieurs substantifs de différent genre.

La *douceur* et l'*argent* sont [plus *persuasifs*] Que les raisonnements les plus [démonstratifs.] (Destouches.)

Les habitants du détroit de Davis mangent leur *poisson* et leur *viande* crus. (Buffon.)

Tôt ou tard la *vertu*, les *grâces*, [les *talents* Sont *vainqueurs* des jaloux et [vengés des méchants. (Gresset.)

Il y a en Mingrélie des femmes de *visage* et de *taille* admirables. (Buffon.)

Quand un adjectif est en rapport avec plusieurs substantifs de différent genre, il se met au masculin pluriel.

L'euphonie exige que l'on énonce quelquefois le substantif masculin avant le féminin, quand l'adjectif n'a pas la même terminaison pour les deux genres. Ainsi, l'on dira : *Cet acteur joue avec une noblesse et* un goût PARFAITS, plutôt que : *avec un goût et une noblesse* PARFAITS, parce que, dans cette dernière construction, la rencontre du substantif féminin *noblesse* et de l'adjectif *parfaits* est à la fois dure et désagréable. Cependant les auteurs ne se sont pas toujours astreints à cette règle ; Buffon a dit : *En Égypte les jeunes filles de la campagne ont les bras et les* JAMBES *bien* FAITS, et Massillon : *l'ordre et l'* UTILITÉ PUBLICS, etc. C'est que dans ces phrases l'oreille est satisfaite.

N° 170.

Un adjectif et deux substantifs non liés par la conjonction et.

Toute sa vie n'a été qu'un *travail*, qu'une *occupation continuelle*. (Massillon.)	Ce *monde*, ce *théâtre* et d'orgueil et d'erreur, Est *plein* d'infortunés qui parlent de bonheur. (Voltaire.)
On doit entendre par le mot bonheur un *état*, une *situation* telle qu'on en désirât la durée sans changement. (Fontenelle.)	...Le *fer*, le *bandeau*, la *flamme* est toute *prête*. (Racine.) Je ne connais point de *roman*, point de *comédie espagnole* sans combats. (Florian.)

L'adjectif s'accorde avec le dernier substantif : 1° lorsque les substantifs présentent entre eux quelque synonimie et que l'écrivain n'en veut réellement qualifier qu'un seul : *un travail, une occupation continuelle* ; 2° toutes les fois qu'il y a gradation : *le fer, le bandeau, la flamme est toute prête*.

N° 171.

Adjectifs précédés de deux ou plusieurs substantifs et ne se rapportant qu'au dernier.

Que d'*âme* et de *douceur naturelle* dans ses regards. (Buffon.)	Le *souris* est une *marque* de *bienveillance*, d'*applaudissement* et de *satisfaction intérieure*. (Buffon.)
Ne regardez pas la glorieuse	Le bon goût des Égyptiens

profession des armes comme un | leur fit aimer la *solidité* et la
obstacle formel à votre *salut* et | *régularité toute nue.*
à votre *gloire chrétienne.* |
(Fléchier.) | (Bossuet.)

Quelquefois l'adjectif, précédé de deux ou plusieurs substantifs, joints par la conjonction *et*, ne qualifie réellement que le dernier; en pareil cas, il faut se garder de le mettre au pluriel ou de croire que l'ellipse le sous-entende devant chaque nom.

N° 172.

Adjectifs précédés de plusieurs substantifs séparés par la particule ou.

Rome n'étant plus libre et ne | Les Samoïèdes se nourrissent
[pouvant plus l'être, | de *chair* ou de *poisson crus.*
Qu'importait que *Pompée* ou |
[que *César* fut *maître.* | (Buffon.)
(Lemare.) |
C'est un *homme* ou une | On demande un *homme* ou
femme noyée. (Boniface.) | une *femme âgés.* (Boniface.)

Lorsqu'un adjectif est précédé de deux substantifs séparés par la conjonction *ou*, cet adjectif s'accorde avec le dernier, si l'on ne veut qualifier que l'un des deux, comme dans les exemples de la première colonne. En effet, il ne peut y avoir qu'un seul maître, qu'une seule personne noyée.

Dans les exemples opposés, l'accord avec les deux noms est, au contraire, indispensable, parce que la qualification s'applique à la fois à deux objets, à deux individus. C'est par cette raison que Voltaire a dit : *Quel est en effet le bon père de famille qui ne gémisse de voir son fils ou sa fille* PERDUS *pour la société?*

N° 173.

Adjectifs qualifiant tantôt le premier, tantôt le second substantif, lorsqu'il s'en trouve plusieurs unis par la préposition de.

On couvre les victimes de | L'étendard royal de France

bandelettes de pourpre *brodées* était un bâton doré avec un dra-
d'or.   (Fénelon.) | peau de *soie blanche* semé de
                              fleurs de lis.   (Voltaire.)
La calandre niche à terre | Le chef portait une vaste che-
comme l'alouette ordinaire sous | mise de *coton blanc*.
une *motte* de gazon bien *fournie* | (Bibliot. des Voyages.)
d herbes.   (Buffon.) |

Quand un adjectif est lié à deux substantifs par la préposition *de*, il s'accorde tantôt avec le premier, tantôt avec
le second, selon le sens : *des bas de soie blancs, un
echeveau de soie blanche.*

N° 174.

*Adjectifs précédés de plusieurs substantifs séparés par
les expressions* ainsi que, comme, avec, aussi
bien que, *etc.*

La *chair* du Lynx, comme | Dans l'Egypte, dans l'Asie et
celle de tous les animaux de | dans la Grèce, *Bacchus*, ainsi
proie, n'est pas bonne à manger. | qu'*Hercule*, étaient *reconnus*
        (Buffon.) | pour demi-dieux. (Voltaire.)
La *vérité*, comme la lumière, | Bertrand avec Raton, l'un singe
est *inaltérable, immortelle*, | [et l'autre chat,
        (Bern. de St-Pierre.) | *Commensaux* d'un logis, avaient
                              | un commun maître.
                              | (La Fontaine.)

Lorsqu'un adjectif est construit avec deux ou plusieurs
substantifs séparés par les expressions : *ainsi que, comme,
avec, aussi bien que, de même que*, etc., il s'accorde
avec le premier seulement, quand il y a comparaison :
l'homme, comme la femme, est malheureux ; mais s'il
y a addition, simultanéité, l'adjectif s'accorde avec tous
les substantifs : *le père, ainsi que les enfants, sont malheureux.*

N° 175.

De l'accord de l'adjectif feu.

Feu M. Dumarsais assurait | *La feue* reine d'Angleterre
que le plus grand des abus était | fit essayer l'inoculation de la pe-
la vénalité des charges. | tite vérole sur quatre criminels.
        (Voltaire.) | (Voltaire.)

J'ai ouï dire à *feu ma sœur* que sa fille et moi naquîmes la même année. (Montesquieu.)

Anne-Marie de la Trémouille, princesse des Ursins, dame d'honneur de *la feue reine*, avait alors plus de 70 ans.
(*Id.*)

Feu est invariable quand il précède l'article ou l'adjectif qui détermine le substantif, et variable s'il en est précédé.

N° 176.

De l'accord de l'adjectif nu.

Il était *nu-tête* et *nu-jambes*, les pieds chaussés de petites sandales. (Voltaire.)

Les souffrances des malheureux captifs voyageant *nu-pieds* ne sauraient se décrire.
(*Id.*)

Il est bon d'habituer les enfants à coucher *tête nue*.
(J.-J. Rousseau.)

Puisque ces saints sont assez humbles pour marcher *pieds nus*, ils seront assez charitables pour me donner à dîner.
(Voltaire.)

L'adjectif *nu*, précédant le substantif, reste invariable ; il varie, s'il vient après.

Toutefois, lorsque le substantif qualifié par l'adjectif *nu* est déterminé par l'article *la*, cet adjectif, quoique placé avant le nom, subit l'accord, comme dans cet exemple : *Le docteur s'est conservé* LA NUE PROPRIÉTÉ *de ses biens.*

N° 177.

Accord de l'adjectif demi.

Les grands ne se croiraient pas des *demi-dieux* si les petits ne les adoraient pas. (Boiste.)

Une *demi-heure* après avoir quitté le vaisseau, je foulai le sol américain.
(Châteaubriand.)

On ne gouverne pas une nation par des *demi-mesures*.
(Montaigne.)

Le soleil tourne sur son axe en vingt-cinq *jours et demi*.
(Voltaire.)

Hier, à dix *heures et demie*, le roi déclara qu'il épousait la princesse de Pologne. (*Id.*)

Opimius paie la tête de Caïus Gracchus dix-sept *livres et demie* d'or. (Verlot.)

Demi, lorsqu'il précède immédiatement un substantif,

demeure invariable et forme avec lui une expression substantive qui est indiquée par un petit tiret.

S'il le suit, il en prend seulement le genre, parce qu'en exprimant une demie il ne saurait prendre le pluriel, à moins qu'il ne soit employé comme nom. Exemple : *Cette pendule n'a pas sonné la* DEMIE, *parce qu'elle ne sonne pas les* DEMIES.

Demi s'emploie aussi avec les adjectifs; on dit : *demi-fou, demi-mort, demi-bonne, demi-mauvaise, demi-pâmée, demi-pourris*, etc. En ce cas, il est toujours invariable.

N° 178.

Excepté, passé, supposé, vu, y compris, ci-joint, ci-inclus, franc de port, etc.

Tout est grand dans le temple de la faveur, *excepté les portes*, qui sont si basses qu'il faut y entrer en rampant.
(De Lévis.)

Vous trouverez *ci-inclus copie* de ma lettre. (Domergue.)

Les *pièces* de Racine et de Molière *exceptées*, le *je* est presque aussi scrupuleusement banni de la scène française que des écrits de Port-Royal.
(J.-J. Rousseau.)

Je vous recommande les cinq *lettres ci-incluses*.
(Bern. de St-Pierre.)

De ces exemples il résulte clairement que les mots *passé, excepté, ci-joint, ci-inclus, franc de port*, parmi lesquels nous devons ranger *vu, supposé* et *y compris*, sont invariables lorsqu'ils précèdent le substantif, et variables quand ils sont placés après lui.

N° 179.
Proche et possible.

Les *maisons* qui sont *proches* de la ville sont sujettes aux inondations. (Académie.)

Il y a dans l'histoire romaine des *événements* très-*possibles* qui sont très peu vraisemblables. (Voltaire.)

On peut réduire à trois classes tous les *monstres possibles*.
(Buffon.)

Une difficulté d'importance a fort embarrassé Tycho-Brahé et Képler, touchant les éclipses centrales de la lune qui se font *proche* de l'équateur.
(Bern. de St-Pierre.)

Un père laisse le plus d'enfants qu'il peut, afin de perpétuer son nom. Un conquérant, afin de perpétuer le sien, extermine le plus d'hommes *possible*.
(Fontenelle.)

Dans la première colonne, les mots *proches* et *possibles*, étant adjectifs, revêtent le signe du pluriel, parce qu'ils se rapportent aux substantifs *maisons, monstres* et *événements*.

Mais, dans la seconde colonne, si les mêmes mots restent invariables, c'est que le premier semble ne plus jouer le rôle d'adjectif, et que le second est l'élément d'une proposition elliptique. En effet, *proche* paraît faire l'office de préposition et signifie *près*. Quant au mot *possible*, voici l'analyse de la dernière citation : *Ils ne songent qu'à payer le moins d'impôts* (qu'IL *leur est*) *possible*, ou (que CELA *leur est*) *possible*. On voit donc que l'adjectif *possible* s'accorde avec *il* ou *cela* sous-entendu. D'ailleurs, cet adjectif reste invariable toutes les fois qu'il y a dans la phrase *plus, moins, le plus, le moins*, et, dans ce cas, ce serait logiquement une faute que de le mettre au pluriel.

N° 180.

Des mots qui jouent le rôle d'adjectifs et qui sont invariables.

L'oiseau-mouche, appelé saphir, a le devant du cou et la poitrine d'un riche bleu de saphir, avec des *reflets violets*. (Buffon.)
La *nonnette cendrée* se tient dans les bois plus que dans les vergers et les jardins. (Idem.)

Les serins *agate* sont de couleur uniforme. (Buffon.)
La mue des serins *jonquille* est plus longue et plus funeste que celle des autres. (Idem.)
Le colibri à gorge *carmin* a quatre pouces et demi de longueur. (Idem.)

Dans les exemples de la première colonne, les mots *violets, cendrés*, étant de vrais adjectifs, s'accordent avec les noms auxquels ils ont rapport.

Dans les exemples en regard les mots *agate, jonquille, carmin*, doivent rester invariables, parce qu'ils sont de fait substantifs, et qu'ils font partie d'une expression qualificative et elliptique dont la construction pleine est : *de la couleur de l'agate, de la jonquille, du carmin*.

N° 181.

Des adjectifs composés, gris-blanc, bai-clair, etc.

La perdrix *grise-blanche* et la perdrix *rouge-blanche* font variété dans les deux espèces de perdrix. (Buffon).
En Laponie les loups sont presque tous *gris-blancs*.
(Regnard.)

L'hyène a le poil du corps et la crinière d'une couleur *gris-obscur*. (Buffon.)
Il y a des yeux jaunes et *jaune-clair*. (Idem.)
Les plumes de la queue du roi des *gobe-mouches* sont *bai-clair*. (Idem.)

Lorsque deux adjectifs réunis sont en rapport avec un substantif, ils varient l'un et l'autre s'ils qualifient ce substantif : *la perdrix grise-blanche*; mais ils sont invariables lorsque le premier est qualifié par le second : *une couleur gris-obscur*. En pareil cas le premier adjectif est pris substantivement. En effet, *une couleur gris-obscur, des yeux jaune-clair*, c'est pour *une couleur d'un gris obscur, des yeux d'un jaune clair*.

N° 182.

Des adjectifs nouveau-né, ivre-mort, etc.

Les animaux *nouveau-nés* n'ont besoin de leurs mères que pendant quelques mois.
(Buffon.)
Je hais ces *fort-vêtus* qui
[malgré tout leur bien,
Sont un jour quelque chose
[et le lendemain rien.
(Regnard.)

Destructeurs-nés des êtres qui nous sont subordonnés, nous épuiserions la nature, si elle n'était inépuisable.
(Buffon.)
... Quelques souris qui rongeaient de la natte, troublèrent le plaisir des *nouveaux-mariés*.
(La Fontaine.)

Dans les adjectifs composés, si le premier adjectif est employé adverbialement, il reste invariable : *les animaux nouveau-nés, ces fort-vêtus*, c'est pour *les animaux nouvellement nés, ces fortement vêtus*. On excepte *fraîche cueillie, fraîches écloses*, et cela pour céder à l'euphonie, car on ne peut pas dire que des roses ni des herbes sont *fraîches* mais qu'elles sont *frais* ou *fraîchement* cueillies ou écloses.

ABRÉGÉ

Si, au contraire, le premier adjectif n'est pas employé adverbialement et qu'il serve, ainsi que le second, à qualifier le substantif exprimé, il doit varier : *destructeurs-nés, nouveaux mariés*.

Voici le tableau des adjectifs composés.

MASCULIN PLURIEL.	FÉMININ PLURIEL.
Nouveaux venus.	Nouvelles venues.
Nouveau-nés.	Point de féminin.
Nouveaux convertis.	Nouvelles converties.
Nouveau-tirés (1).	Point de féminin.
Nouveaux débarqués.	Nouvelles débarquées.
Nouveau-percés.	Point de féminin.
Nouveaux mariés,	Nouvelles mariées.
Morts-nés.	Mort-nées.
Tuteurs nés.	Tutrices-nées.
Premiers nés.	Point de féminin.
Présidents-nés.	Présidentes-nées.
Destructeurs-nés.	Destructrices-nées.
Ivres-morts.	Ivres-mortes.
Morts-ivres.	Mortes-ivres.
Frais-cueillis.	Fraîches-cueillies.
Demi-barbares.	Demi-barbares.
Demi-sauvages.	Demi-sauvages.
Demi-civilisés.	Demi-civilisées.
Mi-partis.	Mi-parties.
Aigre-doux.	Aigres-douces (2).

N° 183.

Genre des adjectifs avec le mot AIR.

Accusera-t-on les femmes de Paris d'avoir l'*air gauche* et embarrassé ? (J.-J. Rousseau.)

Il marchait à la tête de cinq hommes, qui avaient comme lui l'*air déterminé*. (Lesage).

Vous m'avez l'*air d'être* bien aimée. (Marmontel).

C'était de ces visages qui ont l'*air* plus *anciens* que *vieux*. (Marivaux.)

(1) Bien que l'Académie écrive ici *nouveau* avec un *x*, cet adjectif doit rester invariable, puisqu'il est pris adverbialement.

(2) On devrait écrire *des oranges aigres-douces* parce que les *oranges* sont tout à la fois *aigres et douces*, deux qualités inhérentes à ce fruit et tempérées l'une par l'autre ; mais l'Académie et les grammairiens ont laissé dans ce cas jusqu'à présent ce mot *aigre* invariable.

Dans la locution *avoir l'air*, quand l'adjectif se rapporte au mot *air*, il en prend le genre et le nombre : *avoir l'air gauche et embarrassé, l'air déterminé.*

Quand la locution *avoir l'air* marque *l'apparence*, l'adjectif s'accorde avec le sujet du verbe. Ainsi l'on peut dire : *vous m'avez l'air d'être bien aimée, c'était des visages qui ont l'air d'être plus anciens que vieux*, ou *vous m'avez l'air bien aimée, c'était des visages qui ont l'air plus anciens que vieux*, parce que la construction pleine conduit naturellement à la construction elliptique. On ne doit donc pas faire difficulté de dire avec Laveaux : *cette soupe a l'air bonne, cette dame a l'air coquette;* avec Fabre : *cette terre a l'air cultivée, ensemencée; cette robe a l'air bien faite;* avec Lemare, Bescher, Maugard, Lévizac, Sicard : *madame, vous avez l'air si bonne! cette femme a l'air campagnarde; elle a l'air belle; elle a l'air laide; elle a l'air vieille; elle a l'air interdite; cette volaille a l'air cuite; ces huîtres ont l'air fraîches.* Toutes ces locutions sont correctes et en usage. Cependant, si l'on veut éviter cette construction, on peut faire usage du verbe *paraître* et dire : *cette soupe paraît bonne*, etc.

N° 184.

Adjectifs variables quand ils qualifient un substantif et invariables lorsqu'ils modifient un verbe.

Les moments sont bien *chers* à la guerre, en amour. (Voltaire.)	L'expérience tient une école où les leçons *coûtent cher*. (Francklin.)
La chair du lion est d'un goût désagréable et fort; cependant les nègres et les Indiens ne la trouvent pas *mauvaise*. (Buffon.)	En Laponie une peau d'hermine coûte 4 ou 5 sous. La chair de cet animal *sent très-mauvais*. (Regnard.)

Le même adjectif peut varier dans un cas et demeurer invariable dans un autre; il varie toutes les fois qu'il qualifie un substantif : *les moments sont chers;* il est au contraire invariable s'il modifie le verbe : *les leçons de l'expérience coûtent cher, la peau de l'hermine sent très-mauvais; cher* et *mauvais* sont employés, dans ce dernier cas, adverbialement.

N° 185.

Au pied des tribunaux une fois [amené, L'*accusé*, s'il est pauvre, est [déjà condamné. (Chénier.)	*Endormi* sur le trône, au sein [de la mollesse, Le poids de la couronne acca- [blait sa faiblesse. (Voltaire.)
Fortement *appuyé* sur des ora- [cles vains, Un pontife est souvent terrible [aux souverains. (Voltaire.)	*Environné* d'enfants, soutiens de ma puissance, Il ne manque à mon front que [le bandeau royal. (Racine.)

Lorsqu'un qualificatif, soit adjectif, soit participe passé ou présent, est séparé du substantif avec lequel il est en relation, celui-ci peut être exprimé ou sous-entendu; mais il faut bien faire attention à éviter l'équivoque. Ainsi, l'on ne dira pas, *aimant les chevaux passionnément, votre père vous fournira les moyens d'en avoir,* parce que l'on ne sait pas si la qualité d'*aimant* s'adresse à vous ou à votre père. Il n'en est pas de même dans le premier exemple de la seconde colonne. *Endormi* ne se rapporte pas à *poids,* mais à *lui* sous-entendu; par conséquent la construction est correcte, et on peut l'imiter.

§ II. — PLACE DES ADJECTIFS.

N° 486.

Adjectifs dont la signification change selon la place qu'ils occupent.

Un *bonhomme* signifie le plus souvent un homme simple, crédule, qui se laisse dominer, tromper. (Académie.)	homme plein de candeur, d'affection, d'un homme charitable, compatissant. (Académie.)
Un *brave* homme est un homme de bien, dont le commerce est sûr. (Idem.)	Un homme *brave* est un homme intrépide, qui affronte les dangers sans crainte. (Idem.)
Un *homme bon* se dit d'un	

En général, on ne peut déterminer d'une manière précise la place que doit occuper l'adjectif : tantôt il précède, tantôt il suit le substantif. L'usage et les bons écrivains serviront de guide à cet égard.

Cependant, comme nous le font voir les exemples ci-dessus, il y a des cas où l'adjectif change de signification selon qu'il est placé avant ou après le nom : un *bon homme,* un *brave homme,* ne sont pas la même chose qu'un *homme bon* et un *homme brave.*

Il y a aussi de la différence entre un *pauvre homme* et un *homme pauvre,* un *galant homme* et un *homme galant,* un *honnête homme* et un *homme honnête,* un *grand homme* et un *homme grand.* On dit cependant un *grand homme brun* ou *blond.*

La différence n'est pas moins sensible entre *pauvre auteur* et *auteur pauvre, commune voix* et *voix commune, méchante épigramme* et *épigramme méchante, sage femme* et *femme sage.*

L'usage et les Dictionnaires feront connaître toutes ces nuances.

§ III. — COMPLÉMENT DES ADJECTIFS.

N° 187.

Adjectifs dont le complément est précédé de la préposition à.

L'ignorance toujours est *prête* à s'admirer. (Boileau.)
Mon règne sera *agréable à* votre peuple. (Massillon.)

Il se rend *accessible à* tous les janissaires. (Racine.)
Les bons esprits sont *propres à* tous les emplois.
(Le Gr. Frédéric.)

Il est des adjectifs dont le complément est précédé de la préposition *à.*

N° 188.

Adjectifs dont le complément est précédé de la préposition DE.

Qui vit, *content de* rien possède toute chose. (Boileau.)
Dès que l'impression fait éclore [un poète,
Il est esclave né *de* quiconque [l'achète.
(Boileau.)

Rien n'est plus *digne de* respect que la véritable vertu.
(Massillon.)
D'où vient que nos siècles sont si *différents de* ceux de nos pères? (Idem.)

Il est aussi des adjectifs dont le complément est précédé de la préposition *de.*

N° 189.

Adjectifs dont le complément peut être précédé de différentes prépositions.

Il était *ardent* à tout ce qu'il entreprenait. (Voltaire.) — Toute la terre devint *ardente de* charité. (Pascal.)

On est *aveugle sur* ses défauts, et clairvoyant sur ceux des autres. (La Rochefoucauld.) — La haine est *aveugle dans* sa propre cause. (Académie.)

Il y a encore des adjectifs dont le complément peut se construire avec différentes prépositions. Cela dépend alors du sens dans lequel ils sont employés.

N° 190.

Adjectifs construits avec il est.

Il est moins *dangereux de* prendre un mauvais parti que de n'en prendre aucun. (Fénelon.) — Il est plus *glorieux de* se vaincre soi-même que de vaincre les autres. (Scudéry.)

Il est *aisé de* critiquer un auteur, mais il *est difficile de* l'apprécier. (Vauvenargues.) — Il est plus *aisé d'*être sage pour les autres que de l'être pour soi-même. (La Rochefoucauld.)

Tout adjectif construit avec l'expression *il est* appelle après lui la préposition *de*.

N° 191.

Substantifs précédés de deux adjectifs qui ont chacun un complément.

Mon cœur, toujours *rebelle et contraire à* lui-même,
Fuit le mal qu'il déteste, et fait le bien qu'il aime.
(Racine.)

Aucun des deux époux n'est constamment *égal et semblable à* lui-même. (Marmontel.)

La Providence a mis en évidence sur des arbres tout ce qui était *utile et agréable à* la vie humaine. (Bern. de St-Pierre.)

Le bonheur le plus grand, le plus digne d'envie,
Est celui d'être *utile*, et *cher à* sa patrie.
(Bailly.)

Quand un substantif est en rapport avec deux adjectifs qui ont un même complément, on sous-entend la préposition, si elle est la même pour chaque adjectif, comme dans les exemples ci-dessus. Aussi l'on peut dire : *Ce père est utile et cher à sa famille,* parce que les adjectifs *utile* et *cher* exigent chacun la préposition *à*. Mais on ne pourrait pas dire : *Cet homme est utile et chéri de sa famille,* parce que *utile* et *chéri* ne veulent pas la même préposition ; dans ce cas, il faut faire suivre chaque adjectif de la préposition qui lui convient, et dire : *Cet homme est utile à sa famille et en est chéri.*

§ IV. — DE QUELQUES PARTICULARITÉS RELATIVES AUX ADJECTIFS.

N° 192.

Adjectifs qui ont quelque ressemblance, mais dont la signification est différente.

La déesse des bois n'est pas si *matinale*. (La Fontaine.)

La question innée d'un Dieu est *oiseuse*; les cieux publient sa gloire. (Boiste.)

Les coqs, lui disait-il, ont beau chanter matin ; je suis plus *matineux* encore. (La Fontaine.)

Le malheur corrige de toutes ces petites passions qui agitent les gens *oisifs* et corrompus. (Mlle de l'Espinasse.)

Il y a des adjectifs qui ont quelque ressemblance, mais dont la signification est différente. Ne confondez donc pas *matinale* et *matineux,* *oiseux* et *oisif,* *consommé* et *consumé,* *romanesque* et *romantique,* *venimeux* et *vénéneux,* *conséquent* et *considérable,* *éminent* et *imminent.*

N° 193.

Adjectifs convenant les uns aux personnes, les autres aux choses.

Presque tous les grands hommes sont *despotes*. (Boiste.)

Les peuples seront heureux quand les rois seront vraiment *philosophes*. (Idem.)

Il n'y a point de patrie dans un *état despotique.* (La Bruyère.)

L'*esprit philosophique* a paru devenir l'esprit préférable des nations de l'Europe. (Académie.)

Il est des adjectifs qui conviennent exclusivement aux

7.

personnes, comme *despote, philosophe, patriote, consolable, inconsolable*, et d'autres qui ne peuvent s'appliquer qu'aux choses, tels que *despotique, philosophique, patriotique, pardonnable, impardonnable, déplorable*.

Les adjectifs qui dérivent des verbes, comme *pardonnable, consolable*, formés de *pardonner* et de *consoler*, se disent des personnes et des choses, selon que les verbes d'où ils dérivent ont pour régime direct un nom de personne ou un nom de chose. Comme on ne dit pas *pardonner quelqu'un, consoler quelque chose*, il en résulte qu'on ne saurait dire que *quelqu'un est pardonnable*, ni que *quelque chose est consolable*.

N° 194.

Adjectifs susceptibles ou non susceptibles de comparaison.

Britannicus est compté parmi les *plus excellents* ouvrages dont s'honore la scène française. (Geoffroy.)
Fontenelle fut l'homme le *plus universel* de son siècle. (Voltaire.)

C'est à nous de chanter, nous à qui tu révèles Tes clartés éternelles. (Racine.)
Le dernier moment qui terminera ma vie décidera de mes destinées *immortelles*. (Massillon.)

On a rangé parmi les adjectifs qui expriment une qualité absolue les mots *divin, éternel, excellent, extrême, mortel, immortel, immense, impuni, intime, parfait, unique, universel, suprême*; mais comme on peut très-bien dire, d'après les écrivains et l'Académie : *le plus excellent, le plus divin, le plus immense, le plus intime, le plus parfait, le plus unique, le plus universel*, il en résulte qu'il n'y a qu'*éternel, mortel, immortel, suprême*, qui n'admettent point les degrés de comparaison en plus et en moins.

QUESTIONNAIRE.

167. Quel est l'accord de l'adjectif avec un substantif? 168. Avec deux ou plusieurs substantifs du même genre liés par *et*? 169. Avec plusieurs substantifs de différent genre? 170. Avec deux substantifs non liés par la conjonction *et*?

DE LA GRAMMAIRE NATIONALE.

171. L'adjectif précédé de deux ou plusieurs substantifs ne se rapporte-t-il quelquefois qu'au dernier? En ce cas quel est l'accord de l'adjectif?

172. Quel est l'accord de l'adjectif précédé de plusieurs substantifs séparés par *ou*?

173. Lorsqu'un adjectif est en rapport avec deux substantifs unis par la préposition *de*, avec lequel des deux substantifs l'adjectif s'accorde-t-il?

174. Quel est l'accord de l'adjectif construit avec deux ou plusieurs substantifs séparés par les expressions *ainsi que, comme, avec, aussi bien que, de même que*?

175. 176. 177. Dans quel cas les adjectifs *feu, nu, demi*, sont-ils variables, et dans quel cas sont-ils invariables?

178. Dans quelle circonstance les adjectifs *excepté, passé, supposé, y compris, ci-joint, franc de port*, etc., sont-ils invariables? Quand prennent-ils l'accord?

179. *Proche* et *possible* varient-ils toujours?

180. Nommez des mots qui jouent le rôle d'adjectifs, et qui sont invariables; nommez les adjectifs qui sont variables.

181. Deux adjectifs réunis sont-ils toujours invariables?

182. Lorsque deux adjectifs réunis qualifient l'un et l'autre un substantif, prennent-ils tous les deux l'accord? Nommez des adjectifs réunis où le premier soit pris adverbialement.

183. Dans quel cas l'adjectif qui suit le mot *air* se met-il au masculin, et dans quel cas s'accorde-t-il avec le sujet du verbe?

184. L'adjectif varie quand il qualifie le substantif; en est-il de même quand il modifie le verbe? Citez des exemples.

185. Dans quel cas une phrase où l'adjectif n'est pas en rapport avec le sujet est-elle correcte?

186. Y a-t-il des règles fixes pour la place des adjectifs? Citez des exemples où la place de l'adjectif détermine le sens qu'on doit lui donner.

187. Nommez des adjectifs suivis de la préposition *à*. 188. de la préposition *de*. 189. de différentes prépositions.

190. Quelle est la préposition qui vient après un adjectif construit avec *il est*?

191. Dans quelle circonstance deux adjectifs peuvent-ils avoir le même complément?

192. Nommez des adjectifs qui ont entre eux quelque ressemblance, mais dont la signification est différente.

193. Y a-t-il des adjectifs qui ne conviennent qu'aux personnes, et d'autres qui ne conviennent qu'aux choses?

194. Tous les adjectifs sont-ils susceptibles de comparaison?

CHAPITRE QUATRIÈME.

ADJECTIFS NUMÉRAUX.

§ I. — Genre et Nombre.

N° 195.

Adjectifs numéraux-cardinaux.

Si je faisais une religion, je mettrais l'intolérance au nombre des *sept péchés* mortels. (Voltaire.)
Gaston de Foix fut tué de *quatorze coups* à la célèbre bataille de Ravenne. (Idem.)

Qui es-tu? je suis le geôlier, le valet des *Onze*. (Bern. de St-Pierre.)
Sa lettre est renvoyée au comité des *Douze* pour en constater l'authenticité. (Thiers.)

Les adjectifs numéraux dits cardinaux ne revêtent aucun genre et ne prennent jamais le signe du pluriel, lors même qu'ils sont employés substantivement.

N° 196.

Adjectifs numéraux-ordinaux.

Le *premier soupir* de l'enfance est pour la liberté. (Vauvenargues.)
Philippe mourut dans *sa soixantième année*. (Anquetil.)

Tel brille au second rang, qui s'éclipse *au premier*. (Voltaire.)
L'avare, des premiers, rit
[du tableau fidèle
D'un avare formé souvent
[sur son modèle. (Boileau.)

Les adjectifs numéraux dits cardinaux prennent le genre et le nombre des substantifs auxquels ils sont joints.

N° 197.

Vingt et cent.

La mort termine avant l'âge de *quatre-vingt dix* ans la vieillesse et la vie. (Buffon.)

L'homme vit *quatre-vingts* ans, et le chien n'en vit que dix. (Buffon.)

De mille enfants nés dans une même année, il en reste à peine *six cents* au bout de vingt ans. (Voltaire.)

Le soleil est un million *trois cent quatre-vingt-quatre mille quatre cent soixante-deux* fois plus gros que la terre.
(Bern. de St-Pierre.)

Vingt et *cent* sont les seuls adjectifs numéraux cardinaux susceptibles de prendre la marque du pluriel; ils sont invariables lorsqu'ils sont multipliés par un nombre et suivis d'un autre : *quatre-vingt-dix ans*; ils prennent un *s* lorsque, multipliés, ils ne sont suivis d'aucun nom de nombre : *quatre-vingts ans*, *six cents ans*.

L'expression *six-vingts*, employée par les écrivains des XVIIe et XVIIIe siècles, commence à vieillir.

N° 198.

Vingt et cent employés comme nombre ordinal.

Vers l'an *treize cent* la succession au royaume d'Écosse était contestée. (Voltaire.)

Charlemagne fut proclamé empereur, un jour de Noël l'an *huit cent*. (Voltaire.)

Vingt et *cent*, quoique multipliés par un autre nombre, ne prennent pas de *s*, s'ils sont mis pour *vingtième* et *centième*.

N° 199.

Mille.

Louis XII avait donné, pour l'investiture de Milan, *cent mille* écus d'or. (Voltaire.)

Il faut un peu plus de deux *milles* pour faire une de nos lieues de poste. (Académie.)

Mille, adjectif numéral, est invariable; mais *mille*, mesure itinéraire, prend un *s* au pluriel.

N° 200.

Mil et mille.

Henri IV, empereur d'Allemagne, fut excommunié en l'année *mil* quatre-vingt. (Voltaire.)

La Genèse compte la naissance d'Abraham de l'année *deux mille* du monde. (Voltaire.)

En *mil* sept cent quatre-vingt, Philippe II fut déclaré tyran et solennellement déchu de son autorité dans les Pays-Bas. (Guide de l'Histoire.)

La première irruption des Gaulois arriva sous le règne de Tarquin, environ l'an du monde trois *mille* quatre cent seize.
(Vertot.)

Par abréviation on écrit *mil* dans la supputation ordinaire des années depuis l'ère chrétienne, l'an mil sept cent quatre-vingt; orthographe qui subsistera sans doute jusqu'à l'an deux *mille*. Mais on écrit l'an du monde trois *mille* quatre cent seize en parlant des années qui ont précédé notre ère et de celles qui suivront le millésime où nous sommes.

N° 201.

Dizaine, douzaine, millier, million, milliard.

Chaque poule peut faire éclore environ deux *douzaines* d'œufs de perdrix. (Buffon).

La religion et la liberté coûtent au genre humain des *milliards* de victimes. (Boiste.)

On compte plus de neuf cent cinquante *millions* d'hommes sur la terre. (Voltaire).

Une force secrète le persuade à ces *milliers* d'hommes ignorants. (Pascal).

Un *million*, un *millier*, un *milliard*, une *douzaine*, etc., employés au pluriel, c'est-à-dire indiquant plusieurs *millions*, plusieurs *milliers*, plusieurs *douzaines*, prennent le signe de la pluralité, car ce sont de véritables substantifs.

§ II.—SYNTAXE.

N° 202.

Emploi des adjectifs cardinaux.

Louis Onze fit beaucoup pour la puissance royale, mais rien pour la félicité et la gloire de la nation. (Voltaire.)

Henri Quatre épousa Marie de Médicis. (Bern. de St-Pierre.)

Henri quatre naquit à Pau en Béarn, le *treize* décembre 1553. (Voltaire.)

Quélus fut tué en duel le *vingt-sept* avril 1578. (Idem.)

Pour désigner les souverains par rapport à l'ordre, ainsi que les jours de chaque mois, on fait usage des adjectifs cardinaux.

N° 203.

Vingt et un, trente et un, ou vingt-un trente-un, etc.

L'homme est majeur à l'âge de *vingt et un* ans. (Académie).

Pendant *trente et une* années

de règne, Mahomet II marcha de conquête en conquête. (Voltaire.)

Descartes avait *vingt-un* ans, quand il sortit de France.
(Thomas.)
On a vu à Bristol un nain qui, à l'âge de quinze ans, n'avait que *trente-un* pouces anglais. (Buffon.)

On dit *vingt-un* ou *vingt et un*, *trente-un* ou *trente et un*, et ainsi jusqu'à soixante : les meilleurs écrivains sont favorables à la suppression de la conjonction *et* dans ce cas. Depuis *soixante* jusqu'à *quatre-vingts*, on est libre de mettre, ou non, cette conjonction : Boileau, La Fontaine, Voltaire, Rulhières, Vertot, Montesquieu l'ont tantôt employée, tantôt omise. Mais il faut dire *vingt-deux*, *vingt-trois*, *trente-deux*, *trente-trois*, etc., sans conjonction.

N° 204.

Un répété ou non répété avec deux ou plusieurs substantifs liés par et.

Vous reconnaîtrez *un Italien, un Français, un Anglais, un Espagnol*, à son style comme aux traits de son visage.
(Voltaire.)

Nous avons eu une Jacqueline de la Prudoterie qui ne voulut jamais être la maîtresse *d'un duc et pair*.
(Molière.)

Il faut répéter l'adjectif numéral *un* devant deux ou plusieurs substantifs liés par *et*, à moins que ces noms ne désignent deux qualités attribuées à un seul individu, comme dans l'exemple de la seconde colonne : alors l'adjectif ne se répète pas.

N° 205.

Un répété ou non répété avec deux ou plusieurs substantifs liés par ou.

La longueur des poils dans les saricoviennes est d'environ *un pouce ou un pouce et demi* sur le dos, la queue et les côtés du corps. (Buffon).

J'allais me promener au Luxembourg *un Virgile ou un Rousseau* dans ma poche.
(J.-J. Rousseau.)

On arrive à un moyen terme indivisible, c'est-à-dire à *un seul chef ou magistrat suprême*.
(J.-J. Rousseau.)

Il se trouve au-dessous de ses poils *un duvet ou feutre* très-doux. (Buffon.)

Un se répète devant deux substantifs liés par *ou*, lorsque ces substantifs sont distincts : un *Virgile*, ou un *Rousseau* ; il ne se répète point si le second substantif n'est que l'explication du premier : un *chef* ou *magistrat suprême*. Dans ce dernier cas, si les substantifs étaient de genre différent, l'adjectif s'accorderait seulement avec le premier. Exemple : *C'est* UNE PETITE MACHINE OU INSTRUMENT *de physique dont la description se trouve dans tous les Dictionnaires ou traités élémentaires de cette science.* (J.-J. ROUSSEAU.)

N° 206.

Un *répété ou non répété avec deux adjectifs unis par* et.

Il y a un *bon et un mauvais goût*, et l'on dispute des goûts avec fondement. (La Bruyère.)
Dire également du bien de tout le monde est *une petite et une mauvaise politique*. (Vauvenargues.)

Me considérant moi-même, je ne vis qu'*un triste et infortuné mortel*. (Buffon.)
Saint-Augustin nous enseigne que toute la vie d'un chrétien ne doit être qu'*un long et pieux souvenir*. (Fléchier.)

Un se répète avec deux adjectifs différents liés par *et* : un *grand et* un *petit appartement* ; mais il ne se répète point lorsque les adjectifs concourent à qualifier le même objet : un *bel et riche édifice*.

N° 207.

Un *répété ou non répété avec deux adjectifs unis par* ou.

Une grande naissance ou une grande fortune annonce le mérite et le fait plus tôt remarquer. (La Bruyère.)
Que lui importe *une bonne ou une mauvaise administration?* (J.-J. Rousseau.)

Sous un *prince faible ou peu laborieux*, une administration est mauvaise. (J.-J. Rousseau.)
Les choses paraissent *vraies ou fausses* selon la face par où on les regarde. (Pascal.)

Un se répète devant deux adjectifs différents liés par *ou*, à moins que ces adjectifs ne soient placés après le substantif.

N° 208.

Emploi ou suppression de un, une, dans certaines phrases.

Un *bonheur* trop constant devient insupportable. (Duhoussay.)	*Bonheur* trop vif dure si peu de temps! (Mme Joliveau.)
Une *femme* est souvent plus heureuse que sage. (Rochon de Chabannes.)	*Femme* sage est plus que *femme* belle. (Voltaire.)
Il faut faire à ses vices une *guerre* continuelle. (Bossuet.)	Il faut faire aux méchants [*guerre* continuelle. (La Fontaine.)
Une *femme fidèle* est digne qu'on l'admire. (Poisson.)	*Jeune fillette* a toujours soin de [plaire. (Idem.)

Dans les pensées, maximes, proverbes, sentences, l'adjectif *un*, *une*, peut être ou non exprimé.

QUESTIONNAIRE.

195. Les adjectifs *numéraux-cardinaux* sont-ils soumis à des variations de genre et de nombre?
196. Les adjectifs *numéraux-ordinaux* prennent-ils le genre et le nombre du substantif auquel ils sont joints?
197. Dans quel cas *vingt* et *cent* prennent-ils un *s*? 198. Dans quel cas ne prennent-ils pas la marque du pluriel? 199. 200. Dans quelle circonstance emploie-t-on les mots *mil*, *mille* et *milles*?
201. Les mots *dizaine*, *douzaine*, *millier*, *million*, *milliard*, sont-ils des substantifs? Prennent-ils la marque du pluriel?
202. Se sert-on de l'adjectif cardinal ou de l'adjectif ordinal pour désigner la série des souverains et les jours de chaque mois?
203. Doit-on dire *vingt-un* ou *vingt et un*, *trente-un* ou *trente et un*, etc.
204. Quand doit-on répéter ou ne pas répéter *un* avec deux substantifs liés par *et*?
205. Quand doit-on répéter ou ne pas répéter *un* avec deux substantifs construits avec *ou*?

206. Dans quel cas répète-t-on *un* lorsqu'il y a deux adjectifs liés par *et* ?

207. Dans quel cas répète-t-on *un* lorsqu'il y a deux adjectifs construits avec *ou* ?

208. Faut-il ou non exprimer l'adjectif numéral *un* dans les phrases sentencieuses ou proverbiales ?

CHAPITRE CINQUIÈME.

DES ADJECTIFS POSSESSIFS.

N° 209.

Emploi des adjectifs possessifs devant deux ou plusieurs substantifs liés par et.

Ce dernier caractère lui était commun avec *son père et sa mère*. (Buffon.)

Les enfants ont des ressemblances avec *leurs pères et leurs mères*.
(Bern. de St-Pierre.)

C'était un Hottentot de race mêlée, de même que *ses pères et mères*. (La Harpe.)

Ressemblez à *vos pères et mères*, et soyez comme eux la bénédiction du pays.
(J.-J. Rousseau.)

On a vu au chapitre de l'article que si la grammaire exige que l'on dise : *le père et la mère*, l'usage permet cependant de dire aussi : *les père et mère*. Conséquemment on peut dire également : *son père et sa mère* ou *ses père et mère*.

N° 210.

Emploi des adjectifs possessifs devant deux substantifs liés par ou.

Le perruquier, sachant ce qui c'était passé, voulut *son billet* ou *son argent*.
(J.-J. Rousseau.)

Avant que d'aller plus loin, je dois au lecteur *mon excuse* ou *ma justification*. (Idem.)

C'est de lui que parle Pétrarque dans la plus belle de *ses odes ou canzoni*.
(Voltaire.)

Les Indiens et les Juifs sont attachés à *leurs castes ou tribus*.
(Bern. de St-Pierre.)

Lorsque deux substantifs liés par *ou* représentent des objets différents, l'adjectif possessif se répète devant le second : *son billet* ou *son argent*; il ne se répète pas si le second substantif n'est que l'explication du premier : *ses odes ou canzoni*.

N° 211.

Emploi d'un adjectif possessif avec deux adjectifs qualificatifs liés par et.

En récompense de vos *bons et utiles offices*, que Dieu éloigne de vous tout chagrin. (Bern. de St-Pierre.) Adieu, mon *bon et digne ami*, que de choses j'avais à vous dire! (J.-J. Rousseau.)	Chaque homme eut son *bon et son mauvais génie*. (Voltaire.) Elle a été mise sur la terre pour partager ma *bonne et ma mauvaise fortune*. (Ballanche.)

Quand deux adjectifs liés par *et* qualifient à la fois le même substantif, l'adjectif possessif ne doit pas se répéter : *Vos bons et utiles offices*; il se répète, au contraire, s'il y a deux substantifs à qualifier, dont l'un est exprimé et l'autre sous-entendu : *son bon et son mauvais génie*. Dans ce cas, cependant, si les adjectifs sont rejetés après le substantif, le possessif ne se répète point : *Pour me bien connaître, il faut me connaître dans tous mes rapports, bons et mauvais*. (J.-J. R.)

N° 212.

Emploi d'un adjectif possessif avec deux adjectifs qualificatifs liés par ou.

Chacun sera jugé selon ses *bonnes ou ses mauvaises œuvres*. (Fléchier.)	Presque chaque ville a aujourd'hui son *histoire vraie ou fausse*. (Voltaire.)

Son, sa, ses, leur, se répètent devant deux adjectifs différents liés par *ou*, à moins que ces adjectifs ne soient placés après le substantif.

N° 213.

Emploi de notre, votre, leur, *au singulier ou au pluriel, avec les substantifs* cœur, front, *etc.*

Ma cruauté se lasse et ne [peut s'arrêter. (Racine.)	Que parlez-vous de Scythe et [de *mes cruautés ?* (Racine.)
Tu ne saurais plus loin pous-[ser *ta cruauté.* (Idem.)	Va par *tes cruautés* mériter [ta fortune. (Racine.)
Notre cœur a le besoin d'ai-mer. (De Tremblay.)	D'une égale horreur *nos cœurs* [étaient frappés. (Racine.)
Vous eussiez vu leurs yeux [s'enflammer de fureur, Et dans un même instant, [par un effet contraire, *Leur* front pâlir d'horreur et [rougir de colère. (Corneille.)	Lorsque d'un saint respect [tous les Persans touchés, N'osent lever *leurs fronts* à [la terre attachés. (Idem.)

Dans les exemples de gauche, si l'on a dit au singulier : *ma crauté, ta cruauté, notre cœur, leur front*, c'est qu'il ne s'agit que d'une seule cruauté et que les mots *cœur* et *front* sont employés d'une manière générale.

Dans les exemples de droite, si l'on a dit au pluriel *mes crautés, tes cruautés, nos cœurs, leurs fronts*, c'est qu'il est question de plusieurs cruautés, et que l'on compte chaque cœur, chaque front; ce sont des unités prises collectivement.

N° 214.

Différence entre leur *adjectif et* leur *pronom.*

Les Romains pouvaient ôter la vie à *leurs enfants*, mais non la liberté. (Helvétius.)	Les animaux distinguent sur-le-champ ce qui *leur* convient de ce qui *leur* est nuisible.

Ne confondez pas *leur* adjectif avec *leur* pronom ; le premier seul prend un *s* au pluriel.

N° 215.

Avoir mal à la jambe et avoir mal à sa jambe.

Nous ne nous fâchons pas si on nous dit que nous avons mal à *la tête*, et nous nous fâchons de ce que l'on dit que nous raisonnons mal. (Pascal.)

Le sang l'incommode, il a *les yeux* rouges et mal à *la tête*.
(Boniface.)

J'ai mal à *ma tête*, je souffre à *ma jambe, mon bras* me fait mal. (Dessiaux.)

Quoiqu'il soit un peu incommodé de *son bras*.
(Mme de Sévigné.)

Dans les deux exemples de la première colonne on a dit : NOUS *avons mal à* LA TÊTE, LE SANG L'*incommode*, IL A LES YEUX *rouges*, parce que la présence des pronoms *nous, le, il,* indique assez que c'est de *notre tête,* de *son sang,* de *ses yeux* que l'on veut parler : d'où il suit que, dans tous les cas analogues, on doit seulement employer l'article. Cependant si, comme nous le voyons dans les citations de la seconde colonne, on parle d'une partie du corps habituellement ou périodiquement malade, on se sert alors des adjectifs possessifs. C'est dans ce sens que madame de Sévigné a dit : *Quoiqu'il soit un peu incommodé de son bras.*

N° 216.

Se faire la barbe ou *faire sa barbe.*

Se meurtrissant *le sein*, arrachant ses cheveux,
Malheureuse, elle part avec des cris affreux.
(Delille.)

Je lis les bons auteurs pour me *perfectionner le goût.*
(Domergue.)

Tout son corps a frémi ; dans son désordre affreux,
Elle meurtrit *son sein*, arrache *ses cheveux.*
(Delille.)

Je résolus de me rendre à Madrid pour y *former mon goût.*
(Le Sage.)

On voit que l'on peut dire *se faire la barbe, se meurtrir le sein, se perfectionner le goût,* ou *faire sa barbe, meurtrir son sein, former son goût.* C'est la présence ou l'absence des pronoms personnels qui fait que l'on se sert de l'article ou de l'adjectif possessif.

N° 217.

Lever la tête, baisser les yeux, ou *lever sa tête, lever ses yeux.*

N'a-t-il pas *détourné les yeux* vers le palais? (Racine.)

Elle *baissa les yeux* sans répondre, et se mit à caresser ses enfants. (J.-J. Rousseau.)

Vous *détournez vos yeux* de ce spectacle. (LaBruyère.)

On vit saint Louis *baisser sa tête* sacrée, aux pieds des pauvres. (Fléchier.)

Il est quelques verbes avec lesquels l'usage permet d'employer l'article ou l'adjectif possessif. On peut dire : *lever la tête, baisser les yeux, fermer l'oreille, fléchir le genou,* ou *lever sa tête, baisser ses yeux,* etc.

N° 218.

Emploi de son, sa, ses ou *de en avec un nom de chose.*

La guerre a *ses* faveurs ainsi que *ses* disgrâces. (Racine.)

Ainsi que la vertu le crime a *ses* degrés. (Racine.)

Ainsi que *ses* chagrins l'hymen a *ses* plaisirs. (Boileau.)

Quand on est dans un pays, il faut *en* suivre l'usage. (Montesquieu.)

Plus le péril est grand, plus doux *en* est le fruit. (Corneille).

La Grèce aimait la guerre, elle *en* connaissait l'art. (Montesquieu.)

Si le mot *possesseur* en sujet est un nom de chose, on n'emploie *son, sa, ses, leur, leurs* que lorsque le substantif *possédé* est dans la même proposition ; autrement on emploie l'article et le pronom *en*.

Cependant l'harmonie, la clarté, l'énergie font souvent déroger à ce principe.

Voltaire a dit :

Mais la mollesse est douce et sa suite est cruelle.

Et Jean-Jacques Rousseau :

La patience est amère, mais son fruit est doux.

Alors on personnifie en quelque sorte les objets exprimés par le nom *possesseur*.

QUESTIONNAIRE.

209. Doit-on exprimer l'adjectif possessif devant deux ou plusieurs substantifs liés par *et*? 210. Doit-on l'exprimer quand les substantifs sont séparés par *ou*?

211. Doit-on exprimer l'adjectif possessif devant deux adjectifs liés par *et*? 212. Doit-on l'exprimer devant deux adjectifs construits avec *ou*?

213. Dans quel cas faut-il dire *je ne puis leur passer leur cruauté*, et dans quel cas *leurs cruautés*?

214. Quelle est la différence orthographique de *leur* adjectif ou de *leur* pronom?

215. Quelle différence y a-t-il entre *avoir mal à la jambe* et *avoir mal à sa jambe*?

216. Peut-on dire également bien se *faire la barbe* ou *faire sa barbe*? 217. *Lever la tête, baisser les yeux*, ou *lever sa tête, baisser ses yeux*?

218. Dans quel cas *son, sa, ses* ou *en*, doivent-ils être en rapport avec un nom de choses?

CHAPITRE SIXIÈME.

DES ADJECTIFS DÉMONSTRATIFS.

N° 219.

Ce suivi de deux ou plusieurs substantifs liés par la conjonction et ou par la conjonction ou.

Vous croyez qu'avec ces moyens et ces mesures, les déclarations des propriétaires seront fidèles.
(Dupont de Nemours.)

Tous ces aventuriers ne devaient pas regarder *les arts et les métiers* comme au-dessous d'eux. (Rollin.)

Pour savoir comment tous *ces cultes ou ces superstitions* s'établissent, il faut suivre la marche de l'esprit humain.
(Voltaire.)

Tous *ces prétendus cerfs ou biches* de M. de Laborde ne sont que des chevreuils.
(Buffon.)

Ces questions et propositions sont la plupart extraites du traité du Contrat social.
(J.-J. Rousseau.)

On ne doit jamais charger aucun comité particulier d'expédier ou refuser *ces certificats ou approbations.*
(J.-J. Rousseau.)

Ce doit toujours se répéter devant chaque substantif. Cependant quelquefois il est permis de le sous-entendre devant le dernier, lorsqu'on veut donner plus de rapidité au discours, ou quand ce sont deux mots à peu près synonymes.

N° 220.

Ce suivi de deux adjectifs liés par et.

Cette immense et tumultueuse république avait pour chefs le pape et l'empereur. (Voltaire.)
Je vous sais un gré infini d'avoir osé dépouiller notre langue de *ce sot et précieux jargon.* (Voltaire.)
Les matelots ajoutent à *ces bonnes et ces mauvaises* qualités les vices de leur éducation.
(Bern. de St-Pierre.)
Chassez-moi tous *ces anciens et ces nouveaux* amis qui ne voient en vous que votre position et votre fortune.
(Anonyme.)

Lorsque *ce* est suivi de deux adjectifs liés par *et*, si les adjectifs se rapportent à un seul et même nom, *ce* ne se répète pas; il se répète si les adjectifs expriment des qualités opposées.

On peut dire sans la conjonction *et* : *Ces jeunes, ces jolies personnes ont tout ce qu'il faut pour plaire.* Cette répétition de *ces* est très-énergique.

QUESTIONNAIRE.

219. *Ce* doit-il se répéter devant deux ou plusieurs substantifs liés par *et* ou par *ou*?
220. Dans quel cas faut-il répéter ou supprimer *ce*, suivi de deux adjectifs liés par *et* ?

CHAPITRE SEPTIÈME.

DES ADJECTIFS INDÉFINIS.

TOUT.

N° 221.

TOUT *en rapport avec un nom ou un pronom*.

Tout le devoir de l'homme, c'est de craindre Dieu. (Bossuet.)
Nous danserons, nous serons *tous* heureux. (Voltaire.)

Tous les raisonnements des hommes ne valent pas un sentiment d'une femme. (Voltaire.)
Je trouve Zoraïde plus aimable qu'aucune de nous *toutes*. (Bern. de St-Pierre.)

Tout s'accorde en genre et en nombre avec le substantif ou le pronom auquel il se rapporte.

N° 222.

TOUT *en rapport avec plusieurs substantifs ou adjectifs.*

Les geais imitent *tous* les sons, *tous* les bruits, *tous* les cris d'animaux qu'ils entendent habituellement. (Buffon.)
Les premiers chrétiens, *tous égaux* et *tous obscurs*, gouvernaient leur société pauvre et sainte à la pluralité des voix. (Voltaire.)

Il faut des assemblées à la fois permanentes et périodiques dans *tous les villages*, *villes* et *provinces* du royaume. (Bern. de St-Pierre.)
L'athéisme est une opinion difficile à établir dans l'esprit humain, *tout insolent* et *déréglé* qu'il puisse être. (Voltaire.)

Tout devant plusieurs substantifs ou adjectifs, peut ou

non se répéter : c'est une affaire de goût. Néanmoins, il faut que les substantifs soient déterminés, car s'ils ne l'étaient pas, la répétition de *tout* devant chaque substantif serait indispensable comme dans cet exemple :

Tout rang, *tout* sexe et *tout* âge doit aspirer au bonheur.
(VOLTAIRE.)

N° 223.

TOUT *signifiant* ENTIÈREMENT.

| Les hommes, *tout ingrats* qu'ils sont, s'intéressent toujours à une femme tendre abandonnée par un ingrat. (Voltaire.) | Il y a de jolies choses que l'esprit ne recherche point, et qu'il trouve *tout achevées* en lui-même. (La Rochefoucauld.) |

Tout signifiant *entièrement* est par conséquent adverbe; dans ce cas il est invariable,

1° Devant un *adjectif masculin* ou *féminin* commençant par une voyelle : *tout ingrats, tout achevées*; ou par un *h* muet : *en temps de pluie et de dégel, les maisons deviennent* tout humides. (Bernardin de St-Pierre).

2° Devant un *substantif : ce diable était* tout yeux *et* tout oreilles. (La Fontaine.)

3° Devant un *adjectif masculin* commençant par une consonne : *les vaisseaux sont* tout prêts. (Racine.)

4° Devant une *préposition* et un *adverbe* :

Thèbes, qui croit vous perdre, est déjà *tout en larmes*.
(RACINE.)

J'aperçois ces vastes plaines, toujours calmes et tranquilles, mais *tout aussi dangereuses*. (BUFFON.)

Au contraire, *tout* est variable devant un adjectif commençant par une consonne ou un *h* aspiré; il prend par conséquent le genre et le nombre de cet adjectif; mais cet accord est purement euphonique :

Les plaisanteries ne sont bonnes que quand elles sont servies *toutes chaudes*. (VOLTAIRE.)

Les louanges *toutes pures* ne mettent pas un homme à son aise. (MOLIÈRE.)

En vérité, je suis *toute honteuse*. (VOLTAIRE.)

Les montagnes de Vénus sont plus élevées que celles de la lune ; c'est-à-dire qu'elles ont plus de trois lieues de hauteur perpendiculaire ; Vénus en paraît *toute hérissée*.
(Bernardin de Saint-Pierre.)

N° 224.

TOUT *placé devant* AUTRE.

Les hommes préfèrent un sentiment reçu et la foi de leurs pères à *toute autre créance*. (Voltaire.)

J'ai grand peur que toutes ces petites saintes ne passent leur jeunesse à *tout autre chose* qu'à prier Dieu.
(J.-J. Rousseau.)

Il faut bien faire attention à la nature du mot *tout* placé devant *autre*, car il peut être tantôt adjectif, tantôt adverbe.

Dans l'exemple de gauche, il est adjectif parce qu'il modifie le substantif *créance* : *toute créance autre*.

Dans l'exemple de gauche, il est adverbe, et modifie l'adjectif *autre* : *une chose tout autre*.

N° 225.

TOUT *employé comme adverbe ou comme adjectif*.

On trouve des étourneaux noirs, d'autres *tout blancs*.
(Buffon.)
Des gens *tout noirs* des pieds jusqu'à la tête,
L'ont fait conduire, hélas!
d'un air bien malhonnête.
(Voltaire.)

Les habitants des îles tempérées de la mer du Sud, sont presque *tous blancs*.
(Bern. de St-Pierre.)
Les habitants des presqu'îles de l'Inde sont presque *tous noirs*. (Bern. de St-Pierre.)

Dans les exemples de la première colonne, il est question du degré de blancheur, de noirceur. *Tout* modifie donc les adjectifs *blancs* et *noirs*; par conséquent il est employé comme adverbe et est invariable.

Dans les exemples de la seconde colonne *tout* est variable, parce qu'il se rapporte au mot *habitants*. Il s'agit d'individus que l'on voit en masse. En effet, ce sont tous les habitants qui sont blancs ou noirs.

N° 226.

EN TOUT LIEU ou EN TOUS LIEUX.

La prospérité d'une terre dépend, avant *toute chose*, de celle de ses habitants.
(Bern. de St-Pierre.)
La sotte gloire est de *tout pays*. (Mme de Sévigné.)

Les sots sont un peuple nombreux trouvant *toutes choses* faciles. (Florian.)
En *tous pays* tous les bons cœurs sont frères.
(Florian.)

Tout devant un substantif se met au singulier s'il est pris dans un sens distributif; au pluriel s'il est employé dans un sens collectif. Ainsi l'on peut dire : *en tout lieu, en tout temps, en tout genre, en toute chose*, ou *en tous lieux, en tous temps, en tous genres, en toutes choses; en tout lieu*, au singulier, signifie *en chaque lieu; en tous lieux*, au pluriel, signifie *en tous les lieux*, etc.

N° 227.

TOUT *devant un nom de ville qui n'est pas déterminé.*

Louis XIV, au comble de sa grandeur, dansa devant *tout Paris*. (Voltaire.)
Tout Rome était consterné.
(Vertot.)

Le choix d'une dame d'honneur et d'un confesseur furent deux points qui divisèrent *tout Madrid*. (Voltaire.)
Tout Smyrne ne parlait que d'elle. (La Bruyère.)

Devant un nom de ville qui n'est pas déterminé, *tout* est invariable : *Tout Paris, tout Rome*; c'est pour *tout le peuple de Paris, tout le peuple de Rome*.

N° 228.

TOUS DEUX et TOUS LES DEUX.

Bacchus et Noé passent *tous deux* pour avoir cultivé la vigne. (Voltaire.)

Les deux peuples s'unissent et se corrompent *tous les deux*.
(Montesquieu.)

Je les ai vues *toutes deux* ensemble. (Académie.)

C'était un homme furieux, par zèle ou par esprit de parti, ou par *tous les deux* ensemble. (Voltaire.)

M. Sicard a dit, et beaucoup de grammairiens ont répété : *tous deux* signifie *ensemble, l'un avec l'autre, en même temps,* et *tous les deux,* signifie *l'un et l'autre,* mais non *en même temps.*

Les écrivains sont contraires à cette futile distinction ; ils emploient indifféremment les deux locutions dans les mêmes cas.

CHAQUE.

N° 229.

CHAQUE *avec plusieurs substantifs.*

Chaque pays, chaque degré de température a ses plantes particulières. (Buffon.)

Chaque âge, chaque état de la vie a sa perfection convenable. (J.-J. Rousseau.)

Chaque doit toujours se répéter quand il détermine deux ou plusieurs substantifs.

N° 230.

CHAQUE *employé pour* CHACUNE.

Salomon avait douze mille écuries de dix chevaux *chaque*. (L'abbé Guénée.)

Mille arpents sont souvent mis en valeur par dix familles de cinq personnes *chaque*. (Bern. de St-Pierre.)

Il serait plus régulier de dire *chacune* dans ces deux exemples ; mais *chaque* n'est pas une faute, surtout dans la conversation ou le style familier, et lorsqu'il est question de choses ; mais s'il s'agit de personnes il faut employer *chacun, chacune*.

Il y avait dans Ancyre sept vierges chrétiennes, d'environ soixante-dix ans chacune : *chaque* serait une faute.

NUL, AUCUN.

N° 231.

Nul bien sans mal, *nul* plaisir sans mélange.
(La Fontaine.)
Nul agrément n'est né de l'affectation. (Lamotte.)
L'homme ne trouve *nulle part* son bonheur sur la terre. (Massillon.)

Aucun chemin de fleurs ne conduit à la gloire.
(La Fontaine.)
Aucun nuage ne troubla la sérénité de sa vie. (Fléchier.)
On méprise tous ceux qui n'ont *aucune vertu*
(La Rochefoucauld.)

Généralement *nul* et *aucun* s'emploient au masculin ou au féminin singulier ; mais si le sens, si la pensée de l'écrivain réclament le pluriel, il est permis d'employer ce nombre :

Il ne m'a rendu AUCUNS SOINS. Il n'a fait AUCUNES DISPOSITIONS, AUCUNS PRÉPARATIFS. (Académie.)
Ils n'ont NULLES PROVISIONS, NULS VIVRES.
La république n'avait *aucunes troupes* régulières. (Voltaire.)
En ce bas monde il n'est *nuls biens* parfaits. (Regnard.)

TEL.

N° 232.

TEL *en rapport avec un substantif.*

Saint Louis obligea ses ennemis à envier un *tel maître*.
(Fléchier.)
On appréhende le réveil quand on craint d'entrer dans de *tels malheurs*. (Pascal.)

La pauvreté vaut mieux qu'une *telle richesse*.
(La Fontaine.)
Pour bien peindre de *telles choses*, il faut avoir un génie capable de les faire. (Fléchier.)

Tel peut se joindre à des substantifs des deux genres et des deux nombres.

N° 233.

TEL *en rapport avec plusieurs substantifs.*

Aux jeux inhumains, il faut substituer ceux qui exercent le corps et l'âme : tels sont la *lutte*, la *course*, la *natation*, l'*exercice* des armes à feu, la *danse* et surtout la *musique*.
(Bern. de St-Pierre.)

Telle était la *fidélité* des domestiques, et la *vigilance* de monsieur et madame Lorenzi, que rien ne se trouva de manque sur l'inventaire.
(J.J. Rousseau.)

Tel suivi de plusieurs substantifs de différent genre se met au masculin pluriel; si les substantifs sont de même genre, *tel* peut prendre l'accord du premier substantif seulement.

N° 234.

TEL *suivi ou séparé de* QUI, QUE, DONT.

Tel qui rit vendredi diman-
[che pleurera.
(Racine.)
Tel brave les tourments
[*qu'*un bienfait peut séduire.
(Du Belloy.)

Tel vous semble applaudir
[*qui* vous raille et vous joue.
(Boileau.)
Tel est pris *qui* croyait
[prendre.
(La Fontaine.)

Tel peut être suivi ou séparé des conjonctifs *qui, que, dont*.

QUEL.

N° 235.

QUEL *en rapport avec un substantif*.

Quel bras vous suspendit,
[innombrables étoiles?
(L. Racine.)
Quels cadavres épars dans
[la Grèce déserte!
(Idem.)

Quelle force invisible a sou-
[mis l'univers?
(L. Racine.)
Quelles mains l'ont planté?
[quel sol fut sa patrie?
(Idem.)

Quel se joint à des substantifs des deux genres et des deux nombres; il s'emploie dans les interrogations et les exclamations.

N° 236.

QUEL *en rapport avec plusieurs noms*.

Quels sont les *lieux*, les
temps, les *images* chéries,
Où se plaisent le mieux ses
[douces rêveries?
(Delille.)
Quelles furent alors sa *fer-
meté* et sa *sagesse*? (Fléchier.)

Hélas! durant ces jours de
[joie et de festins,
Quelle était en secret ma
[*honte* et mes *chagrins*!
(Racine.)
Quelle est donc cette *honte*
[et ce grand *repentir*?
(Voltaire.)

Lorsque l'adjectif *quel* est suivi de plusieurs substantifs de différent genre, il se met le plus ordinairement au masculin pluriel; néanmoins il est des cas où l'on peut le faire accorder avec le premier substantif seulement.

QUEL QUE.

N° 237.

QUEL QUE *en rapport avec un seul nom.*

Je résolus d'accepter le *legs quel* qu'il pût être.
(J.-J. Rousseau.)

Du malheur, *quelle* qu'en [soit la *cause*, Supportons les décrets d'un [destin rigoureux.
(Haumont.)

Quel suivi de *que* et d'un verbe prend le genre et le nombre du nom ou du pronom qu'il modifie.

N° 238.

QUEL QUE *suivi de plusieurs noms.*

Quels que soient ton *culte* et ta *patrie*, dors sous ma tente avec sécurité. (Campenon.)

Un meurtre, *quel* qu'en soit le prétexte ou l'objet, Pour les cœurs vertueux, fut [toujours un forfait.
(Crébillon.)

Suivi de plusieurs noms unis par *et*, *quel* accompagné de *que* se met au masculin pluriel, quand les noms sont de différent genre; mais s'il est suivi de plusieurs substantifs liés par *ou*, *quel que* prend le genre et le nombre du premier.

N° 239.

TEL QU'IL EST *et* QUEL QU'IL SOIT.

Nous laissons en mourant [le monde *tel qu'il est*.

Un trône, *quel qu'il soit*, [n'est point à dédaigner.

Après *quel que* le verbe suivant se met toujours au subjonctif: *quel qu'il soit*; après *tel*, il se met à l'indicatif, s'il s'agit d'une chose certaine ; au subjonctif, si l'on parle d'une chose incertaine :

Du maître *tel qu'il soit*, peu, beaucoup ou zéro,
Le valet fut toujours et le singe et l'écho. (Piron.)

QUELQUE.

N° 240.

QUELQUE *suivi d'un substantif.*

Quelque sujet qu'on traite,
[ou plaisant ou sublime,
Que toujours la raison s'ac-
[corde avec la rime.
(Boileau.)

Quelques îles ont des montagnes plus élevées que ne comporte leur territoire.
(Bern. de Saint-Pierre.)

Quelque suivi d'un substantif s'écrit en un seul mot et prend un *s* au pluriel.

N° 241.

QUELQUE *placé devant un adjectif.*

.. *Quelques* vains lauriers
[que promette la guerre,
On peut être héros sans ra-
[vager la terre.
(Boileau.)
Une femme, *quelques* grands biens qu'elle apporte dans une maison, la ruine bientôt si elle introduit le luxe. (Fénélon.)

Quelque méchants que soient les hommes, ils n'oseraient paraître ennemis de la vertu.
(La Rochefoucauld.)

Quelque corrompues que soient nos mœurs, le vice n'a pas encore perdu toute sa honte. (Massillon.)

Quelque placé devant un adjectif immédiatement suivi d'un nom est variable : *quelques vains lauriers;* mais il est invariable si cet adjectif est immédiatement suivi de *que*, *quelque méchants que soient les hommes.*

Quelque reste encore invariable, s'il est suivi d'un adjectif et d'un substantif pris adjectivement :

Quelque fins *politiques* que fussent Burrhus et Sénèque, ils ne purent découvrir le fond du cœur de Néron.
(Saint-Réal.)

N° 242.

QUELQUE *signifiant* ENVIRON.

Ésope naquit *quelque deux cents ans* après la fondation de Rome. (La Fontaine.)

Et quel âge avez-vous? — Oh! *quelque soixante* ans.
(Racine.)

Quelque signifiant *environ* est invariable.

MÊME.

N° 243.

MÊME *employé comme adjectif.*

Les souverains ont partout *les mêmes devoirs* à remplir.
(Malesherbes.)

Le peuple et les grands n'ont ni *les mêmes vertus*, ni *les mêmes vices*. (Vauvenargues.)

Les Juifs *mêmes* ont eu aussi leurs métamorphoses.
(Voltaire.)

Nous sommes éloignés des antiques lois de la nature par *les lois mêmes* de nos sociétés.
(Bern. de St-Pierre.)

Même est adjectif et prend par conséquent un s immédiatement placé devant ou après un substantif pluriel.

Même est aussi adjectif et prend également un s après un pronom pluriel :

Les lois s'abolissent d'*elles-mêmes*. (D'Aguesseau.)

... Souvent le Ciel, par des ordres suprêmes,
Sans nous en consulter, dispose de *nous-mêmes*.
(Th. Corneille.)

Mais si *nous*, *vous* sont mis pour *moi*, *toi*, *même* ne prend pas d's :

Vous seul pouvez parler dignement de *vous-même*.
(Voltaire.)

Va, mais *nous-même*, allons, précipitons nos pas,
Qu'il me voie attentive au soin de son trépas.

N° 244.

MÊME *employé comme adverbe.*

Les *animaux*, les *plantes même* étaient au nombre des divinités égyptiennes.
(Wailly.)

Quand Charles de Valois avait passé en Italie, les Lombards, les Toscans *même* prirent les modes des Français.
(Voltaire.)

Même est adverbe :

1° Après deux ou plusieurs substantifs : *les animaux, les plantes même.*

2° Après un verbe :

Ceux qui n'emploient leur crédit que par intérêt ne méritent pas *même* de passer pour avoir du crédit.   (Duclos.)

3° Devant un pronom ou un substantif précédé de l'article ou d'un adjectif déterminatif :

Nos dogmes, *même ceux* que la raison ne peut comprendre, sont rendus croyables par la raison.   (De la Luzerne.)
Les hommes, les animaux, et *même les plantes*, sont sensibles aux bienfaits.   (Girault Duvivier.)

4° Devant ou après un adjectif ou un participe.

Il faut être en garde contre les écrivains *même accrédités.*
   (Bernardin de Saint-Pierre.)
Nos méthodes savantes nous cachent les vérités naturelles connues *même* des simples bergers.   (Idem.)
On fait souvent vanité des passions *même les plus criminelles.*
   (La Rochefoucauld.)

On reconnaît que *même* est adverbe toutes les fois qu'il est employé dans le sens de *mêmement, et aussi, et encore, de plus, jusqu'à.*

QUESTIONNAIRE.

221. *Tout* en rapport avec un nom ou un pronom en prend-il le genre et le nombre ?

222. Lorsque *tout* est en rapport avec plusieurs substantifs ou adjectifs, doit-il se répéter ?

223. Dans quel cas *tout* signifiant *entièrement* est-il invariable ? Dans quel cas est-il variable ?

224. *Tout* placé devant *autre* est-il variable ?

225. Dans quel cas peut-on employer *tout* comme adverbe ? Dans quel cas peut-on l'employer comme adjectif ?

226. Peut-on écrire *en tout lieu* ou *en tous lieux*, *en tout temps* ou *en tous temps*, etc.

227. *Tout* varie-t-il devant un nom de ville qui n'est pas déterminé ?

228. Y a-t-il une différence entre *tous deux* et *tous les deux* ?

229. Doit-on répéter *chaque* devant plusieurs substantifs ?

230. *Chaque* peut-il s'employer pour *chacun, chacune*?

231. Met-on les adjectifs *nul, aucun*, au singulier ou au pluriel?

232. *Tel* prend-il les deux genres et les deux nombres?

233. Quel est l'accord de *tel* avec plusieurs substantifs?

234. *Tel* peut-il être suivi de *qui, que, dont*? En peut-il être séparé?

235. *Quel* en rapport avec un substantif en prend-il le genre et le nombre?

236. Comment s'accorde *quel* en rapport avec plusieurs noms?

237. Quelle remarque faites-vous sur *quel*, suivi de *que*, en rapport avec un substantif?

238. En rapport avec plusieurs substantifs?

239. A quel mode le verbe qui suit *tel que* et *quel que* se met-il?

240. Où se met l'*s* de *quelque* au pluriel?

241. *Quelque* placé devant un adjectif est-il variable ou invariable?

242. *Quelque* signifiant *environ* est-il invariable?

243. *Même* adjectif prend-il un *s* au pluriel? Comment reconnaît-on qu'il est adjectif?

244. Comment reconnaît-on qu'il est adverbe?

CHAPITRE HUITIÈME.

DES PRONOMS PERSONNELS.

§ I. — DES PRONOMS PERSONNELS EMPLOYÉS COMME SUJETS.

N° 245.

Phrases énonciatives.

Je percerai le cœur que je [n'ai pu toucher.
(Racine.)
Il frappe, et le tyran tombe [aussitôt sans vie.
(Corneille.)

J'ai revu l'ennemi que j'avais [éloigné.
(Racine.)
Vous êtes aujourd'hui coiffée [à faire horreur.
(Gresset.)

Dans les phrases énonciatives les pronoms personnels employés comme sujets se mettent toujours devant le verbe.

N° 246.

Phrases interrogatives.

I

Ah! destins ennemis, où me [*réduisez-vous?*] (Racine.)
Ah! que *viens-je* d'entendre? (Molière.)

Ai-je vaincu pour vous dans [les champs de Pharsale? (Corneille.)
Que n'ai-je été toujours aussi sage? (J.-J. Rousseau.)

Dans les phrases interrogatives ou exclamatives, les noms personnels jouant le rôle de sujets se placent après le verbe dans les temps simples ; entre l'auxiliaire et le participe dans les temps composés.

Dans le cas où *je* mis après le verbe serait susceptible de produire soit une équivoque, soit un son dur ou désagréable, ce qui a lieu pour quelques verbes dont la première personne se termine par *s* précédé d'une autre consonne, il faudrait prendre un autre tour et dire, au lieu de *cours-je? dors-je? rends-je? mens-je? sens-je? romps-je? interromps-je? est-ce que je cours? est-ce que je dors?* etc.

II.

Veillé-je? et n'est-ce point [un songe que je vois? (La Fontaine.)
Régné-je? juste ciel! et res[*piré-je* encore?

Puissé-je de mes yeux y voir [tomber la foudre!
Dussé-je, après dix ans, voir [mon palais en cendre. (Racine.)

Dans les phrases interrogatives ou exclamatives, les verbes terminés par un *e* muet à la première personne du présent de l'indicatif du présent ou de l'imparfait du subjonctif, changent cet *e* muet en *é* fermé : *veillé-je? régné-je? puissé-je? dussé-je?*

III

Hélas ! ne *pourrai-je*, du moins, connaître celle qui m'honore de tant de bontés? (Voltaire.)

Que *ferais-je* à la cour, moi [qui ne suis, seigneur, Hypocrite, jaloux, médisant [ni flatteur? (Boursault.)

Il sait vos sentiments ; me
[trompais-je, madame?
(Racine.)

Ne vous *criai-je* pas : Prenez
garde ; ne touchez rien.
(Paul-Louis Courrier.)

Le futur des verbes employés interrogativement ne doit pas être confondu avec le conditionnel, ni le prétérit avec l'imparfait de l'indicatif. Écrivez donc au futur, *pourrai-je? voudrai-je?* et au conditionnel, *pourrais-je? voudrais-je?*

De même, écrivez au prétérit, *aimai-je? pensai-je?* et à l'imparfait *aimais-je? pensais-je?*

IV

Dieu *a-t-il* promis à l'homme
d'obéir à tous ses désirs?
(Ballanche.)

Quand un soldat français au
[péril va s'offrir,
Daigne-t-il s'informer s'il
[peut en revenir?
(De Belloy.)

Lorsque, dans une phrase interrogative, le verbe se termine par un *a* ou un *e*, on intercale entre le verbe et les noms personnels *il, elle* un *t* entre trait-d'union, *aime-t-elle? a-t-elle?*

N° 247.
Phrases interjetées.

O puissant Dieu, *s'écriait-il*,
toi qui tiens l'empire des ondes, daigne écouter un malheureux. (Fénélon.)

O mon fils, *reprit-il* enfin,
tu vois que Chactas est bien peu sage, malgré sa renommée de sagesse! (Châteaubriand.)

Lorsque, dans une phrase interjetée, on rapporte les paroles de quelqu'un, le pronom personnel se met aussi après le verbe.

N° 248.
Phrases commençant par A PEINE, AUSSI, EN VAIN, PEUT-ÊTRE, etc.

A peine j'ai goûté l'aurore
[de la vie.
(Voltaire.)
Peut-être je devrais, plus
[humble en ma misère,
Me souvenir du moins que
[je parle à son frère.
(Racine.)

A peine *crois-je* d'être encore en vie. (J.-J. Rousseau.)
Peut-être, Sophie, vous *entretiendrai-je* de l'astronomie.
(Aimé-Martin.)

DE LA GRAMMAIRE NATIONALE.   183

Avec les mots à peine, aussi, en vain, peut-être, etc., les pronoms personnels se mettent avant ou après les verbes. C'est le goût, la grâce, l'harmonie et l'élégance qui doivent présider à l'une ou à l'autre construction.

§ II. — DES PRONOMS PERSONNELS EMPLOYÉS COMME RÉGIMES DIRECTS OU INDIRECTS.

N° 249.

Phrases à l'impératif.

Rends-moi chrétienne et libre; à tout je me soumets. (Voltaire.)
Représentez-vous un véritable chrétien, et vous avouerez qu'il n'est rien de si grand sur la terre. (Massillon.)

Ne t'attends qu'à toi seul : c'est un commun proverbe. (La Fontaine.)
Prudes, vous vous devez défier de vos forces ;
Ne vous vantez de rien. (Idem.)

Lorsque les noms personnels sont le complément direct ou indirect d'un verbe à l'impératif sans négation, ils se placent après ce verbe. Dans ce cas, on fait usage des formes *moi, toi, le, la, les, lui, leur*.

Si la phrase est négative, les noms personnels précèdent toujours le verbe, et alors il faut employer *me, te, se, lui, leur*.

N° 250.

Hors de l'impératif.

Un rapport clandestin n'est point d'un honnête homme ;
Quand j'accuse quelqu'un, je le dois et me *nomme*. (Gresset.)
C'est Dieu qui *nous* fait vivre;
C'est Dieu qu'il faut aimer. (Malherbe.)
Je *me* fais de sa peine une image charmante,
Et je l'ai vu douter du cœur de son amante. (Racine.)

Il suffit; je conçois vos raisons et vos craintes,
Je *ne m'emporte* plus en d'inutiles plaintes. (Voltaire.)
Ce discours *me surprend*, il le faut avouer :
Je *ne vous cherchais* pas pour l'entendre louer. (Racine.)
Qu'on *ne me vante* plus l'éclat de la gaîté.
Rien n'égale en pouvoir les pleurs de la beauté. (Boursault.)

Hors de l'impératif, que la phrase soit affirmative ou négative, les pronoms personnels, compléments directs ou indirects, précèdent toujours le verbe, et dans ce cas on fait usage de *me, te, se, lui, leur*.

N° 251.

Deux pronoms personnels ensemble avec un verbe à l'impératif.

Mon innocence est le seul bien qui me reste, *laissez-la moi*. (Marmontel.)

Du sang de tant de rois, c'est [l'unique héritage. *Ne me l'enviez pas*, laissez- [moi mon partage. (Voltaire.)

Quand deux pronoms personnels sont combinés ensemble, et que le verbe est à l'impératif sans négation, on se sert de *le-moi, le-toi, le-lui, le-nous, le-vous, le-leur*, qu'on place après le verbe. Dans ce cas, le régime direct précède toujours le régime indirect ; mais lorsqu'il y a négation, on fait usage de *me-le, te-le, le-lui, nous-le, vous-le, le-leur* et alors le régime direct se place après le régime indirect, à l'exception de *lui, leur* qui sont toujours précédés du régime direct :

Mettez les questions à la portée de votre élève, et *laissez-les-lui* résoudre. (J.-J. Rousseau.)

N° 252.

Deux pronoms personnels ensemble avec un verbe hors de l'impératif.

Je *te le dis* du fond de mon cœur, j'honore le Français comme le seul peuple qui aime véritablement les hommes. (J.-J. Rousseau.)

Je *ne te l'aurais* pas dit autrefois, parce que j'aurais craint d'avoir l'air du despotisme. (Mirabeau.)

Pères, de vos enfants ne for- [cez pas les vœux, Le ciel *vous les donna*, mais [pour les rendre heureux. (Chénier.)

Tout le monde dit d'un fat qu'il est un fat, personne n'ose *le lui* dire à lui-même. (La Bruyère.)

DE LA GRAMMAIRE NATIONALE. 185

Lorsque deux pronoms personnels sont joints ensemble à un verbe hors de l'impératif, qu'il y ait ou non négation, on se sert de *me-le, te-le, le-leur, nous-le, vous-le, le-leur*, qu'on place toujours devant le verbe.

L'ellipse de *le, la, les* avant *lui* et *leur* est une faute grave qu'il faut soigneusement éviter. Ce vers de *Gresset* est donc incorrect :

Je ne suis point ingrat, et je *lui* rendrai bien.

Il aurait fallu : *je le lui rendrai bien*.

N° 253.

Pronoms personnels combinés avec EN, *joints à un verbe à l'impératif.*

Puissances du ciel, j'avais une
âme pour la douleur, *donnez-
m'en* une pour la félicité.
(J.-J. Rousseau.)
Nous voici lâchement trahis;
Vengeons-nous-en, et cou-
[rons le pays.
(La Fontaine.)

Puisque c'est une chose qui doit vous faire tant de plaisir, *ne m'en veuillez* donc pas.
(Mme de Sévigné.)
De ce qui par toi-même à
[fin peut être mis,
Ne t'en remets à tes amis.
(Perrault.)

Quand un nom personnel, complément direct ou indirect, est combiné avec *en*, et que le verbe est à l'impératif avec ou sans négation, on se sert de *m'en, t'en, s'en, lui-en, nous-en, vous-en, les-leur-en*, qui se mettent après le verbe dans le premier cas, et le précèdent dans le second : on voit que celui qui dit : *donnez-moi-s-en* commet une faute grossière.

N° 254.

Pronoms personnels combinés avec EN, *joints à un verbe hors de l'impératif.*

Pour tout blâmer je *m'en*
[rapporte aux sots.
(Stassart.)
Un traître a su nous outra-
[ger,
Si tout manque, le ciel saura
[*nous en venger*.
(Perrault.)

Je ne *m'en prends* qu'au vice,
[et jamais à la foi.
(Fabre d'Églantine.)
Notre ignorance nous ferait pitié, si notre vanité *ne nous en dérobait* la connaissance.
(Pascal.)

Lorsqu'un pronom personnel, en alliance avec *en*, est joint à un verbe hors de l'impératif, qu'il soit complément direct ou indirect, qu'il y ait ou non négation, on fait usage de *m'en, t'en, s'en, l'en, lui-en, nous-en, vous-en, s'en, les-en, leur-en*, qui précèdent toujours le verbe et qui sont inséparables dans les temps simples comme dans les temps composés. Ne dites donc pas : *je me suis en allé, tu t'es en allé ;* il faut dire : *je m'en suis allé, tu t'en es allé.*

N° 255.

Pronoms personnels en alliance avec Y, *construits avec un verbe à l'impératif.*

La mer promet monts et merveilles ;
Fiez-vous-y ; les vents et les voleurs viendront.
(La Fontaine.)
Ne raisonnez pas avec celui que vous voulez guérir de l'horreur des ténèbres, *menez-l'y* souvent. (J.-J. Rousseau.)

La colère est aveugle alors qu'elle est extrême :
Rois, *ne vous y livrez* jamais.
(Aubert.)
Traitez votre élève selon son âge. Mettez-le d'abord à sa place, et *tenez-l'y* si bien qu'il ne tente plus d'en sortir.
(J.-J. Rousseau.)

Lorsqu'un pronom personnel en alliance avec la particule *y* est complément direct ou indirect d'un verbe à l'impératif, sans négation, on se sert de *m'y, t'y, l'y, nous-y, vous-y, les-y*, immédiatement placés après le verbe ; au contraire, s'il y a négation, ces mêmes formes précèdent le verbe.

Quelques grammairiens prétendent qu'il faut mettre le pronom personnel après la particule *y* et dire, par exemple : *envoyez-y-moi, promènes-y-toi, menez-y-le*, au lieu de : *envoyez-m'y, promène-t'y, menez-l'y*. Nous ne savons jusqu'à quel point cette assertion est fondée, car on voit que les écrivains ne se font pas scrupule d'employer les secondes locutions ; elles sont certainement préférables aux premières, qui, si elles sont en usage, ne se trouvent guère que dans la bouche de gens de campagne. Au surplus, si l'on veut éviter les deux manières de parler, rien n'empêche d'employer un autre tour, comme, *je vous prie de m'y envoyer*, *de m'envoyer là*.

N° 256.

Pronoms personnels en alliance avec Y, *construits avec un verbe hors de l'impératif.*

L'honneur est dans notre âme;
[et quoiqu'on entreprenne,
C'est avec notre aveu qu'il
[faut qu'on *l'y surprenne*.
(Colardeau.)
Si par la calomnie un homme
[a réussi,
Cent pour un tout au moins
[*s'y sont* perdus aussi.
(Boursault.)

On ne *m'y connaît* que comme peintre, et j'y suis traité pourtant comme à Nancy.
(De Boufflers.)
L'or est comme une femme,
[on n'y saurait toucher,
Que le cœur, par amour, *ne*
[*s'y laisse* attacher.
(Regnard.)

Quand un pronom personnel, combiné avec la particule *y*, est complément direct ou indirect d'un verbe hors de l'impératif, que la phrase soit ou non négative, il faut employer les formes *m'y*, *t'y*, *l'y*, *s'y*, *nous-y*, *vous-y*, *s'y*, *les-y*, *leur-y*, qui, dans ce cas, précèdent toujours le verbe.

N° 257.

Place des pronoms personnels avec deux impératifs.

Jouis, et *souviens-toi* qu'on
[ne vit qu'une fois.
(Chénier.)
Comptez sur vous ou *chassez-*
[moi.
(J.-J. Rousseau.)

Soldats, *suivez* leurs pas, et
[*me répondez* d'eux.
(Voltaire.)
Fuyez-moi pour jamais, ou
[*m'arrachez* la vie.
(Voltaire.)

Toutes les fois qu'il se trouve deux impératifs de suite unis par une des conjonctions *et*, *ou*, le pronom régime du dernier impératif peut le précéder ou le suivre : c'est une chose entièrement facultative. Néanmoins, il est à remarquer que les constructions de la deuxième colonne commencent à être moins en usage. On dit plutôt *sortez et laissez-moi* que *sortez et me laissez*.

N° 258.

Place des noms personnels, complément des infinitifs.

De quelle trahison *pouvez-vous* donc *vous plaindre?*
(Molière.)

Il *faut se résoudre* à payer toute sa vie quelque tribut à la calomnie.   (Voltaire.)

Soleil! je *te viens voir* pour la dernière fois.
(Racine.)

Il ne *se faut* jamais *moquer* des misérables.
(La Fontaine.)

Lorsqu'un verbe à l'infinitif est sous la dépendance d'un autre verbe, le pronom régime de l'infinitif peut se placer avant cet infinitif ou avant le verbe qui précède. On dit également bien : *je viens te voir* ou *je te viens voir*.

Cependant, si le verbe est à un temps composé, le déplacement du pronom ne peut pas toujours avoir lieu. Ne dites pas : *je ne sais comment cela s'est pu faire;* dites *a pu se faire*, pour ne pas changer la nature du verbe.

On doit se garder de confondre : *il me faut faire, il me faut donner quelque chose*, avec *il faut me faire, il faut me donner quelque chose*. Ces deux constructions présentent un sens bien différent. Dans la première, c'est *moi* qui dois faire, c'est *moi* qui dois donner; dans la seconde, au contraire, c'est *à moi* qu'il faut que l'on fasse, que l'on donne. La même distinction existe dans ces deux exemples :

Je subis mon destin, vous voyez sa rigueur,
Il *me faut faire* un choix, il est fait dans mon cœur.
(Voltaire.)

Il *faut vous dire* comme ce prélat disait à la reine-mère : Ceci est histoire.   (Mme de Sévigné.)

On voit donc qu'avec *il faut*, la place du pronom personnel n'est pas toujours indifférente.

§ III. — DE LA RÉPÉTITION DES PRONOMS PERSONNELS.

N° 259.

Des pronoms personnels sujets.

I

Je tremble, *je* frémis, *je* [sens couler mes pleurs.
(Regnard.)
Il s'écoute, *il* se plaît, *il* [s'adonise, *il* s'aime.
(Voltaire.)
Vous n'êtes pas méchant, et [*vous ne pouvez* l'être.
(Gresset.)

J'aurai vécu sans crime, et (*mourrai* sans remords.
(La Fontaine.)
Il prit, quitta, reprit la cui-[rasse et la haire.
(Voltaire.)
Je me cache à vos yeux, et [me dévoile aux siens.
(Racine.)

Dans les propositions affirmatives ou négatives, dans les temps simples ou dans les temps composés des verbes, on peut ou non répéter les pronoms personnels employés comme sujets. L'ellipse rend le discours plus rapide; la répétition le rend plus énergique.

II

Je crains Dieu, cher Abner, [et *n'ai* point d'autre crainte.
(Racine.)

Tu n'as point d'aile, et *tu* [*veux* voler.
(Voltaire.)

Quand on passe du sens affirmatif au sens négatif, le pronom peut s'ellipser; mais si l'on passe du sens négatif à l'affirmatif, il faut absolument répéter le pronom.

N° 260.

Des pronoms personnels régimes.

.... On peut sans s'avilir, S'abaisser pour les Dieux, *les* [craindre et *les* servir.
(Voltaire.)

Un fils ne s'arme point contre [un coupable père;
Il détourne les yeux, *le* plaint [et *le* révère.
(Voltaire.)

La répétition des noms personnels employés comme régime est indispensable devant chaque verbe, à un temps simple; mais on ne les répète pas à un temps composé : *il nous a flattés et loués.*

§ IV. — SYNTAXE.

N° 261.

Accord de l'adjectif avec nous et vous.

Hélas ! *nous* ne sommes pas [encore *connues.*
(Molière.)
Justes, ne craignez point le [vain pouvoir des hommes,
Quelque élevés qu'ils soient; [ils sont ce que nous sommes;
Si *vous* êtes *mortels,* ils le [sont comme vous.
(J.-B. Rousseau.)

La chair, le blé, les graines, contiennent beaucoup plus de molécules organiques que l'herbe, les feuilles, les racines, comme nous *nous* en sommes *assuré.* (Buffon.)
Quel caprice *vous* rend *en-*[*nemi* de vous-même ?
(Racine.)

Quand *nous* et *vous* représentent plusieurs personnes, l'adjectif se met au pluriel.

Par respect ou par honnêteté, on dit *vous* au lieu de *tu, te, toi.* On dit aussi quelquefois *nous* au lieu de *je, me, moi,* soit par modestie, vraie ou fausse, soit pour ne pas prendre un air tranchant. Dans ces deux cas, le nom ou l'adjectif qui se rapporte à *nous* et à *vous,* reste au singulier.

N° 262.

Nous et vous exprimés ou sous-entendus.

Votre père et moi nous avons été long-temps ennemis l'un de l'autre. (Fénélon.)

Le roi, Dactime et vous, [*vous* êtes en danger.
(Voltaire.)

Athéniens, ne soyez pas surpris que *Démosthène* et *moi* ne *soyons* pas de même avis.
(Barthélemy.)

Vous et les *miens* avez mé-[*rité* pis.
(La Fontaine.)

On voit que *nous* et *vous* qui réunissent les sujets dans les exemples de la première colonne, sont sous-entendus dans ceux de la seconde.

En pareille circonstance, l'emploi ou la suppression des noms personnels dépend de celui qui parle ou qui écrit : c'est une affaire de goût.

N° 263.

Emploi du pronom IL *après un participe présent.*

L'*Amour*, *essuyant* ses larmes, *fit* un sourire moqueur et malin. (Fénélon.)

Hazaël me *regardant* avec un visage doux et humain, me tendit la main. (Idem.)

Le premier temple de Salomon ayant été renversé six cents ans avant la naissance de J.-C., *il* fut relevé après les soixante-dix ans de la captivité par Josué.
(Châteaubriand.)

Lorsqu'un substantif est immédiatement suivi d'un participe présent, il ne faut employer les pronoms personnels comme sujets du verbe qui vient après, que pour donner soit plus de clarté, soit plus de force à l'expression. La construction généralement en usage est celle des exemples de droite ; celle de gauche n'est pas vicieuse, mais elle est le privilége des grands écrivains.

N° 264.

Équivoques occasionnées par IL, ELLE, LE, LA, LES.

Racine s'est rencontré avec *Corneille* quand *il* fait dire à Lilée, Roxane : — «Écoutez, Bajazet, je sens que je vous aime.»
(Voltaire.)

Newton doit beaucoup à Galilée, car *celui-ci* lui a donné sa théorie de la pesanteur.
(Fontenelle.)

Toutes les fois qu'on se sert des pronoms personnels *il, elle, le, la, les,* etc., ce qu'il faut éviter avec soin, ce sont les équivoques auxquelles ils peuvent donner lieu. Dans l'exemple de la première colonne, l'emploi de *il* est correct comme se rapportant naturellement au premier substantif qui est *Racine;* mais dans l'exemple de la seconde colonne, cet emploi de *il* serait vicieux puisque, au lieu de se rapporter à Galilée, il se rapporterait à Newton ; aussi, pour éviter l'équivoque, Fontenelle s'est servi de *celui-ci*, qu'il faut employer en pareille circonstance.

N° 265.

Gallicismes occasionnés par l'emploi des pronoms personnels.

Prends-*moi* le bon parti, [laisse là tous les trônes.
(Boileau.)

On lui lia les pieds, on *vous* [le suspendit.
(La Fontaine.)

Moi et *vous* ne sont pas les régimes indirects des verbes *prends* et *suspendit*, mais de verbes sous-entendus. Ce sont là de véritables gallicismes.

N° 266.

Emploi de LE, LA, LES, *en rapport avec des noms déterminés ou indéterminés.*

Depuis trente ans et plus n'êtes-vous pas *ma femme?* Oui, je *la* suis. (La Chaussée.)
Êtes-vous *les trois Romains*, qu'on a choisis pour le combat? Nous *les* sommes.
(Marmontel.)

Hélas! madame, vous me traitez de *veuve*, il est trop vrai que je *le* suis. (Voltaire.)
Je veux être *mère*, parce que je *le* suis, et c'est en vain que je ne *le* voudrais pas être.
(Molière.)

Le pronom *le* est variable lorsqu'il se rapporte à des substantifs déterminés; mais s'il se rapporte à un adjectif ou à un substantif pris adjectivement, il est invariable, et signifie *cela*. Dans ce cas même, il peut quelquefois se rapporter à des substantifs précédés de l'article :

Les objets de nos vœux *le* sont de nos plaisirs.
(Corneille.)

Voyez Aigues-Mortes et Fréjus qui ont été *des ports* de mer, et qui ne *le* sont plus.

En effet, dans ces deux exemples, *le* est invariable parce qu'il signifie *cela*.

N° 267.

Emploi de LE *pour représenter une proposition.*

Si le public a eu quelque indulgence pour moi, je *le* dois à votre protection. (Condillac.)

La charité nous oblige à faire plaisir aux personnes lorsque nous *le* pouvons. (Molière.)

On se sert toujours du pronom *le* pour représenter les propositions, parce qu'elles n'ont en soi ni genre ni nombre.

N° 268.

Emploi ou suppression de LE *dans une phrase comparative.*

L'influence des noms sur les hommes est plus rare qu'on ne *le* pense.
(Bernardin de Saint-Pierre.)

L'occasion de faire des heureux est plus rare qu'on ne pense.
(J.-J. Rousseau.)

Dans une phrase comparative, le pronom *le* peut être exprimé ou sous-entendu, lorsqu'il représente une proposition. Nous disons une proposition, car si c'était un substantif, l'ellipse du pronom serait fautive. Dites : *quand je ne serais pas votre serviteur comme je le suis*, et non *comme je suis*.

N° 269.

LE *en rapport avec un participe exprimé ou sous-entendu.*

Ce bras nous eût *sauvés*, si [nous avions pu *l'être*.
(Châteaubriand.)

Je l'ai *accueilli* comme un homme annoncé par vous méritait de *l'être*. (Voltaire.)

Je ne *l'aimerais* pas, si je ne [croyais *l'être*.
(Molière.)

Il est difficile *d'estimer* quelqu'un comme il veut *l'être*.
(Vauvenargues.)

Le pronom *le* peut être en rapport avec un participe exprimé ou sous-entendu. Cependant les phrases de la première colonne sont plus correctes. Quant à celles de la seconde colonne, elles ne doivent être tolérées qu'à cause de leur brièveté et de leur concision. L'exactitude grammaticale exigerait que l'on dît : *je ne l'aimerais pas si je ne croyais être aimé*, etc. ; mais cette répétition du verbe rend la phrase lourde et fatigante.

N° 270.

LE, LA, LES, IL, ELLE, *se rapportant à des noms indéterminés*.

Une âme noble rend *justice* même à ceux qui *la* lui refusent. (Condorcet.)	Je suis en bonne *santé*, je *la* dois à l'exercice et à la tempérance. (Marmontel.)
Grâce! grâce! seigneur, que Pauline *l'*obtienne. (Corneille.)	On a raison d'appeler son bien *fortune*; un moment *la* donne, un moment *l'*ôte. (Voltaire.)

En général, les mots *le, la, les, il, elle*, doivent toujours se rapporter à des noms suffisamment déterminés. Cependant ils peuvent aussi, comme dans les citations qui précèdent, se rapporter à des noms indéterminés; c'est ce qui a lieu toutes les fois qu'il est difficile ou même impossible de s'exprimer autrement.

N° 271.

Emploi vicieux de LE, LA, LES.

L'*allégresse* du cœur s'augmente à la répandre. (Molière.)	*Le* fils d'Ulysse *le* surpasse déjà en éloquence. (Fénélon.)
Le temps passerait sans *le* compter. (J.-J. Rousseau.)	Quiconque est *soupçonneux* invite à *le* trahir. (Voltaire.)

Les pronoms *le, la, les* ne peuvent se rapporter ni au sujet ni au déterminatif du sujet de la proposition où il figure. Ainsi, les phrases citées sont mal construites; toutefois elles sont, comme on le voit, assez en usage.

N° 272.

Lui, elle, eux, *en rapport avec des noms de personnes ;*
le, la, les, *en rapport avec des noms de choses.*

Est-ce là le seigneur *Trufal-[din?* — Oui, *lui-même.*
(Molière.)
Mais vois-je pas Orphise ?
Ou, c'est *elle* qui vient.
(Idem.)

Ce *carrosse* parut être celui de mon fils, ce *l'*était en effet.
(De Sévigné.)
Sont-ce là vos gants ? est-ce là votre épée ? Oui, ce *les* sont.
(Regnard.)

Parle-t-on d'objets inanimés, on doit répondre par *ce l'est, ce les sont.* Est-il, au contraire, question d'êtres animés, de personnes, on se sert de *c'est lui, c'est elle, ce sont eux.*

On dit cependant, en parlant d'un livre, c'est *lui qui* me console ; d'arbres, *ce sont eux* qu'on abattra les premiers, parce que la proposition déterminative exige cette construction.

N° 273.

Soi *en rapport avec un nom de personne déterminé ou un pronom indéfini.*

On a souvent besoin d'un [plus petit que *soi.*
(La Fontaine.)
Chacun ne songe plus qu'à *soi.* (J.-J. Rousseau.)
Il est beau de triompher de *soi.* (Th. Corneille.)

Cet homme rapporte tout à *lui,* n'aime que *lui.* (D'Olivet.)
L'astronome pense aux astres, le physicien pense à la nature, et le philosophe pense à *lui.* (Fontenelle.)

On emploie *soi* lorsque le mot est en rapport avec un mot vague comme *on, chacun, quiconque,* ou avec un verbe à l'infinitif. On trouve néanmoins des exemples où *chacun* est suivi de *lui* :

Ce divin modèle que *chacun de nous* porte avec *lui* nous enchante. (J.-J. Rousseau.)

Chacun trouve à redire en autrui ce qu'on trouve à redire en *lui.* (La Rochefoucauld.)

Peu d'amitiés subsisteraient, si *chacun* savait ce que son ami dit de *lui* lorsqu'il n'y est pas. (Idem.)

Dans le premier exemple, *chacun de nous* présente une idée moins vague que *chacun*, et justifie l'emploi de *lui*; dans les deux derniers il s'agit d'éviter l'équivoque.

Avec un nom de personne déterminé on se sert le plus ordinairement des pronoms *lui*, *elle*. Cependant ce n'est pas une faute, dans ce dernier cas, d'employer le pronom *soi*.

Fénélon a dit :

Idoménée, revenant à *soi*, remercia ses amis.

Et Voltaire :

Un homme peut parler avantageusement de *soi*, quand il est calomnié.

Dans le premier exemple on exprime avec plus de précision l'idée de réflexion; dans le second, *un homme* offre une idée vague.

N° 274.

Soi, lui ou elle, en rapport avec un nom de chose.

La sagesse après *soi* laisse [un long souvenir. (Aubert.)

Le conte fait passer le précepte avec *lui*. (La Fontaine.)

Un malheur toujours traîne [un malheur après *soi*. (Piron.)

Toute tromperie porte avec elle sa punition. (Bern. de Saint-Pierre.)

Avec un nom de chose on peut se servir indifféremment des pronoms *soi*, *lui*, *elle*.

N° 275.

Des pronoms LUI, ELLE, LEUR, en rapport avec des noms de personnes, et Y avec des noms de choses.

Je craignais de le trouver coupable, et je craignais aussi de me fier à *lui*. (Fénélon.)

Je reçois votre lettre, ma chère enfant, et j'*y* fais réponse avec précipitation. (De Sévigné.)

Ce qui m'afflige, ce sont mes femmes; je ne puis penser à *elles* sans chagrin.
(Montesquieu.)

Télémaque goûtait tous ces plaisirs, mais il n'osait *y* livrer son cœur. (Fénélon.)

En général, on se sert de *à lui, à elle, à eux, à elles*, pour les personnes, et l'on emploie *y* pour les choses.

Cependant, les écrivains ont quelquefois fait usage des premiers pour les objets, et du second pour les êtres animés :

Boileau nous apprit à chercher le mot propre, à *lui* donner sa place dans le vers. (La Harpe.)

Plus on approfondit l'homme, plus on *y* démêle de faiblesse et de grandeur. (Pascal.)

Il est des cas où, au lieu du pronom *y* en relation avec un nom de chose, il faut absolument se servir des pronoms *lui, elle*.

Nous n'employons dans la plupart de nos raisonnements que des réminiscences; c'est *sur elles* que nous bâtissons.
(Vauvenargues.)

Les arts et les sciences doivent être encouragés, c'est *par eux* que les nations deviennent florissantes. (Raynal.)

Nº 276.

DE LUI, D'ELLE, *en rapport avec des noms de personnes, e*
EN *avec des noms de choses.*

Un enfant ne subsiste que par ses parents, dépend *d'eux*, vient *d'eux*, et leur doit tout.
(Vauvenargues.)

Homère, Sophocle, Virgile, seraient des écrivains médiocres, si on ne jugeait *d'eux* que par le plan de leurs poèmes.
(Idem.)

Un sage jouit des plaisirs, et s'*en* passe comme on fait des fruits en hiver. (Helvétius.)

La considération n'enivre pas celui qui *en* jouit, et n'humilie pas celui qui l'accorde.
(Fontenelle.)

En sert, en général, pour rappeler les noms de choses et *de lui, d'elle, d'eux, d'elles*, pour représenter les noms de personnes. Les écrivains, il est vrai, ne se sont pas toujours astreints à cette règle.

Duclos a dit :

Respecte et cultive ton imagination, car tout dépend d'*elle*.

Et Montesquieu :

Les Troglodites aimaient leurs femmes et *en* étaient tendrement chéris.

Ces exemples autorisent donc à employer quelquefois *de lui, d'elle* ou *en*, soit pour les personnes, soit pour les choses.

QUESTIONNAIRE.

245. Où se placent les pronoms personnels dans les phrases énonciatives ? 246. Dans les phrases interrogatives ou exclamatives ? Quelle est la différence entre la première personne du singulier du futur, et celle du conditionnel, employées interrogativement ? Quelle est aussi la différence de la première personne du singulier de l'imparfait de l'indicatif et celle du prétérit défini, dans les interrogations ? Que faut-il faire dans une phrase interrogative, lorsque le verbe se termine par un *a* ou un *e* ?

247. Où se place le pronom personnel dans les phrases interjetées ? 248. *Idem* dans les phrases commençant par *à peine, aussi, en vain, peut-être* ?

249. Où se place le pronom personnel quand le verbe est à l'impératif sans négation ? *Idem* avec négation ? Dans l'un et l'autre cas, se sert-on des mêmes formes ?

250. Hors de l'impératif les pronoms personnels sont-ils les mêmes et se mettent-ils à la même place ?

251. Quelle remarque faites-vous quand il y a deux pronoms personnels ensemble avec un verbe à l'impératif, avec ou sans négation ? 252. *Idem* hors de l'impératif ?

253. Que remarquez-vous lorsqu'il y a un pronom personnel combiné avec *en*, joints à un verbe à l'impératif, avec ou sans négation ? 254. *Idem* hors de l'impératif ?

255. Que remarquez-vous encore lorsque le pronom personnel est en alliance avec *y*, avec un verbe à l'impératif, employé ou non négativement ? 256. *Idem* hors de l'impératif ?

257. Quelle est la place des pronoms personnels avec deux impératifs de suite ?

258. Où se place le pronom, lorsqu'un verbe à l'infinitif est sous la dépendance d'un autre verbe ?

DE LA GRAMMAIRE NATIONALE. 199

259. Quand les pronoms sont employés comme sujets, doit-on les répéter?

260. Dans tous les cas où ils sont employés comme régimes, cette répétition est-elle indispensable?

261. L'adjectif en rapport avec *nous* et *vous* doit-il se mettre au pluriel?

262. Lorsque *nous* et *vous* sont employés comme *sujets récapitulants*, est-on libre de les exprimer ou de les sous-entendre?

263. Après un participe présent, est-ce une faute de rappeler le sujet par l'emploi des pronoms?

264. Dans le cas où les pronoms *il, elle, le,* etc.; donnent lieu à des équivoques, que faut-il faire?

265. Dans cette phrase et autres semblables : *prends-moi le bon parti*; de quel verbe *moi* est-il régime indirect?

266. Dans quel cas *le* est-il variable? dans quel cas est-il invariable?

267. Se sert-on toujours de *le* pour représenter une proposition? Pourquoi?

268. Dans les phrases comparatives, lorsque *le* représente une proposition, est-on libre d'exprimer ou de sous-entendre le pronom? *Idem* lorsque le pronom représente un substantif?

269. *Le* peut-il être en rapport avec un participe exprimé ou sous-entendu?

270. *Le, la, les, il, elle,* etc., peuvent-ils avoir rapport à des noms indéterminés?

271. Quel est l'emploi vicieux de *le, la, les*?

272. Dites quels sont les pronoms qui s'appliquent aux personnes, et ceux qui n'ont rapport qu'aux choses?

273. Avec quels noms *soi* peut-il être en rapport?

274. Avec des noms de choses peut-on employer *soi, lui* ou *elle*?

275. Avec des noms de personnes ou de choses, est-ce de *y* ou de *lui, elle, leur,* qu'il faut se servir?

276. Avec des noms de personnes ou de choses, est-ce de *en* ou de *de lui, d'elle, d'eux, d'elles,* qu'il faut faire usage?

CHAPITRE NEUVIÈME.

DES PRONOMS DÉMONSTRATIFS.

N° 277.

Cela, ceci, ça, ce.

Ceci n'est pas un jeu d'enfant. (Académie.)
Cela est fort beau. (Idem.)

C'est bien facile. (Académie.)
Ça sera comme *ça* voudra. (Piron.)

La différence qu'il faut observer entre *ceci*, *cela*, *ce* et *ça*, c'est que les deux premiers s'emploient dans le style soutenu, et les deux derniers dans le style familier.

N° 278.

Ceci, cela.

Ceci est à moi, *cela* est à vous. (Académie.)
Ceci est soie, *cela* est laine. (Idem.)

Je n'aime point *ceci*, donnez-moi *cela*. (Académie.)
Ceci est beau, *cela* est laid. (Idem.)

Ceci désigne l'objet le plus proche, *cela*, l'objet le plus éloigné de celui qui parle. Dans le discours, *ceci* sert à indiquer ce qu'on va dire ; *cela* à désigner ce qui précède :

Il leur chante *ceci* : Citoyens de cette onde,
Laissez votre Naïade en sa grotte profonde. (La Fontaine.)

Bayle a très-bien prouvé que le fanatisme est plus pernicieux que l'athéisme, et *cela* est incontestable. (J.-J. Rousseau.)

N° 279.

C'est un sot ou il est un sot.

Bien loin d'être des demi-dieux, *ce* ne sont pas même des hommes. (Fénélon.)
Platon dit de l'homme que *c'était* un animal à deux jambes, sans plumes. (Pascal.)

Aujourd'hui *il* est dimanche. (De Sévigné.)
On lui fait voir qu'*il* est un sot. (La Fontaine.)

On emploie généralement *ce* pour *il, elle* comme sujet d'une proposition dont l'attribut n'est pas un adjectif. On peut aussi, dans ce cas, faire usage de *il, elle*, mais l'emploi de *ce* est plus conforme au génie de notre langue.

Il y a une grande différence entre *quelle heure est-ce?* et *quelle heure est-il? Quelle heure est-ce?* signifie quelle est l'heure qui sonne en ce moment, ou que j'entends sonner? *Quelle heure est-il?* peut se dire dans toute circonstance où l'on ignore l'heure. Ainsi *quelle heure est-ce?* ne s'emploie que dans la seule circonstance où l'on entend une pendule ou une horloge sonner. A la question *quelle heure est-ce?* on doit répondre *c'est midi*, et à la question *quelle heure est-il* on doit dire, *il est midi*. Il n'y a guère que certains provinciaux qui confondent ces deux locutions.

N° 280.

C'est vrai, c'est juste; il est vrai, il est juste.

Nous sommes rentrés, c'est vrai. (Journal grammatical.)
Mes défauts sont connus, pourquoi m'en effrayer? Affichons-les, c'est si commode! (Arnault.)

Il est vrai qu'un flatteur est un monstre effroyable. (Boursault.)
Il est plus *aisé* de conquérir des provinces, que de dompter une passion. (Massillon.)

C'est, suivi d'un adjectif, ne souffre pas de complément commençant par *que* ou par *de*; il veut, au contraire, après l'adjectif qui le suit, un complément exprimé. L'ad-

9.

jectif *vrai*, dans une phrase incidente, se construit néanmoins avec *c'est* ou *il est* :

Vous avez beaucoup écrit, *c'est vrai*; mais que d'erreurs dans vos ouvrages ? (Journal grammatical.)

Je suis jeune, *il est vrai*, mais aux âmes bien nées
La valeur n'attend pas le nombre des années. (Corneille.)

N° 281.

C'est peu que de vous voir, il est doux de vous voir.

Ce n'est pas *assez* d'avoir de grandes qualités, il en faut avoir l'économie.
(La Rochefoucauld.)

Il est *beau* de mourir pour conserver sa foi.
(Voltaire.)

Lorsque le verbe *être* se trouve modifié par un adverbe comme *peu, assez, beaucoup*, etc., il doit être précédé de *ce* dont on élide l'*e*; mais s'il est en rapport avec un adjectif ayant après lui un autre verbe ou un *que*, on emploie *il*.

N° 282.

C'est un péché que mentir..... de mentir..... que de mentir.

C'est louer plus que nous [*que louer* notre amant.
(Saurin.)
C'est aimer froidement que [*n'être* point jaloux.
(Molière.)

C'est un pesant fardeau d'a- [*voir* un grand mérite.
(Regnard.)
C'est le comble de l'ignorance que *d'être* orgueilleux.
(Fontenelle.)

On peut dire indistinctement, *c'est un péché que mentir, de mentir, que de mentir*. Les deux dernières tournures sont cependant plus usitées.

N° 283.

CE QUE, CE QUI, *suivis ou non de* CE.

Ce que dit cet ancien auteur s'*applique* ici avec justesse. (Pascal.)

Tout ce qui n'est pas Dieu, *ne peut* remplir mon attente. (Idem.)

Ce qui fait le héros *dégrade* [souvent l'homme. (Voltaire.)

Ce qu'on gagne en amour [*ne vaut* pas ce qu'on perd. (Demoustier.)

*Ce qu'*il y a de vrai, *c'est* que l'agriculture était extrêmement honorée chez les anciens Romains. (Rollin.)

Ce qui est certain, c'est que le monde est de travers. (Fénelon.)

Ce qui m'indigne, *ce sont* les injustices des hommes. (Académie.)

Ce qui me choque le plus *c'est* son insolence. (Idem.)

Quand le pronom *ce* est placé en tête d'une phrase, il se répète généralement au second membre de la phrase, lorsque celui-ci commence par le verbe *être*. Cependant la répétition de *ce* n'est pas de rigueur, surtout si le premier membre de phrase a peu d'étendue et que le verbe *être* soit suivi d'un substantif. Ainsi, les exemples suivants sont corrects.

Après les bonnes leçons, *ce qu'*il y a de plus instructif *sont* les ridicules. (Duclos.)

Ce qu'on souffre avec le moins de patience *sont* les perfidies, les trahisons, les noirceurs. (Th. Corneille.)

Toutefois, la répétition du pronom donnerait plus de force et de précision.

N° 284.

CE *entre deux substantifs*.

La loi de l'univers, *c'est* [malheur au vaincu. (Saurin.)

Le miel, *c'est* le doux fruit [que produit la science. (Naudet.)

L'enfer des femmes *est* la vieillesse. (La Rochefoucauld.)

Le grand ouvrier de la nature *est* le temps. (Buffon.)

Lorsque le verbe *être* se trouve entre deux substantifs

on peut ou non exprimer le pronom *ce*. C'est le goût ou l'énergie qui en décide.

N° 285.

CE *entre un substantif et un verbe.*

Le plus grand secret pour le bonheur, *c'est* d'être bien avec soi. (Fontenelle.)
La fureur de la plupart des Français, *c'est* d'avoir de l'esprit. (Montesquieu.)

Le but de l'éloquence *est* de persuader la vérité et la vertu. (Fénélon.)
La meilleure morale *est* de se rendre heureux. (Favart.)

Entre un substantif et un verbe, *ce* peut être ou non exprimé.

N° 286.

CE *entre un ou plusieurs infinitifs et un nom.*

Alléguer l'impossible aux [rois, *c'est* un abus. (La Fontaine.)
Être allié de Rome et s'en [faire un appui,
C'est l'unique moyen de ré-[gner aujourd'hui. (Corneille.)

Punir est un tourment, par-[donner un plaisir. (Chénier.)
Mépriser le mépris, rendre [haine pour haine,
Est le parti qu'il faut qu'un [honnête homme prenne. (Quinault.)

Placé entre un ou plusieurs infinitifs et un nom, le verbe *être* peut être ou non accompagné de *ce*.

N° 287.

CE *entre deux infinitifs.*

Faire une injustice, *c'est* être impie. (Dict. des Max.)
Interpréter la loi, *c'est* presque toujours la corrompre. (Voltaire.)

Il faut exprimer *ce* devant le verbe *être*, toutes les fois que ce dernier se trouve entre deux infinitifs.

N° 288.

Ellipse de CE.

C'est *de quoi* je voudrais vous parler. (Académie.)
Dites-moi *en quoi* je puis vous servir. (Académie.)

C'est *à quoi* j'ai fait allusion. (Académie.)
C'est *en quoi* vous vous trompez. (Idem.)

L'usage permet l'ellipse de *ce* dans toutes les phrases analogues.

CELUI, CELLE, CEUX, CELLES.

N° 289.

CELUI, CELLE, *en rapport avec un substantif pluriel ou singulier.*

L'amour est *celui* de tous les dieux qui sait le mieux le chemin du Parnasse. (Racine.)

De toutes les choses entreprises par Bonaparte, celle qui lui coûta le plus, fut son concordat. (Châteaubriand.)

On répétait avec admiration le *nom* des Solon et des Lycurgue avec *ceux* des Miltiade et des Léonidas. (Thomas.)

J'ai ajouté à Mégare une *personne* de plus à *celles* qui peuvent me souhaiter un peu de bien. (Châteaubriand.)

Dans les exemples de la première colonne, *celui*, *celle*, se trouvent en relation avec des substantifs pluriels, et dans les exemples opposés, *ceux*, *celles* le sont avec des noms singuliers. Cette construction, quoique contraire aux lois de la grammaire, qui veulent que le pronom prenne le genre et le nombre du nom qu'il représente, peut être justifiée par la syllepse, figure dont les écrivains se servent fréquemment, surtout en pareille circonstance.

On peut éviter cette construction en répétant le substantif, et souvent même cette répétition est élégante comme dans cette phrase de Marmontel :

L'influence du luxe se répand sur toutes les classes de l'état, même sur la classe des laboureurs.

N° 290.

Ellipse de CELUI, CELLE.

Qui trop embrasse, mal étreint. (Académie.)

Qui veut voyager loin ménage sa monture. (Racine.)

Voyez si mes regards sont d'un juge sévère. (Voltaire.)

Si la fin de Socrate est d'*un* sage, la mort de Jésus est d'*un* Dieu. (J.-J. Rousseau.)

Dans toutes les phrases analogues, l'ellipse de *celui, celle,* donne tout à la fois à l'expression plus de concision, d'élégance et d'énergie. Cette construction, aussi bien que la construction pleine, est en prose comme en vers très-en usage. Le pronom *celui* n'est pas sous-entendu dans la phrase suivante : *je croirai qui vous voudrez;* car si ce pronom était exprimé, il faudrait nécessairement *que* après lui. *Qui* est seulement pour *lequel.*

N° 291.

Emploi de CELUI, CELLE, *dans les comparaisons.*

Le *nombre* des espèces d'animaux est plus grand que *celui* des espèces de plantes. (Buffon.)

La *voix* du phoque est plus expressive et plus modulée que *celle* des autres animaux. (Idem.)

Le buffle a la *peau* plus épaisse et plus dure que le *bœuf.* (Buffon.)

Les chevreuils bruns ont la *chair* plus fine que les *roux.* (Idem.)

Dans le premier exemple de la première colonne, pour comparer le nombre des espèces d'animaux avec le nombre des espèces de plantes, on ne pourrait pas dire : *Le nombre des espèces d'animaux est plus grand que les espèces de plantes,* parce qu'alors on donnerait à entendre que l'on compare le nombre des espèces d'animaux avec les espèces mêmes des plantes, ce qui rendrait la comparaison ou la phrase vicieuses; tandis que dans le premier exemple de la seconde colonne, pour comparer la peau du buffle avec celle du bœuf. Buffon a dit très-bien et très-correctement : *le buffle a la peau plus épaisse et plus dure que le bœuf,* sans pour cela établir de comparaison entre la peau du buffle et le bœuf lui-même. Puisque les deux constructions sont correctes et en usage, nous établirons cette règle :

Dans les phrases comparatives, *celui* doit toujours être employé lorsque le nom en rapport avec le pronom est sujet de la phrase : LA VOIX *du rossignol est plus harmonieuse que* CELLE *des autres oiseaux.* Mais si ce nom est complément d'un verbe, *celui* peut être exprimé ou sous-entendu : *le rossignol a* LA VOIX *plus harmonieuse que* LES AUTRES OISEAUX, *ou que* CELLE *des autres oiseaux.*

N° 292.

CELUI, CELLE, *en rapport avec un participe présent ou passé, un adjectif ou une expression équivalente.*

Il n'y a de vraie grandeur pour le souverain que *celle qui est fondée* sur ses propres forces. (Voltaire.)	Cette remarque, ainsi que *celles* purement *grammaticales,* sont pour les étrangers principalement. (Voltaire.)
Tu crains que l'on invente quelque autre manière de distraction que *celle qui est en usage.* (Montesquieu.)	On répare difficilement les fautes contre la liberté, jamais *celles contre l'honneur.* (Massias.)

Quand *celui, celle,* sont en rapport avec un participe présent ou passé, un adjectif ou une expression équivalente, on exprime après eux le plus souvent le *qui* qui suit; mais quelquefois aussi on peut le sous-entendre comme dans les exemples de la seconde colonne. Néanmoins cette ellipse ne doit jamais avoir lieu aux dépens du goût et de l'oreille. On ne dirait donc pas : *je veux celle aimable, celle jolie,* mais *celle qui est aimable, celle qui est jolie.*

N° 293.

Celui, celle, *exprimés ou ellipsés.*

L'aigle tyrannise également les habitants de l'air et *ceux* de la terre. (Buffon.)

Les pontifes d'Athènes et de *Rome* étaient juges des pièces tragiques. (Voltaire.)

L'exemple de gauche est plus régulier que celui de droite. Mais à cause de sa brièveté, la construction de ce dernier peut être quelquefois préférée à l'autre. En général, la concision doit être recherchée toutes les fois qu'elle ne donne lieu à aucune équivoque, à aucune obscurité. L'expression n'en acquiert que plus de charme et plus d'élégance.

CELUI-CI, CELLE-CI, CELUI-LA, CELLE-LA.

N° 294.

Celui-ci, celui-là, *rappelant deux substantifs.*

Corneille nous assujettit à son caractère et à ses idées. *Racine* se conforme aux nôtres. *Celui-ci* peint les hommes comme ils devraient être; *celui-là* les peint tels qu'ils sont.
(La Bruyère.)

Aussitôt les *anges* et les *démons* se répandent dans le sénat, les premiers pour calmer, les seconds pour soulever les passions; *ceux-ci* pour éclairer les esprits, *ceux-là* pour les aveugler. (Châteaubriand.)

Celui-ci, celui-là, servent à désigner aussi bien les objets que les individus; le premier indique la personne ou la chose la plus proche; le second rappelle la personne ou la chose la plus éloignée.

N° 295.

Celui-ci, celui-la, *n'ayant rapport qu'à un seul substantif exprimé.*

Après sombre hiver gai prin-
    [temps,
Après joli temps triste *pluie*;
Après *celle-ci* le beau temps.
(Piron.)

Si j'avais écrit les Provinciales d'un style dogmatique, il n'y aurait eu que les *savants* qui les auraient lues, et *ceux-là* n'en avaient pas besoin.
(Pascal.)

DE LA GRAMMAIRE NATIONALE.

Quand le pronom n'est précédé que d'un seul substantif, on peut indifféremment employer *celui-ci*, ou *celui-là*.

N° 296.

CELUI-CI, CELUI-LA, *n'ayant rapport à aucun substantif exprimé.*

Applaudie de tous, mais, à son tour, affable et civile à tous, elle prévenait *ceux-ci*, répondait honnêtement à *ceux-là*. (Fléchier.)	On la vit toutes les semaines essuyer les larmes de *celui-ci*, pourvoir aux besoins de *celui-là*. (Fléchier.)

Dans les énumérations *celui-ci*, *celui-là* peuvent n'avoir rapport à aucun substantif exprimé. Dans ce cas, *celui-ci* désigne ce qui est placé en premier ordre dans notre esprit, et *celui-là* ce qui vient en second.

N° 297.

CELUI-CI, CELLE-CI, *ayant rapport à ce qui suit.*

On ne peut définir un mot sans commencer par *celui-ci* : c'est, soit qu'on l'exprime, ou qu'on le sous-entende. (Pascal.)	Je suis rarement content de mes vers ; mais j'ai une tendresse de père pour *celui-ci*: Si Dieu n'existait pas, il faudrait l'inventer. (Voltaire.)

Celui-ci, *celle-ci*, s'emploient pour exprimer une chose dont on va parler.

N° 298.

CELUI-CI, CELUI-LA, *suivis de* QUI *ou de* QUE.

Ils étaient de *ceux-là* qui vivent sur le public Et craignent peu les coups. (La Fontaine.)	Quand l'autre voit *celle-là* qu'il adore, Il se croit en un enchantement. (La Fontaine.)

Celui-ci, *celui-là*, peuvent être suivis de *qui* ou de *que*, l'expression en devient alors plus énergique.

N° 299.

Celui-là qui vit ignoré vit heureux. (Boniface.)	*Celui-là* vit ignoré, *qui* vit heureux. (Boniface.)

Lorsque *celui-là* est employé d'une manière absolue, le *qui* suivant peut en être ou non séparé. Cependant la construction de la seconde colonne est plus élégante.

QUESTIONNAIRE.

277. Quelle différence y a-t-il entre *ceci, cela, ce, ça*?
278. Pour désigner un endroit proche et un endroit éloigné, de quels pronoms se sert-on?
279. Peut-on dire *c'est un sot*, ou *il est un sot*?
280. Dans quel cas faut-il se servir de *c'est vrai, c'est juste*, ou de *il est vrai, il est juste*?
281. Quand le verbe *être* est suivi d'un adverbe ou d'un adjectif, est-ce de *ce* ou de *il* qu'il faut faire usage?
282. Peut-on dire indistinctement : c'est un péché *que mentir,... de mentir,... que de mentir*?
283. Le pronom *ce* placé en tête d'une phrase se répète-t-il au second membre de phrase commençant par le verbe *être*?
284. Lorsque le verbe *être* est entre deux substantifs, est-on obligé d'exprimer *ce*?
285. Est-on également obligé d'exprimer ce pronom, quand le verbe *être* est entre un substantif et un verbe?
286. *Idem* quand le verbe *être* est entre un ou plusieurs infinitifs et un nom?
287. *Idem* quand le verbe *être* est entre deux infinitifs?
288. Quand peut-on faire l'ellipse de *ce*?
289. *Celui, celle*, peuvent-ils être en rapport avec un nom pluriel, et *ceux, celles* avec un nom singulier?
290. Donnez des exemples des cas où l'on peut faire l'ellipse de *celui, celle*.
291. Donnez aussi des exemples où *celui, celle*, doivent être exprimés dans les comparaisons; donnez-en d'autres où l'on peut ne pas les exprimer.
292. Doit-on exprimer *qui* après *celui, celle*, lorsque ces pronoms sont en rapport avec un participe ou un adjectif?

293. Doit-on dire, *les habitants de l'air et de la terre*, ou *les habitants de l'air et ceux de la terre?*
294. Quel est l'usage de *celui-ci, celle-ci, celui-là, celle-là?*
295. Quand il n'y a qu'un substantif à rappeler, peut-on indifféremment se servir de *celui-ci* ou de *celui-là?*
296. Dans les énumérations quel est l'emploi de *celui-ci, celui-là?*
297. De quel pronom se sert-on pour indiquer ce qui va suivre?
298. *Celui-ci, celui-là,* peuvent-ils être suivis de *qui* ou de *que?*
299. *Celui-là,* employé d'une manière absolue, peut-il être ou non séparé de *qui?*

CHAPITRE DIXIÈME.

DES PRONOMS POSSESSIFS.

N° 300.

LE MIEN, LE TIEN, LE SIEN, *etc., en rapport avec un substantif exprimé.*

La *musique* des anciens était très-différente de *la nôtre*.
   (Voltaire.)

On voit les *maux* d'autrui d'un autre œil que les siens.
   (Corneille.)

Les pronoms possessifs doivent toujours être en relation avec un substantif précédemment énoncé. Il ne faut donc pas dire : *j'ai reçu la vôtre en date du*, mais, *j'ai reçu votre lettre en date du.*

Le pronom peut ne pas être au même nombre que son substantif :

Dans son appartement nous pouvons l'un et l'autre
Parler de ses *destins*, et peut-être du vôtre.   (Voltaire.)

N° 301.

LE MIEN, LE TIEN, LE SIEN, *et* **LES MIENS, LES TIENS, LES SIENS,**
employés d'une manière absolue.

Ne point mentir, être con-
[tent du *sien*,
C'est le plus sûr.
(La Fontaine.)
Dès que vous avez établi *le tien* et *le mien*, il vous est impossible de ne pas regarder le vol comme injuste. (Voltaire.)

Un des miens le poussait.
(Corneille.)
Si ce n'est toi, c'est donc
[ton frère.
Je n'en ai point. — C'est donc
[quelqu'un des *tiens*.
(La Fontaine.)

Le mien, le tien, le sien, etc., au singulier, s'emploient pour signifier ce qui nous appartient en propre. On fait usage de *les miens, les tiens, les siens,* etc., au pluriel, pour exprimer nos parents, nos amis, nos subordonnés.

QUESTIONNAIRE.

300. Les pronoms possessifs doivent-ils toujours être en rapport avec un substantif précédemment exprimé?
301. Peuvent-ils être employés d'une manière absolue? — Que signifient-ils au singulier? au pluriel?

CHAPITRE ONZIÈME.

DES PRONOMS RELATIFS.

N° 302.

QUI, LEQUEL, *compléments de prépositions.*

C'est Adraste, roi des Dauniens, *de qui* nous avons tout à craindre. (Fénélon.)

Les seuls biens dont la privation coûte sont ceux *auxquels* on croit avoir droit.
(J.-J. Rousseau.)

Honorius, auquel on demanda son sentiment, opina de la même manière.
(Vertot.)

Un livre curieux serait celui dans lequel on ne trouverait point de mensonge.
(Napoléon.)

On emploie *qui* pour les personnes ou les choses personnifiées, et *lequel* pour les choses comme pour les personnes. On ne dirait donc pas : *l'étude à qui je consacre mes loisirs, le cheval sur qui je suis monté*. Mais *l'étude à laquelle*, etc., *le cheval sur lequel* etc.

N° 303.

DONT et DUQUEL, compléments d'un substantif.

Arrière ceux *dont* la bouche
Souffle le chaud et le froid.
(La Fontaine.)

Hier fut un jour sur les événements *duquel* il faut peut-être jeter un voile. (Thiers.)

On fait usage de *dont* toutes les fois qu'il est suivi d'un substantif dont il est complément : *le rossignol dont le chant est agréable*. On se sert de *duquel*, si le substantif précède sous la dépendance d'une préposition : *le rossignol au chant duquel on se complaît*.

N° 304.

DONT, complément d'un verbe ou d'un adjectif.

J'approuve la manière *dont* vous distribuez votre temps et vos études. (Racine.)

La peur est une passion *dont* l'animal est susceptible.
(Buffon.)

On se sert de *dont*, préférablement à *duquel*, quand il est complément d'un verbe ou d'un adjectif. Il y a cependant des circonstances où *duquel* doit être employé au lieu de *dont*; c'est surtout quand le sens peut présenter une équivoque.

N° 305.

DONT, pour AU MOYEN DUQUEL, AVEC LEQUEL.

Remerciez la nature de la façon *dont* votre machine est construite. (Voltaire.)

Hérodote décrit en détail la manière *dont* on préparait les cadavres. (Voltaire.)

Dont peut s'employer pour *au moyen duquel, avec lequel*.

La manière dont on préparait les cadavres, c'est pour *la manière avec laquelle*, etc.

N° 306.

Emploi de OU, *au lieu de* DUQUEL, AUQUEL, PAR LEQUEL.

L'opinion publique pénètre dans les cabinets *où* la politique s'enferme. (Regnard.)

Dans le siècle *où* nous sommes, Il faut fuir dans les bois et [renoncer aux hommes. (Regnard.)

En prose comme en poésie, l'emploi de *où* a plus de grâce que *duquel*, *auquel*, *par lequel*. Il faut éviter, autant que possible, ces derniers, qui rendent le discours traînant. Dans ce passage de Racine :

. . . . Il ne reste que moi
Où l'on découvre encor des vestiges d'un roi.

Où pour *en qui* est une licence qui n'est pas permise, même en poésie.

N° 307.

Emploi de DONT *et* D'OU.

Aux dieux *dont* nous sortons [offrez un pur encens. (Voltaire.)
Du sang *dont* vous sortez [rappelez la mémoire. (Racine.)

Vénus remonte dans un nuage *d'où* elle était sortie. (Fénélon.)
Comment avez-vous pu entrer dans cette île *d'où* vous sortez. (Idem.)

On se sert de *dont* pour exprimer une idée morale d'extraction : *les parents dont vous descendez*; et *d'où*, pour énoncer une action physique de sortie, de départ ou d'éloignement : *la ville d'où ils viennent*.

N° 308.

Lequel, laquelle, *précédés de plusieurs substantifs.*

Il m'écrivit lettres sur lettres pleines de *doléances* et de *griefs auxquels* je pouvais encore moins remédier.
(J.-J. Rousseau.)

On connaît des *nations* entières et des *ordres* d'hommes *auxquels* la religion défend de manger de rien qui ait vie.
(Buffon.)

Louis XIV accorda aux savants et aux artistes *cette faveur*, *cette protection* sans *laquelle* les arts ne peuvent fleurir.
(Voltaire.)

Il y a dans la véritable vertu *une candeur* et *une ingénuité* que rien ne peut contrefaire, et à *laquelle* on ne se méprend point.
(Fénelon.)

Précédé de deux substantifs de différent genre et unis par *et*, *lequel* se met au masculin pluriel ; mais précédé de deux substantifs ayant entre eux quelque synonymie, liés ou non liés par *et*, *lequel* prend le genre et le nombre du dernier. Cette règle est également applicable à deux substantifs liés par *ou* : il montra un courage ou une prudence A LAQUELLE on donna des éloges.

N° 309.

Équivoque de QUI, QUE, DONT.

Vienne tire son nom d'une petite *rivière* qui passe entre le faubourg d'Isau et la ville, *laquelle* venant à se déborder fait des ravages épouvantables.
(Regnard.)

Voici un *exemple* tiré des papiers anglais, *lequel* je ne puis m'empêcher de rapporter.
(J.-J. Rousseau.)

Vous savez, madame la maréchale, qu'il y a une *édition* contrefaite de mon livre, *laquelle* doit paraître ces fêtes.
(J.-J. Rousseau.)

Je plains beaucoup les *auteurs* de tant de tragédies pleines d'horreur, *lesquels* passent leur vie à faire agir et parler des gens qu'on ne peut écouter ni voir sans souffrir. (Idem.)

On fait usage de *lequel, laquelle, duquel*, etc., au lieu de *qui, que, dont*, toutes les fois que le pronom relatif est précédé d'un substantif qui le sépare nécessairement de celui avec lequel il est en relation. En pareil cas, l'emploi de *qui, que, dont* serait vicieux, puisque ces mots produiraient une équivoque ou un mauvais effet, ce qu'il faut éviter avec soin. Toutefois, quand la construction ne manque pas d'harmonie, ni le sens de clarté, on peut se servir de *qui, que, dont*, comme dans ces exemples :

On voit des ouvrages critiqués du peuple, *qui* ne lui en plaisent pas moins.   (Vauvenargues.)

C'est la *main* des ingrats *qui* blesse un cœur sensible.
(La Harpe.)

N° 340.

Qui, que, dont, *séparés de leur antécédent*.

| Un *loup* à jeûn survint *qui* [cherchait aventure. (La Fontaine.) Ah! qu'un *père* est heureux, [*qui* voit en un moment Un cher fils revenir de son [égarement! (Regnard.) | Une *fille* en naquit, *que* sa [mère a célée. (Racine.) La *déesse*, en entrant, *qui* voit la nappe mise, Admire un si bel ordre et re[connaît l'Église. (Boileau.) |

On peut se servir de *qui, que, dont*, quand ces pronoms sont distraits de leurs antécédents par des verbes, des adjectifs ou des adverbes avec lesquels leur correspondance ne peut donner lieu à aucune équivoque ni aucune obscurité.

N° 341.

Construction vicieuse de qui *ou* que.

| Les gens qu'on *dit être* de bonne compagnie ne sont souvent que ceux dont le vice est plus raffiné.   (Montesquieu.) | Pietro della Valle dit *avoir vu* un âne sauvage à Bassora. (Buffon.) |

Quand on dit : *c'est un procès qu'on a cru qu'on perdrait; c'est une entreprise que je ne peux croire qui réussira*, la tournure de ces phrases est vicieuse, car ces *qui* et ces *que* en cascades produisent un très-mauvais effet; il faut prendre un autre tour et dire, comme dans les exemples ci-dessus, *c'est un procès qu'on a cru perdre, c'est une entreprise à la réussite de laquelle je ne puis croire.*

N° 342.

Répétition de QUI.

C'est lui *qui* m'a ravi l'amitié [de mon père, *Qui* le fit mon rival, qui révolta [ma mère.
(Racine.)

Que veux-tu que devienne une femme *qui* t'aime, *qui* était accoutumée à te tenir dans ses bras, qui n'était occupée que du soin de te donner des preuves de sa tendresse?
(Montesquieu.)

Lorsque les propositions d'une phrase sont liées par plusieurs *qui*, il faut, pour que la phrase soit correcte et harmonieuse, que tous ces *qui* se rapportent à un même antécédent, comme dans les exemples ci-dessus. On en peut juger par cette phrase, qui ne serait pas supportable :

Ne recherchez pas les plaisirs *qui* corrompent les cœurs *qui* ont l'amour de la vertu *qui* est la chose la plus précieuse.

Il peut cependant se trouver deux *qui*, comme dans cet exemple :

Il n'y a point d'*affection* saine *qui* n'ait sa place dans votre cœur, *qui* ne s'y distingue par la *sensibilité qui* vous est propre.
(J.-J. Rousseau.)

N° 343.

QUI *suivi ou non suivi de* IL.

Qui vit aimé de tous à jamais [devrait vivre.
(Pradon.)

Qui sert bien son pays sert [souvent un ingrat.
(Voltaire.)

Il faut éviter d'exprimer *il* après *qui* lorsque celui-ci est employé d'une manière absolue, à moins que la phrase ne soit interrogative :

Qui s'embarque est-*il* sûr de faire un bon voyage?
(La Chaussée.)

10

N° 344.

Emploi de QUI, *de* QUE, *de* QUEL.

Or, *qui* est le salariant, ou *quels* sont les salariants ?
(Dupont de Nemours.)

D'Esther, d'Aman, *qui* le doit emporter ?
(Racine.)

Lequel est le plus heureux, du sage avec sa raison, ou du dévot dans son délire ?
(J.-J. Rousseau.)

Mais il est nécessaire de savoir vos desseins : *quels* sont-ils ?
(Molière.)

Laquelle de ces deux républiques, de Sparte ou de Sybaris, fut subjuguée par une poignée de paysans, et *laquelle* fit trembler l'Asie ?
(J.-J. Rousseau.)

Dans les interrogations déterminées, *qui, quel, lequel,* s'emploient pour les personnes, et *quel, lequel,* seulement pour les choses. Dans les interrogations indéterminées, au contraire, il ne faut faire usage que de *qui* pour les personnes et de *que* pour les choses : *qui a dit cela ? que voulez-vous ?*

N° 345.

CE QUI, CE QUE, *avec le verbe* PLAIRE.

Céder *ce qui* nous *plaît*, entre nous c'est sottise.
(Lanoue.)

A ce qui plaît la jeunesse est docile.
(Haumont.)

Les hommes ne sont que *ce qu'il plaît* aux femmes.
(La Fontaine.)

Vous me le promettez ? *tout ce qu'il* vous plaira.
(Montfleury.)

On peut dire également bien, *je ferai ce qui vous plaira, ce qui vous conviendra,* ou *je ferai ce qu'il vous plaira, ce qu'il vous conviendra.* La première construction *je ferai ce qui vous plaira,* c'est pour *je ferai cette chose qui vous plaira,* tandis que la seconde construction *je ferai ce qu'il vous plaira,* c'est pour *je ferai ce qu'il vous plaira que je fasse.*

N° 346.

C'est à vous que je parle.

C'est *à moi* qu'on en veut.
(Piron.)

C'est *à toi*, Julie, qu'il faut à présent répondre.
(J.-J. Rousseau.)

Lorsque *c'est* est suivi d'une préposition, comme dans ces

exemples, on doit mettre toujours *que* dans le second membre de phrase : autrement la répétition de la préposition offrirait ce qui s'appelle une périssologie. C'est pour cette raison qu'on a condamné ce vers de Boileau :

C'est à vous, mon esprit, à qui je veux parler.

Il aurait fallu *que* et non *à qui*.

Il faut remarquer la même incorrection dans ce vers de Quinault :

Bon, c'est du vieil honneur dont vous me parlez.

N° 317.

Qui est-ce qui et *qu'est-ce qui.*

| Des principes... qui est-ce qui n'en a pas? (Condillac.) | Qu'est-ce qui la réveille au milieu de la nuit? (Chateaubriand.) |

Comme on le voit, *qui est-ce qui* s'emploie en parlant des personnes, et *qu'est-ce qui*, en parlant des choses.

N° 318.

C'est là que.

| Où courez-vous? ce n'est pas là *que* sont les ennemis. (Voltaire.) | C'est là qu'il faut des vers étaler l'élégance. (Boileau.) |

On dit, *c'est là que, c'est par là que, c'est de là que*, et non *c'est là où, c'est par là où, c'est de là où*; à moins cependant que l'expression *c'est là* ne soit immédiatement suivie d'une proposition incidente commençant par *où* comme dans cette phrase :

C'est là, où se montrait le plus grand péril, que s'était portée l'élite des guerriers de l'armée d'Annibal. (Dureau de la Malle.)

N° 319.

Au moment que, au moment où.

| D'un instant libre et pur si l'amour est le fruit, Du moment qu'on raisonne il est déjà détruit. (Dorat.) | Dans le moment où ils allaient commencer leur repas, cette vieille fit tout-à-coup du bruit à une porte. (Fénélon.) |

Quand on dit *au moment que, dans le temps que, du jour que, à l'heure que*, ou *au moment où, dans le temps où, du jour où, à l'heure où*, l'on s'exprime également bien. Dans ces expressions *que* et *où* se traduisent par *dans lequel*.

N° 320.

QUE et COMBIEN.

Que la religion est terrible et [puissante! | *Ah!* combien de Césars deviendront Laridons! (La Fontaine.)

Dans les phrases exclamatives on peut employer *que* ou *combien*.

N° 321.

QUE *pour* DE QUOI, A QUOI.

Que sert la politique où manque [le pouvoir? (Voltaire.) | Dans ce siècle coupable à quoi [sert la *vertu*? (De Belloy.)

Dans les phrases semblables on peut remplacer *à quoi, de quoi,* par *que*, et dire : *que sert? qu'avez-vous à vous plaindre?* ou bien, *à quoi sert? de quoi avez-vous* à vous plaindre?

QUESTIONNAIRE.

302. Dans quel cas doit-on employer *qui* et *lequel*, compléments de prépositions ?

303. Idem *dont* et *duquel*, compléments d'un substantif?

304. Idem *dont* et *duquel*, compléments d'un verbe ou d'un adjectif?

305. *Dont* peut-il s'employer pour *au moyen duquel, avec lequel*?

306. L'emploi de *où* est-il préférable à celui de *duquel, auquel, par lequel* ?

307. *Dont* et *d'où* peuvent-ils s'employer indistinctement?

308. Quel est l'accord de *lequel, laquelle*, précédés de plusieurs substantifs?

309. Dans quel cas doit-on employer *lequel, laquelle*, au lieu de *qui, que, dont*?

310. *Qui, que, dont,* peuvent-ils être séparés de leur antécédent?
311. Peut-on dire, *c'est un procès qu'on a cru qu'on perdrait?*
312. Quand la répétition de *qui* est-elle correcte, et quand est-elle vicieuse?
313. *Qui* peut-il se rappeler par *il?*
314. Quels sont les cas où l'on emploie *qui, que, quel, lequel,* dans les interrogations?
315. Dans quel cas faut-il dire *ce qui plaît* et *ce qu'il plaît?*
316. Doit-on dire, *c'est à vous que je parle,* où *c'est à vous à qui je parle?*
317. Quelle différence y a-t-il entre les expressions *qui est-ce qui* et *qu'est-ce qui?*
318. Doit-on dire, *c'est là que,* ou *c'est là où?*
319. Peut-on dire *au moment que* et *au moment où?*
320. Peut-on employer *que* et *combien* indifféremment dans les phrases exclamatives?
321. Peut-on dire *que sert? qu'avez-vous à vous plaindre?* et *à quoi sert? de quoi avez-vous à vous plaindre?*

CHAPITRE DOUZIÈME.

DES PRONOMS INDÉFINIS.

ON.

N° 322.

Genre et nombre.

Quand *on* est *chrétien,* de quelque sexe qu'on soit, il n'est pas permis d'être lâche.
(Fénélon.)
On n'est pas *criminel* toujours [pour le paraître.
(Th. Corneille.)

Quand *on* est *jeunes, riches* et *jolies* comme vous, mesdames, *on* n'en est pas *réduites* à l'artifice. (Diderot.)
On n'en aime pas moins pour [être moins *jolie.*
(Du Tremblay.)

On est essentiellement du masculin et du singulier. Cependant quand ce mot désigne spécialement un homme ou une femme ou plusieurs individus de l'un ou de l'autre sexe, l'adjectif ou le participe en rapport avec ce mot prend le genre et le nombre qui conviennent. Vous pouvez donc dire : *on est galant, on est bien faite, on est maîtres, on est maîtresses.*

On peut aussi être suivi d'un substantif : *on est un sot* (Pascal); *on n'est pas une sotte* (Voltaire); *on n'est pas des esclaves* (Académie.)

On peut encore être précédé ou non de l'article; mais il est mieux de le supprimer au commencement des phrases, comme dans les exemples ci-dessus.

N° 323.

Emploi de ON *ou de* L'ON, *après* ET, SI, OÙ, QUE, QUI, *etc.*

On exige l'exemple, *et l'on* se dispense de le donner.
(Sanial Dubay.)

Partout on a disséqué l'homme, *et l'on* ne nous montre plus que son cadavre.
(Bern. de St-Pierre.)

Il y a des faiblesses; *si on l'ose dire*, inséparables de notre nature. (Vauvenargues.)

La liberté est vraiment le seul bien; *si on le* perd, tout est perdu avec lui. (La Harpe.)

Si on, et on, où on, ne sont pas des fautes. Mais *si l'on, et l'on, où l'on,* sont plus doux. Cependant si le mot qui suit *on* commence par *l*, il faut dire *on* et non pas *l'on* : *si on le voit, et on le verra, où on le trouvera.* Évitez les cacophonies.

N° 324.

Répétition du mot ON.

On chantait, on dansait; on riait, on priait.
(Chateaubriand.)

On danse, on chante, on boit, on sait parler et peindre.
(Voltaire.)

Le pronom *on* doit être répété devant chaque verbe.

N° 325.

Identité de rapport avec ON *répété.*

Quand on sent que l'on plaît, on en est plus aimable.
(Collin d'Harleville.)

Quand on a aimé avec emportement, il faut qu'on haïsse avec fureur.
(Fénélon.)

Lorsqu'il y a répétition du pronom *on* dans une phrase, il faut faire attention à ce que les rapports soient identiques, c'est-à-dire que le mot *on* ne s'applique qu'à la même personne, comme dans les exemples ci-dessus. Vous ne diriez donc pas : *quand on est aimable, on vous aime;* mais bien *quand on est aimable, on est aimé.*

N° 326.

ON *en rapport avec* NOUS *et* VOUS.

Dès que l'on fuit le monde, il [*nous* fuit à son tour.
(La Chaussée.)

On aime à se vanter de ce qui [*nous* honore.
(Collin d'Harleville.)

Les pronoms personnels *nous, vous,* quand ils sont employés dans un sens général, indéterminé, peuvent être mis, comme on le voit, en rapport avec *on,* qui n'a pour corrélatif spécial que *se* ou *soi.*

On a souvent besoin d'un plus petit que *soi.* (La Fontaine.)

N° 327.

Emploi de ON, *pour* JE, TU, IL, NOUS, VOUS, ILS.

Vous, qu'*on* aille préparer tout dans la nouvelle maison que je viens de louer.
(Voltaire.)

On a certains attraits, un cer- [tain enjouement,
Que personne ne peut *me* dis- [puter, je pense.
(Regnard.)

Le mot *on* peut s'employer pour *je, tu, il, nous, vous, ils.* Passer ainsi du particulier au général est une manière toute délicate de s'exprimer. C'est ce que l'on nomme en grammaire *euphémisme* ou adoucissement dans les paroles.

QUICONQUE.

N° 328.

Genre et nombre.

Quiconque est soupçonneux invite à le trahir.
(Voltaire.)

Quiconque de vous, mesdames, sera assez *hardie* pour médire de moi, je l'en ferai repentir.
(Académie.)

Quiconque ne peut se dire que des personnes, et ne s'emploie jamais au pluriel. Ce mot, qui est ordinairement du masculin, peut être aussi du féminin, d'après l'Académie.

N° 329.

QUICONQUE *non suivi de* IL.

Quiconque est vivement ému *voit* les choses d'un autre œil que les autres hommes. (Voltaire.)	*Quiconque* est capable de mentir *est* indigne d'être compté au nombre des hommes. (Fénélon.)

Faites attention à ce que *quiconque* ne soit jamais suivi de *il.* Imitez Voltaire et Fénélon, qui n'ont pas dit : *quiconque...... il voit*, etc., *quiconque...... il est indigne*, etc., mais *quiconque...... voit ; quiconque......? est indigne.*

AUTRUI.

N° 330.

Emploi de AUTRUI *et de* LES AUTRES.

Par soi-même on peut juger [*d'autrui.* (Corneille.)	Elle juge *des autres* par elle-même. (Massillon.)

En complément d'une préposition, on emploie indifféremment *autrui* ou *les autres*.

PERSONNE.

N° 331.

Genre et nombre.

Personne ne veut être *plaint* de ses erreurs. (Vauvenargues.)	Quand sur *une personne* on [prétend se régler, C'est par les beaux côtés qu'il [lui faut ressembler. (Molière.)
Il n'est *personne* qui ne cherche à se rendre *heureux*. (Dict. des Maximes.)	Les *personnes retirées* ne s'occupent que du soin des choses du Seigneur. (Massillon.)

Personne, employé sans l'article ni aucun déterminatif, est toujours masculin singulier, et signifie *aucun individu, qui que ce soit.*

Personne, employé avec l'article ou un adjectif déterminatif, est féminin et s'emploie au singulier comme au pluriel.

N° 332.

PERSONNE *en rapport avec un pronom personnel ou un adjectif.*

Personne n'est téméraire quand *il* n'est vu de personne. (Stanislas.)

Personne ne voudrait de la vie *s'il* ne la recevait à son insu. (J.-J. Rousseau.)

Personne ne sait *s'il* est digne d'amour ou de haine. (*Id.*)

Les *personnes* consommées dans la vertu ont en toutes choses une droiture d'esprit et une attention judicieuse qui les empêchent d'être *médisants*. (Vaugelas.)

Quoique ces trois *personnes* eussent des intérêts bien différents, *ils* étaient tous néanmoins tourmentés de la même passion. (Regnard.)

Le mot *personne*, employé sans déterminatif, peut être en relation avec *il*; mais lorsqu'il est déterminé et qu'il est en rapport avec un adjectif ou un pronom personnel, cet adjectif ou ce pronom, au lieu de suivre l'accord grammatical, prend quelquefois l'accord syllepstique. Toutefois la syllepse ne peut avoir lieu qu'autant que l'adjectif ou le pronom en rapport divergent avec le mot *personne* en est éloigné ou ne fait pas partie de la même proposition.

QUELQU'UN.

N° 333.

Genre et nombre.

Blâmer un jeune homme d'être nerveux, c'est reprocher à *quelqu'un* d'être malade. (Duclos.)

On ne refuse rien de *quelqu'un* [qui sait plaire. (La Chaussée.)

Dieu est partout; tous les lieux sont marqués par *quelqu'uns* de ses prodiges. (Massillon.)

Il ne leur donna jamais la consolation de se *réjouir* de *quelqu'une* de ses fautes. (Fléchier.)

10.

Quelqu'un, pris absolument, n'est ni féminin ni pluriel ; en relation avec un nom, il peut avoir les deux genres et les deux nombres.

N° 334.

QUELQU'UN *suivi d'un adjectif.*

Est-il *quelqu'un* d'assez juste pour me soutenir dans cette affaire? (Académie.)

Entre les nouvelles qu'il a débitées, il y en a *quelqu'unes de vraies.* (Académie.)

Quand *quelqu'un* est suivi d'un adjectif, on place la préposition *de* avant cet adjectif.

CHACUN.

N° 335.

Genre et nombre.

Chacun a son défaut où toujours il revient, Honte ni peur n'y remédie. (La Fontaine.)
Tous les biens sont mêlés, et *chacun* a sa peine. (Boissy.)

. . . . Il faut, dit-on, juger *Chacun* de *nous* par ceux qu'il hante. (Guinguené.)
Chacune de *nous* se prétendait supérieure aux autres en beauté. (Montesquieu.)

Employé dans un sens général, le mot *chacun* est masculin et se dit des personnes de l'un et de l'autre sexe ; il n'a pas de pluriel.

Pris dans un sens relatif, *chacun* a les deux genres et désigne les objets comme les individus.

N° 336.

CHACUN *en relation avec* SON, SA, SES, LUI, LE, LES.

Chacun à son métier doit toujours s'attacher. (La Fontaine.)

Chacun croit fort aisément Ce qu'il craint et ce qu'il désire. (La Fontaine.)

Les adjectifs possessifs et les pronoms personnels en rapport avec *chacun* doivent être *son, sa, ses, lui, le, la, il.*

N° 337.

CHACUN *précédé d'un nom pluriel.*

I

Les deux rois faisaient chanter des *Te-Deum*, *chacun* dans *son* camp. (Voltaire.)

Après la cérémonie, toute la compagnie se retira, *chacun* chez *soi*. (Laveaux.)

Les deux partis regardèrent *chacun* cette élection comme *leur* ouvrage particulier. (Vertot.)

Les abeilles, dans un lieu donné, bâtissent, *chacune*, *leurs* cellules. (Buffon.)

Les écrivains font généralement usage de *son*, *sa*, *ses*, etc. après *chacun*, *chacune*, si, dans la proposition antécédente, le verbe a un complément qui précède ce pronom, comme dans les exemples de la première colonne. Mais si le verbe est distrait de son complément par le pronom, ou bien encore, que ce dernier, formant une incise, sépare une des parties de la proposition antécédente, il faut, dans ce cas, se servir de *les*, *leur*, *leurs*; c'est ce qu'il résulte des citations de la deuxième colonne.

II

Ils sont venus, *chacun* avec *ses* gens. (Trévoux.)

Tous les juges ont opiné, *chacun* selon *ses* lumières. (Laveaux.)

Ils sont venus, *chacun*, avec *leurs* gens. (Trévoux.)

Tous les juges ont opiné, *chacun*, selon *leurs* lumières. (Laveaux.)

Quelques grammairiens veulent que *chacun* soit toujours suivi de *son*, *sa*, *ses*, etc., quand le verbe de la proposition principale n'a pas de complément, et que celle-ci offre un sens fini avant *chacun*; mais nous pensons avec Laveaux, Trévoux et tous nos grands écrivains, qu'on peut très-bien dire : *tous les juges ont opiné, chacun selon ses lumières*, ou *chacun, selon leurs lumières*. La différence des deux manières d'écrire est toute dans la ponctuation. Voulez-vous dire : *les juges ont opiné,* CHACUN, *selon* LEURS *lumières?* vous mettez *chacun* entre deux virgules, pour indiquer que ce mot est l'élément d'une proposition elliptique tout-à-fait indépendante de celle où elle est incorporée. Voulez-vous, au contraire, dire: *les juges ont opiné,* CHACUN *selon* SES *lumières?* il n'y aura qu'à mettre une virgule après *opiné.* Telle est la différence des deux constructions.

L'UN... L'AUTRE.

N° 338.

L'UN... L'AUTRE *en relation avec deux substantifs.*

L'*ignorance* et *le mépris* des devoirs produisent le même effet : *l'une* vient du défaut absolu d'éducation, *l'autre* part d'une éducation fausse.
(Duclos.)

Si l'*homme* monte à un arbre pour abattre ses fruits, la *femme* reste au pied et les ramasse : *l'un* trouve des aliments, *l'autre* les prépare.
(Bern. de Saint-Pierre.)

Lorsque dans les parallèles, dans les comparaisons, on parle de deux personnes ou de deux choses, *l'un, l'une, les uns, les unes,* sont relatifs au premier des substantifs exprimés; *l'autre, les autres,* au second. Cependant Marmontel a dit : *comme le* GESTE *suit la* PAROLE, *ce que j'ai dit de* L'UNE *peut s'appliquer à* L'AUTRE. La différence des genres enlevant toute équivoque, fait excuser cette légère infraction à la règle.

N° 339.

Différence de L'UN L'AUTRE *avec* L'UN ET L'AUTRE.

Le sénat et le peuple allaient *l'un et l'autre* contre leurs intérêts. (Vertot.)

Nous nous saisîmes *l'un l'autre,* nous nous serrâmes à perdre haleine. (Fénélon.)

L'un l'autre ne doit pas être confondu avec *l'un et l'autre.* Quand on dit : *Pierre et Paul se louent l'un l'autre,* ces mots *l'un l'autre* marquent ici une idée de réciprocité, c'est-à-dire qu'ils font entendre que Pierre loue Paul, et que Paul loue Pierre ; mais il n'en est pas de même lorsqu'on dit : *Paul et Pierre se louent l'un et l'autre.* Il n'y a pas là d'idée de réciprocité ; on veut dire tout simplement que Pierre et Paul se louent chacun de leur côté.

N° 340.

Emploi de L'UN L'AUTRE, LES UNS LES AUTRES, *après un nom pluriel.*

Les grands hommes se forment *les uns les autres.*
(Bossuet.)
Les hommes ne sont faits que pour se consoler *les uns les autres.* (Voltaire.)

Les préceptes passent trop rapidement pour ne pas s'effacer *l'un l'autre.* (Marmontel.)
Mille prospérités *l'une à l'autre* enchaînées.
(Racine.)

Quand un sujet énonce un grand nombre d'objets, *l'un l'autre* se met au pluriel, si l'on veut exprimer une idée collective; au singulier, si l'idée est distributive. Le singulier est presque de rigueur quand il s'agit d'une chaîne, d'une suite d'objets qui vont un à un.

N° 341.

Emploi de L'UN ET L'AUTRE *comme compléments de verbes.*

Le destin qui fait tout nous trompe *l'un et l'autre.*
(Voltaire.)
Je les connais *l'un et l'autre.*
(Académie.)

Quand *l'un et l'autre* sont employés comme régimes ou compléments, ils doivent être précédés du mot avec lequel ils sont en relation, comme *nous* et *les* dans les exemples qui précèdent; mais on conçoit que dans ce passage de La Fontaine :

. . . . Grippeminaud le bon apôtre
Mit les plaideurs d'accord en croquant *l'un et l'autre*;

les eût pu être ellipsé devant *croquant*, parce que l'esprit saisit facilement le rapport de *l'un et l'autre* avec Grippeminaud et les plaideurs. En pareille circonstance, le pronom peut être exprimé ou sous-entendu.

N° 342.

Emploi de L'UN ET L'AUTRE, L'UN L'AUTRE, *quand il s'agit de trois individus.*

Trois souverains indépendants *les uns des autres.*
(Vertot.)
Ces *trois* genres rentrent souvent *l'un dans l'autre.*
(Voltaire.)

Quand il s'agit de trois objets, les écrivains mettent ces pronoms au singulier ou au pluriel.

N° 343.

L'UN ET L'AUTRE *suivis d'un substantif.*

L'*un et l'autre consul* suivaient [ses étendards. (Corneille.)

La Condamine a parcouru l'*un et l'autre hémisphère.* (Buffon.)

Après *l'un et l'autre*, le substantif qui suit se met toujours au singulier : *l'un et l'autre consul*, c'est comme s'il y avait *l'un* (consul) *et l'autre consul.*

QUESTIONNAIRE.

322. Quel est le genre et le nombre de *on*?
323. Quand doit-on employer *si on, et on, ou on,* et *si l'on, et l'on, ou l'on*?
324. Doit-on toujours répéter *on* devant chaque verbe?
325. Dans quel cas la répétition de *on* est-elle correcte, et dans quel cas est-elle vicieuse?
326. *On* peut-il être en rapport avec *nous* ou *vous*?
327. *On* peut-il être employé pour *je, tu, il, nous, vous, ils*?
328. Quel est le genre et le nombre du mot *quiconque*?
329. *Quiconque* peut-il être suivi de *il*?
330. Peut-on employer indifféremment *autrui* ou *les autres*?
331. De quel genre et de quel nombre est le mot *personne*?
332. Quel est l'accord du mot *personne*, quand il est en rapport avec un pronom personnel ou un adjectif?
333. Quel est le genre et le nombre de *quelqu'un*?
334. Quelle préposition met-on après *quelqu'un*, quand ce mot est suivi d'un adjectif?
335. De quel genre et de quel nombre est *chacun*?
336. Quels sont les adjectifs possessifs et les noms personnels qui doivent être en rapport avec *chacun*?
337. Quand *chacun* est précédé d'un nom pluriel, dans quel cas se sert-on de *son, sa, ses*, ou de *leur, leurs*?
338. *L'un* a-t-il rapport au premier substantif, et *l'autre* au second?

DE LA GRAMMAIRE NATIONALE. 231

339. Quelle est la différence de *l'un l'autre*, avec *l'un et l'autre*?

340. Après un nom pluriel doit-on employer *l'un l'autre*, ou *les uns les autres*?

341. *L'un et l'autre*, compléments de verbes, doivent-ils être précédés du régime avec lequel ils sont en relation?

342. Quand il s'agit de *trois*, doit-on employer *l'un et l'autre*, ou *les uns les autres*?

343. A quel nombre se met le substantif qui suit *l'un et l'autre*?

CHAPITRE TREIZIÈME.

DU VERBE.

1re SECTION. — ACCORD DU VERBE AVEC SON SUJET SOUS LE RAPPORT DU NOMBRE.

N° 344.

Accord du verbe avec un seul substantif.

Dieu tient le cœur des rois entre ses mains puissantes. (Racine.)	*Les rois tiennent* leurs droits de Dieu, leur puissance du peuple. (Boiste.)
L'homme est né pour régner sur tous les animaux. (Voltaire.)	*Les hommes sont* encore enfants à soixante ans. (Aubert.)

Tout verbe à un mode personnel doit toujours prendre le nombre de son sujet, c'est-à-dire du nom avec lequel il est en relation, que ce nom le précède comme dans les exemples ci-dessus, ou qu'il le suive comme dans les exemples ci-après :

Là *rougit* la cerise, ici *noircit* la mûre. (Delille.)

Rome, c'est toi surtout qu'*appellent* nos transports.
(Saint-Victor.)

Comme tout verbe doit avoir un sujet exprimé, il s'ensuit qu'il serait incorrect de dire : en quoi *Bonaparte réussit* le mieux FUT d'avoir rétabli en France le règne des lois ; car FUT est ici sans sujet. Dites : CE en quoi Bonaparte réussit le mieux FUT, etc. Cependant, avec certains verbes et dans certaines phrases, on peut ne pas exprimer le sujet. Ainsi l'on dit : *vaut mieux se taire que mal parler*, en sous-entendant *il*.

N° 345.

Nombre du verbe avec plusieurs substantifs singuliers liés par ET.

La *fortune* et l'*humeur* gou-
[*vernent* tout le monde.
(La Rochefoucauld.)
La *mollesse* et l'*oisiveté corrompent* les plus beaux natu-
rels. (Fénélon.)

L'*or* et l'*argent* s'épuisent,
mais la *vertu*, la *constance*, la
force et la *pauvreté*, ne *s'épuisent* jamais. (Montesquieu.)
La *rapine* et l'*orgueil sont* les
[dieux de la terre.
(Voltaire.)

Lorsqu'un verbe est en rapport avec plusieurs substantifs singuliers liés par *et*, ce verbe se met au pluriel. Cependant on trouve dans les écrivains un grand nombre d'exemples où le verbe, dans ce cas, est au singulier ; c'est qu'alors les objets représentés par les substantifs sont considérés isolément ; mais il est mieux de s'en tenir à la règle.

N° 346.

Nombre du verbe après plusieurs substantifs non liés par ET.

Dans tous les âges de la vie,
l'*amour* du travail, le *goût* de
l'étude est un bien.
(Marmontel.)
Louis, son *fils*, l'*État*, l'*Europe*
[*est* en vos mains.
(Voltaire.)
...... Un *rien*, une *grimace*,
Suffit pour amuser la sotte
[populace.
(Stassart.)

L'*âge*, la *maladie*, l'*ivresse*,
changent, dit-on, le caractère.
(Duclos.)
Une petite *monnaie*, un mor-
ceau de pain *valent* mieux que
Dieu vous bénisse.
(J.-J. Rousseau.)
L'*ambition*, l'*amour*, l'*avarice*,
[la *haine*,
Tiennent comme un forçat no-
[tre esprit à la chaîne.
(Boileau.)

Lorsqu'un verbe est précédé de plusieurs substantifs non

liés par *et*, il se met au singulier, s'il y a synonymie, gradation ou sens distributif, comme dans les exemples de la première colonne; au pluriel, si tous les substantifs sont pris collectivement, comme dans les exemples de la seconde colonne.

N° 347.

Nombre du verbe après plusieurs substantifs récapitulés par les mots TOUT, RIEN, PERSONNE, *etc.*

Grands et *petits*, riches et pauvres, *tout pénétrait* jusqu'à saint Louis. (Fléchier.)	Vous n'êtes point à vous, le [*temps*, les *biens*, la *vie*, *Rien* ne vous *appartient*, *tout* [*est* à la patrie. (Gresset.)

Lorsque après plusieurs substantifs, il y a un mot récapitulant, l'accord du verbe se fait avec ce dernier.

N° 348.

Nombre du verbe après plusieurs substantifs singuliers déterminés par TOUT, CHAQUE, QUELQUE, AUCUN, *etc.*

Chaque nation, *chaque* âge, *chaque* sexe a ses goûts particuliers. (Bern. de St-Pierre.) *Tout* chrétien, *tout* digne che- [*valier*, Pour sa religion se *doit* sacri- [fier. (Voltaire.)	*Chaque* nuit et *chaque* aurore nous *apportent* de nouveaux journaux de la sagesse et de la bonté de la Providence divine. (B^{din}. de Saint-Pierre.) *Aucun* corps, *aucune* attaque *n'avaient* pu entamer la colonne. (Voltaire.)

Lorsqu'un verbe est en rapport avec plusieurs substantifs déterminés par *tout, aucun, nul, chaque, quelque*, il se met au singulier ou au pluriel, selon les vues de l'esprit.

N° 349.

Nombre du verbe après plusieurs substantifs liés par NI *répété.*

Ni l'homme, *ni* aucun animal *n'a* pu se faire soi-même. (Voltaire.) *Ni* son cœur, *ni* le mien ne [*peut* être perfide. (Idem.)	La *philosophie*, *ni* le *sceptre n'empêchent* qu'on ne soit homme. (Dict. des Maximes.) *Ulysse ni Calchas n'ont* point [encor parlé. (Racine.)

Quand un verbe se rapporte à plusieurs substantifs liés par *ni*, il se met au singulier, si les substantifs sont considérés séparément; au pluriel, si on les envisage collectivement. Il faut laisser aux écrivains la première construction.

N° 350.

Nombre du verbe après plusieurs substantifs unis par OU.

Tout *le bien ou le mal* qu'on dit d'un homme qu'on ne connaît pas ne *signifie* pas grand' chose. (J.-J. Rousseau.)	L'*ignorance ou l'erreur peuvent* quelquefois servir d'excuse aux méchants. (Bern. de St-Pierre.)
La *liberté* de publier ses pensées, *ou* la *liberté* de la presse, *doit* être réglée sur la liberté même d'agir. (Bern. de St-Pierre.)	La *peur ou le besoin font* tous les besoins de la souris. (Buffon.)

Lorsque le sujet d'une phrase est composé de deux ou de plusieurs substantifs liés par *ou*, le verbe se met au singulier, si l'action qu'il exprime ne peut être faite que par un seul objet : mon PÈRE *ou* mon ONCLE SERA *nommé ambassadeur*; il se met au pluriel, si tous les objets concourent à l'action exprimée par le verbe :

Le temps ou la mort sont nos remèdes. (J.-J. Rousseau.)

N° 351.

Nombre du verbe après L'UN ET L'AUTRE, NI L'UN NI L'AUTRE, L'UN OU L'AUTRE.

A suivre ce grand chef, *l'un et l'autre s'apprête.* (Boileau.)	*L'un et l'autre* à mon sens *ont le cerveau troublé.* (Boileau.)
La Fontaine fut oublié ainsi que Corneille; *ni l'un ni l'autre n'était* courtisan. (La Harpe.)	*Ni l'un, ni l'autre n'ont* eu la moindre part au grand changement qui va se faire. (Voltaire.)

Quoique les écrivains mettent indistinctement, comme on le voit, le verbe au singulier ou au pluriel après *l'un et l'autre*, *ni l'un ni l'autre*, cependant il faut préférer ce dernier nombre, excepté dans les cas où l'un des mots unis par *ni*, peut seul faire l'action du verbe comme dans ces phrases : *ni l'un ni l'autre ne l'épousera; ni l'un ni l'autre ne sera préfet.*

Après *l'un ou l'autre*, on ne met jamais le verbe qu'au singulier :

Hé bien ! en est-ce fait ? *l'un ou l'autre perfide*
Vient-il d'exécuter son noble parricide ? (Racine.)

N° 352.

Nombre du verbe après les expressions COMME, AINSI QUE, DE MÊME QUE, AVEC, *etc.*

L'*âme, comme le corps,* ne se *développe* que par l'exercice. (Bern. de St-Pierre.)

La *santé, comme la fortune, retirent* leurs faveurs à ceux qui en abusent. (St-Évremont.)

L'*histoire, ainsi que la physique,* n'a *commencé* à se débrouiller que sur la fin du seizième siècle. (Voltaire.)

Gengis, ainsi que les *Arabes,* les *Turcs* et les *autres,* ont fait de grands établissements loin de leur patrie. (Voltaire.)

Ce malheureux *père, avec sa fille* désolée, *pleurait* son épouse. (Florian.)

Le comte *Piper, avec quelques officiers* de la Chancellerie, *étaient* sortis de ce camp. (Idem.)

Lorsque plusieurs substantifs sont joints par les expressions *comme, ainsi que, avec,* etc., le verbe se met au singulier, s'il s'agit d'exprimer une comparaison; au pluriel, si les substantifs ne sont qu'additionnés.

N° 353.

Nombre du verbe après PLUTÔT QUE, NON PLUS QUE, MOINS QUE, NON SEULEMENT, MAIS, *etc.*

. . . . . . C'est la *raison,*
Et *non pas* l'*habit* qui *fait* [l'homme. (Lebrun.)

C'était *moins* là la naissance *que* les *dignités* curules qui *décidaient* de la noblesse. (Vertot.)

C'est son *ambition, plus encore que* ses *revers,* qui a causé sa perte. (Journal gramm.)

Ce sont *moins* ses *revers que* son ambition qui l'a perdu. (Journal gramm.)

Dans les phrases construites avec les expressions *plutôt que, non plus que, moins que,* le verbe doit toujours s'accorder avec le nom qui exprime l'idée principale, dominante. Ainsi, dans les exemples de gauche, le verbe s'accorde avec *raison* et *ambition*; tandis que dans les exemples de droite, il s'accorde avec *ambition*, *dignités*.

Si les expressions *plutôt que, non moins que*, étaient précédées de deux ou plusieurs substantifs, le verbe devrait se mettre au pluriel :

Il faut que ce soit la SAGESSE *et la* VERTU, *plutôt que la présence de Mentor, qui vous* INSPIRENT *ce que vous devez faire.*
(Fénélon.)

N° 354.
Nombre du verbe après deux infinitifs.

Vivre libre et peu *tenir* aux choses humaines *est* le meilleur moyen d'apprendre à mourir. (J.-J. Rousseau.)	*Vieillir, être* malade et *mourir, sont* les plus grands maux de la vie. (Dict. des Maximes.)
Bien *écouter* et bien *répondre est* une des plus grandes perfections qu'on puisse avoir dans la conversation. (La Rochefoucauld.)	*Produire* et *conserver sont* l'acte perpétuel de la puissance. (J.-J. Rousseau.)

Lorsque le sujet d'un verbe se compose de plusieurs infinitifs, le verbe se met au singulier, si les parties du sujet sont considérées séparément; et au pluriel, si elles sont prises collectivement.

N° 355.
Nombre du verbe après PLUS D'UN.

Tout est surnaturel dans Moïse. *Plus d'un savant* l'a regardé comme un politique très-habile. (Voltaire.)	J'ai connu *plus d'un Anglais* et *plus d'un Allemand* qui ne *trouvaient* d'harmonie que dans leur langue. (Voltaire.)

Après l'expression *plus d'un*, le verbe se met toujours au singulier, à moins que *plus d'un* ne soit répété : alors le verbe se met au pluriel. On mettrait également le verbe au pluriel, si au lieu de *plus d'un*, il y avait *plus de deux, plus de trois*, etc.

J'en connais *plus de vingt* qui *font* figure en France,
Qui *doivent*, comme moi, ce titre à la finance.
(Destouches.)

DE LA GRAMMAIRE NATIONALE. 237

ACCORD DU VERBE AVEC LES NOMS COLLECTIFS.

N° 356.

Nombre du verbe après un nom collectif général précédé de l'article.

La *moitié* des humains *vit* aux dépens des autres.
(Destouches.)

Le *commun* des hommes *aime* les phrases.
(La Bruyère.)

Tout verbe qui a pour sujet un nom collectif général, suivi d'un nom pluriel et précédé de l'article, se met au singulier; à plus forte raison, si le nom était au singulier.

La moitié du monde *a* toujours mangé l'autre. (Voltaire.)

N° 357.

Nombre du verbe après un nom collectif partitif.

Une *nuée* de traits *obscurcit* l'air. (Fénelon.)

Quelle *foule* de victoires *se présente* dans le troisième âge de la république romaine!
(Rollin.)

Une *nuée* de barbares *désolèrent* tout le pays.
(Académie.)

Quelle *foule* de maux *environnent* mon être.
(Colardeau.)

Lorsqu'un nom collectif partitif, suivi d'un nom pluriel, est sujet d'une proposition, le verbe se met au singulier ou au pluriel, selon que l'idée se porte sur l'un ou l'autre nom; mais avec *la plupart*, le verbe se met toujours au pluriel :

La plupart des hommes *meurent* sans le savoir. (Buffon.)

Si le second nom était au singulier, il est évident qu'alors le verbe devrait être aussi au singulier :

LA PLUPART du monde ne se SOUCIE pas de l'intention ni de la diligence des auteurs. Un NOMBRE infini de monde ASSISTAIT à ce spectacle.

N° 358.

Nombre du verbe après un substantif pluriel précédé d'un adverbe de quantité, ou d'un nom employé sans déterminatif, comme PEU D'HOMMES, FORCE GENS.

Seigneur, *tant* de bontés *ont* lieu de me confondre.
(Racine.)

Force brillants sur sa robe *éclataient*.
(La Fontaine.)

Assez de gens *méprisent* le bien, mais peu savent le donner. (La Rochefoucauld.)

Quantité de gens *redoutent* le jugement public. (Dict. des Max.)

Lorsqu'un substantif pluriel est précédé d'un adverbe de quantité, comme *peu, beaucoup, assez, moins, plus, trop*, etc., ou d'un nom employé sans déterminatif, comme *force, nombre, quantité*, etc., le verbe se met toujours au pluriel.

Il en est de même si le substantif pluriel est sous-entendu :

Tous souhaitent la prospérité, *peu savent* en jouir.
(Oxenstiern.)

Très-peu savent distinguer le familier du naturel. (Voltaire.)

NOMBRE DU VERBE APRÈS *qui*.

N° 359.

QUI précédé d'un ou plusieurs noms collectifs.

Un *roi qui s'avilit* est indigne de l'être. (Lanoue.)

C'est *Dieu*, c'est *Médicis*, c'est le *roi qui l'ordonne*. (Voltaire.)

Percerai-je cet *essaim* d'hommes, de tout rang, de tout âge, qui *roule* dans ce vaste salon ? (Lemontey.)

Il y a des *fautes qui* n'excluent pas les meilleurs sentiments. (Lacretelle.)

C'est votre *orgueil* et votre emportement *qui* vous trompaient. (Fénélon.)

En quelque endroit que j'aille, il faut fendre la presse D'un *peuple* d'importuns *qui fourmille* sans cesse. (Boileau.)

Tout ce qui vient d'être dit jusqu'ici sur l'emploi du nombre, s'applique à tous les cas où le verbe a pour sujet le pronom relatif *qui*.

N° 360.

Nombre du verbe après QUI *précédé d'un nom suivi de* DES.

Thalès est *le premier des Grecs qui ait* enseigné que les âmes étaient immortelles. (Fénélon.)

L'homme est *le seul des animaux qui exerce* l'agriculture et les arts innombrables qui en dérivent. (Bern. de St-Pierre.)

Sainte Thérèse fut du *nombre des vierges* prudentes *qui savent* obéir et commander. (Fléchier.)

L'empereur *Antonin* est un *des meilleurs princes qui aient* régné. (Rollin.)

Dans la première colonne les verbes sont au singulier, parce que le *qui* se rapporte non aux substantifs pluriels *grecs* et *animaux*, mais à *premier* et à *seul*. Dans la colonne opposée, les verbes sont, au contraire, au pluriel, par la raison que le *qui* est en rapport direct avec le mot pluriel dont il est précédé. Il importe donc d'observer quand le *qui* est en relation avec le nom qui précède la particule *des* ou avec celui qui la suit.

NOMBRE DU VERBE *être* PRÉCÉDÉ DE *ce*.

N° 361.

Ce suivi d'un nom singulier ou pluriel.

Jamais l'ambition ne croit ses [vœux remplis. C'est le tonneau des Danaïdes. (Lebrun.)	Que crains-tu ? — *Ce n'est* pas mes nombreux amis. (Voltaire.)
Qu'est-ce qu'une voix ? — Un souffle qui se perd en l'air. (Bossuet.)	L'honneur parle, il suffit, *ce* [*sont* là nos oracles. (Racine.)

Quand le pronom *ce* est suivi d'un substantif singulier, le verbe se met au singulier ; mais s'il est suivi d'un substantif pluriel, le verbe se met au singulier ou au pluriel. Ainsi l'on peut dire : *c'est d'habiles gens*, ou *ce sont d'habiles gens*. Dans le premier cas, l'accord est grammatical ; dans le second, il est sylleptique.

N° 362.

C'est nous, c'est vous, c'est eux, ce sont eux.

Nous croyons que tout change quand *c'est nous* qui changeons. (Grécourt.) C'est *vous*, braves amis, que [l'univers contemple. (Voltaire.)	Qu'est-ce qui a fait cela ? — *C'est eux.* (Académie.) Ce sont eux que l'on voit, d'un [discours insensé, Publier dans Paris que tout est [renversé. (Boileau.)

On dit : *c'est moi, c'est toi, c'est lui, c'est elle, c'est nous, c'est vous* ; et *c'est toi et moi, c'est lui et elle, c'est nous et vous*, etc.

Il n'y a d'exception que pour les pronoms *eux, elles*, avec lesquels on peut employer le singulier ou le pluriel.

N° 363.

Transposition de CE *après le verbe* ÊTRE.

Est-ce les Anglais que vous aimez ?   (Académie.)
Fût-ce nos propres fils, qui voulussent gouverner ?

Sont-ce les voisins qui ont fait cela ?   (Académie.)
Sera-ce vos frères que l'on choisira ?   (Planche.)

La transposition de *ce* après le verbe *être* n'est permise que dans les cas suivants : *est-ce, sont-ce, était-ce, fût-ce, sera-ce, serait-ce, seraient-ce, fût-ce* ; on trouve *a-ce été* (La Fontaine, Fontenelle) ; *eût-ce été, aurait-ce été,* sont moins rares. On trouve encore : *qui peut-ce être* (Molière) ; *pouvait-ce, doit-ce, devait-ce,* sont moins rares.

N° 364.

C'EST *ou* CE SONT *dans les oppositions.*

Ce n'est pas les Troyens, c'est [*Hector qu'on poursuit.* (Racine.)
Ce n'est point tous ses droits, [*c'est le procès qu'elle aime.* (Boileau.)

Ce ne sont pas les pierres qui font le temple, c'est la pensée. (Alletz.)
Ce ne sont point les médecins qu'il joue, c'est la médecine. (Molière.)

En vertu du principe qui a été établi précédemment, que lorsque le pronom *ce* est suivi d'un nom pluriel, le verbe se met au singulier ou au pluriel, les écrivains ont dit, *ce n'est pas les Troyens, ce ne sont pas les pierres, ce n'est pas ses droits, ce ne sont point les médecins.* L'accord, nous le répétons, peut être sylleptique ou grammatical.

N° 365.

C'EST *ou* CE SONT *suivis de plusieurs substantifs.*

L'aliment de l'âme, c'est la vérité et la justice. (Fénelon.)

C'est la pluie et la chaleur qui fécondent la terre. (Descartes.)

Quelles sont les trois vertus théologales ? — Ce sont la foi, l'espérance et la charité. (Condillac.)
C'étaient du café et de la cannelle qui me manquaient. (Voltaire.)

On peut employer *c'est* ou *ce sont* quand les expressions

sont suivies de plusieurs substantifs singuliers. Dans le premier cas, l'on considère les objets séparément, dans le second cas, on les envisage collectivement. L'emploi du singulier ou du pluriel est souvent aussi une affaire de goût.

N° 366.

C'EST *ou* CE SONT *après plusieurs infinitifs.*

Les arts sont un besoin de l'esprit et du cœur,
Aimer et *s'occuper, c'est* là le vrai bonheur.
(Demoustier.)

Vieillir, être malade et mourir, *ce sont* les plus grands maux de la vie.
(Dict. des maximes.)

Quand le sujet d'une phrase se compose de plusieurs infinitifs, on exprime *c'est* après, si cette expression est suivie d'un nom singulier; mais l'on met *ce sont,* si cette expression est suivie d'un nom pluriel.

N° 367.

C'EST *suivi d'une préposition et d'un nom pluriel.*

C'est des *contraires* que résulte l'harmonie de l'univers.
(Bern. de St-Pierre.)

C'est aux édiles à donner des jeux publics. (Voltaire.)

Toutes les fois que *ce* et *être* sont suivis d'une préposition et d'un nom pluriel, le verbe se met au singulier.

N° 368.

C'EST *précédé de deux noms.*

Pierre et Céphas, *c'est* le même apôtre. (Académie.)

Chacun admire Démosthène et Cicéron, parce que *ce sont* les deux plus grands orateurs de l'antiquité. (G.-Duvivier.)

Quand deux noms se trouvent devant *ce* et *être*, le verbe se met au singulier s'il y a identité de personnes, c'est-à-dire si les deux n'en font qu'une, comme Pierre et Céphas; il se met au pluriel si les personnes sont différentes.

N° 369.
Si ce n'est *suivi d'un nom pluriel.*

Qui fêterons-nous, *si ce n'est* les dames? (Voltaire.) | Qui m'aidera, *si ce n'est* mes amis? (Boniface.)

Si ce n'est, signifiant *excepté*, ne prend jamais le pluriel, lors même qu'il est suivi d'un substantif pluriel.

N° 370.
Nombre des verbes employés au mode subjonctif.

Vive la liberté, *périssent* les ty-[rans! (Collardeau.)
Et *périsse* à jamais l'affreuse [politique,
Qui prétend sur les cœurs un [pouvoir despotique. (Voltaire.)

Vivent les colléges d'où l'on sort si habile homme! (Molière.)
Qu'*importent* nos joies ou nos douleurs dans la nature? (Châteaubriand.)

Tout verbe employé, comme dans ces exemples, au mode subjonctif, prend le nombre du substantif, sujet de la phrase.

N° 371.
Verbe au pluriel avec un sujet singulier.

Tout ce qui reste encore de [fidèles Hébreux
Lui *viendront* aujourd'hui re-[nouveler leurs vœux. (Racine.)
Les dieux dans leur séjour re-[çurent ces grands hommes;
Le reste, confondus dans la foule [où nous sommes,
Jouissaient des travaux de leurs [sages aïeux. (J.-B. Rousseau.)

Après les bonnes leçons, ce qu'il y a de plus instructif, *sont* les ridicules. (Duclos.)
Sa maladie *sont* des vapeurs. (Mme de Sévigné.)
Ce que je vous dis là ne *sont* [pas des chansons. (Molière.)
L'effet du commerce *sont* les richesses. (Montesquieu.)

Dans le premier exemple, *tout ce qui reste* présente une idée collective; de là le verbe au pluriel : c'est un rapport sylleptique. Dans le second exemple, le verbe prend le nombre du substantif pluriel qui le suit. Cet accord se fait en vertu d'une figure que l'on nomme en grammaire *attraction*.

2ᵉ SECTION. — ACCORD DU VERBE AVEC SON SUJET SOUS LE RAPPORT DE LA PERSONNE.

N° 372.

Accord du verbe avec un seul nom.

Amour, amour, quand tu nous [tiens,
On peut bien dire adieu pru-[dence.
(La Fontaine.)

Quand *vous* vous *donnez* pour [auteur,
En auteur souffrez qu'on vous [traite.
(Arnault.)

Quand le verbe est à un temps personnel, il s'accorde avec son sujet en nombre comme en personne.

N° 373.

Accord du verbe avec plusieurs noms de différentes personnes.

Et ces *peuples* et *moi*, nous au-[rons tous un maître.
(Voltaire.)
Le *Roi*, *Datame* et *vous*, vous [êtes en danger.
(Idem.)

Ni vos *nymphes*, ni *moi*, n'*avons* juré par les ondes du Styx. (Fénelon.)
Vous et votre ouvrage méritez d'être parfaits. (Voltaire.)

Lorsque le verbe se rapporte à plusieurs substantifs de différentes personnes, il se met au pluriel, et s'accorde avec la personne qui a la priorité dans le discours. La première personne l'emporte sur la seconde; celle-ci, à son tour, fait la loi à la troisième.

En pareille circonstance, le seul sujet est toujours *nous* ou *vous*; il peut être ou non exprimé : c'est le goût ou l'énergie qui en décident.

ACCORD DU VERBE APRÈS *qui*.

N° 374.

Qui précédé d'un nom personnel.

C'est *moi* qui suis Guillot, ber-[ger de ce troupeau.
(La Fontaine.)

Nous croyons que tout change, Quand c'est *nous* qui changeons. (Grécourt.)

Le pronom relatif *qui* n'ayant par lui-même ni nombre

ni personne, communique au verbe dont il est le sujet le nombre et la personne du mot auquel il se rapporte. Ainsi il faut dire : *moi qui suis, toi qui es, lui qui est, nous qui sommes, vous qui êtes, eux qui sont.*

Il est donc évident que lorsque *moi* est présenté comme sujet d'une proposition incidente, il doit régir le verbe à la première personne, et l'on doit dire : *moi qui t'aimai,* et non *moi qui t'aima, si c'était moi qui eusse,* et non *si c'était moi qui eût.*

Suivant la même règle, *moi* doit régir *me,* et il faut dire : *c'est moi qui me nomme Pierre,* et non pas, *c'est moi qui se nomme Pierre.*

C'est faire une bien fausse application du principe qui vient d'être établi, que de condamner, comme le font quelques grammairiens, les passages suivants :

Je ne vois plus *que vous* qui la *puisse* défendre. (Racine.)
Il n'avait *que moi* qui *pût* le secourir. (Voltaire.)

La construction de ces vers est elliptique. *Qui* ne se rapporte ici ni *à vous* ni *à moi,* mais bien au mot *personne* sous-entendu : *je ne vois plus* (d'autre personne) *que vous qui la puisse défendre; il n'avait plus* (d'autre personne) *que moi qui pût le secourir.*

Néanmoins, dans toutes les phrases semblables, il faut suivre la construction généralement en usage, celle où l'on fait accorder le verbe avec le pronom personnel qui précède le *qui* relatif comme dans ces exemples : *je ne vois que nous deux qui soyons raisonnables; il n'y eut que moi qui espérai la victoire.* Il faut avoir du tact et être bon écrivain pour employer l'autre construction.

N° 375.

Qui précédé d'un adjectif.

C'est *moi seul qui suis* coupable. (Marmontel.)	N'accuse point mon sort, c'est *toi seul qui l'as* fait. (Corneille.)

Lorsque le relatif *qui* suit immédiatement un adjectif, le

verbe prend le nombre et la personne du pronom personnel qui précède.

N° 376.

Qui précédé d'un adjectif pris substantivement.

Je suis *le premier qui ai* fait connaître Shakespeare aux Français. (Voltaire.)	Je suis *le premier qui ait* donné la description de la Laconie. (Châteaubriand.)
Vous êtes *le seul qui paraissiez* me conduire à la félicité. (J.-J. Rousseau.)	*Tu* étais *le seul qui pût* me dédommager de l'absence de Rica. (Montesquieu.)

Toutes les fois, nous disent les grammairiens, que *qui* est relatif à *le seul, le premier*, il est préférable de mettre le verbe à la troisième personne, parce qu'il y a ellipse du mot *homme*; mais la vérité est que ces mots *le seul, le premier*, sont tellement identifiés avec le pronom personnel qui précède, que le verbe peut également en prendre le nombre et la personne. On peut donc dire à peu près indistinctement : *vous êtes le premier qui arrive*, ou *vous êtes le premier qui arriviez*.

N° 377.

Qui précédé d'un substantif.

Je suis *une jeune veuve qui ai* besoin d'un mari. (Voltaire.)	*Je* suis *un cuisinier qui n'a* plus ni sel ni sauce. (Voltaire.)
Vous êtes *un couple de fripons qui me jouez* d'intelligence. (J.-J. Rousseau.)	*Vous* êtes *un génie tutélaire qui est* venu consolider la paix. (Laveaux.)

Les exemples de la première colonne nous apprennent que quand le pronom personnel, sujet de la phrase, et son attribut ne présentent pas à l'esprit deux êtres distincts, le relatif *qui* se rapportant nécessairement au premier, le verbe se met à la première ou à la seconde personne, soit du singulier, soit du pluriel.

Quant aux exemples de la seconde colonne, on voit que si le pronom personnel et son attribut quoique identique, forment à l'idée comme deux êtres séparés, dans ce cas *qui* est relatif à l'attribut, et demande conséquemment le verbe dont il est le sujet à la troisième personne.

Il en est de même lorsqu'il y a deux individus différents comme dans ces deux exemples :

Tu n'es ni David qui tua le géant Goliath, ni Judith qui immola Holopherne.
(Le Ch. D.)

Si vous étiez fort comme Samson qui fit écrouler les voûtes du temple, etc.
(Girault-Duvivier.)

Enfin, le verbe se met encore à la troisième personne lorsque la proposition est négative :

Je ne suis qu'une ombre qui vient errer autour de son tombeau. (Voltaire.) *Je ne suis pas ici un historien qui doit vous développer les secrets des cabinets.* (Bossuet.)

3e SECTION. — PLACE DU SUJET.

N° 378.
Sujet devant le verbe.

La liberté sans les mœurs n'est qu'une anarchie.
(Mirabeau.)

La paresse donne entrée à tous les vices.
(Dict. de Maximes.)

En général, le sujet doit toujours précéder le verbe, parce qu'avant de dire qu'une chose est, il faut d'abord énoncer cette chose. Cependant, en prose comme en vers, le sujet peut quelquefois se placer par inversion après le verbe :

Et ce n'est point ainsi que parle la nature. (Molière.) *Que sert la politique où manque le pouvoir ?*

N° 379.
Place du sujet dans les phrases interrogatives.

Où donc est la princesse ?
(Racine.)

Un cœur dénaturé respecte-t-il les dieux ?

Dans les phrases interrogatives le sujet se met toujours après le verbe.

N° 380.
Place du sujet dans les phrases interjetées.

Heureux, disait Mentor, le peuple qui est conduit par un sage roi.
(Fénelon.)

Non, dit Adario, je ne me retirerai pas. (Chateaubriand.)

Le sujet d'une phrase interjetée se met aussi après le verbe.

DE LA GRAMMAIRE NATIONALE. 247

N° 381.

Place du sujet après les verbes au subjonctif.

Vive *la liberté*, périssent *les* | *Vivent* les colléges d'où l'on
  [tyrans!] | sort si habile homme.
(Collardeau.) | (Molière.)

Dans toutes phrases analogues, le sujet d'un verbe au subjonctif se met toujours après : cette construction elliptique donne beaucoup de vivacité et d'énergie à la pensée.

N° 382.

Place du sujet dans les phrases commençant par TEL, AINSI, VOILA COMMENT, VOILA QUE, *etc.*

Telle est *l'injustice* des hom- | *Voilà comment* s'est termi-
mes. (Fléchier.) | née *la question*. (Pascal.)
Ainsi puissiez-*vous* profiter | *C'est ainsi que* parlent les
de ses vertus. (Bossuet.) | *hommes* sages. (Fénelon.)

On voit encore que dans toutes les phrases commençant par *tel, ainsi*, etc., le sujet doit se mettre après le verbe.

4ᵉ SECTION. — CONSTRUCTION.

N° 383.

Ellipse ou répétition du sujet.

Il se lève, *il* regarde, *il* voit de | La superstition *abrutit* les
  [tous côtés, | simples, *persécute* les sages,
Courir des assassins à pas | *enchaîne* les nations, *fait* par-
  [précipités. | tout cent maux effroyables.
(Voltaire.) | (J.-J. Rousseau.)

On peut exprimer ou sous-entendre le sujet devant chaque verbe, selon les circonstances. L'ellipse donne plus de rapidité à la phrase et à la pensée, la répétition plus d'énergie.

N° 384.

Verbe séparé de son sujet par une phrase incidente.

Peut-être *un malheureux*, mou- | *La terreur*, comprimant l'hon-
  [rant sur son fumier, | [nête homme abattu,
Du dernier des humains, *de*- | Sèche l'humanité, fait taire la
  [*viendrait* le premier. | [vertu.
(Delille.) | (Chénier.)

Quand un verbe est séparé de son sujet par une phrase

incidente, il faut avoir soin, en prose comme en vers, de ne pas lui en donner un second. Cependant Voltaire a dit :

> *Louis*, en ce moment, prenant son diadème,
> Sur le front du vainqueur *il* le posa lui-même.

Et Buffon :

La terre étant partout en friche et couverte dans toute son étendue d'herbes grossières, épaisses et touffues, *elle* ne s'échauffe, ne se sèche jamais.

Bien qu'on ait justifié cette sorte de construction, il n'en faut pas moins l'éviter et s'en tenir à la règle.

N° 385.

Répétition ou ellipse du verbe quand les sujets sont ou ne sont pas de même nombre.

L'hymen *a* des devoirs, le trône [*a* des appas. (Piron.) L'agrément *est* sa loi, le plai- [*sir est* son bien. (Boissy.)	L'or *attire* le mercure et l'ai- mant le fer. (Buffon.) Quel homme *est* sans erreur, [et quel roi sans faiblesse? (Voltaire.)

Lorsque le même verbe a plusieurs propositions, il peut ou non se répéter, si les sujets sont de même nombre. Il n'y a de règle à suivre, à cet égard, que le goût, l'élégance et la clarté.

Mais si les sujets sont de nombre différent, le verbe doit se répéter :

Les honneurs rendent vain, le plaisir rend heureux.
(Voltaire.)

La conscience *est* la voix de l'âme, les passions *sont* la voix du corps. (J.-J. Rousseau.)

Cependant les écrivains n'ont pas toujours rigoureusement observé cette règle, surtout les poètes, et il ne faut pas les en blâmer. Dans ce vers de Voltaire :

Vous régnez : *Londre est* libre, et *vos lois* florissantes,

l'esprit supplée aisément le verbe *sont* sous-entendu.

DE LA GRAMMAIRE NATIONALE.

5ᵉ SECTION. — DU COMPLÉMENT DES VERBES.

Nº 386.
Du complément direct ou indirect.

Dans les malheurs publics un [monarque économe
Doit-il *prodiguer* l'or aux be-[soins d'un seul homme?
(De Belloy.)

Le malheur vainement à *la* [*mort nous dispose*;
On le brave de loin ; de près [c'est autre chose.
(J.-B. Rousseau.)

Un verbe peut bien avoir deux compléments; mais il faut que l'un soit direct, et l'autre indirect : Racine n'a donc pu dire :

Ne *vous* informez pas *ce* que je deviendrai;

ni Boileau :

C'est à *vous*, mon esprit, *à qui* je veux parler;

parce que dans le premier vers il y a deux compléments directs *vous* et *ce*; et dans le second deux compléments indirects *à vous* et *à qui*. Il aurait fallu : *ne vous informez pas de ce que*, etc., et, *c'est à vous que*, etc.

Les compléments se placent ordinairement après le verbe: mais quelquefois il peut y avoir inversion.

Nº 387.
Des compléments qui conviennent aux verbes.

Les hommes ne sont faits que pour se *consoler* les uns les autres. (Voltaire.)

De peur de faire *enjamber* les vers les uns *sur les autres*. (Voltaire.)

Dans ces deux exemples les verbes ont les régimes qui leur conviennent, parce que l'on peut dire : *consoler quelqu'un, enjamber sur quelque chose*; mais on ne dirait pas : *ils se sont nui les uns les autres, ils se sont parlé l'un l'autre, je les ai pardonnés*, parce que l'on dit : *nuire à quelqu'un, parler à quelqu'un, pardonner à quelqu'un*; il faudrait donc dire : *ils se sont nui les uns aux autres ; ils se sont parlé l'un à l'autre ; je leur ai pardonné*.

Avec les verbes *persuader, assurer*, on peut dire : *je lui ai persuadé, je lui ai assuré cela*, ou *je l'ai persuadé, je l'ai assuré de cela*.

Nº 388.

Un seul complément pour plusieurs verbes.

Toujours pour *éclairer* et *char-*
[*mer l'univers,*
La raison emprunta le prestige
[*des vers.*
(Delille.)

Rien n'est impossible à la
main qui *divise* et *rapproche*
les *éléments.*
(Bern. de St-Pierre.)

Un nom peut être en rapport avec plusieurs verbes, mais il faut que ces verbes appellent après eux le même complément. Vous direz donc : *le soleil échauffe et anime tout,* car *échauffer* et *animer* veulent tous deux un régime direct ; mais vous ne direz pas : *il sut connaître et se servir de tous ses avantages,* parce que *de tous ses avantages,* régime indirect du verbe *se servir,* ne saurait convenir à *connaître,* qui veut un régime direct. Dites donc : *il sut connaître tous ses avantages et s'en servir.*

Nº 389.

Place du complément direct avant le complément indirect.

Il sauva *la vie* aux rebelles.
(Fléchier.)

L'adulation *ferme le cœur* à
la vérité.
(Massillon.)

Lorsque les compléments d'un verbe sont de même étendue, le complément direct doit, d'après l'ordre des idées, se placer avant le complément indirect, à moins qu'il n'y ait équivoque. Vous ne diriez donc pas : *ramener ces esprits égarés par la douceur;* mais *ramenez par la douceur ces esprits égarés*

Si le complément indirect a moins d'étendue que le complément direct, celui-ci se place le dernier : *Vous attribuez à vos adversaires des écrits pleins d'impiété.* (Pascal.)

A plus forte raison, le complément direct se met avant le complément indirect, si le premier est plus court : *Préférez la mort à une honteuse servitude.*

N° 390.
Compléments de même nature.

Il faut des écoles où l'on enseigne *la crainte* des *dieux*, *l'amour* de la patrie, *le respect* des *lois*. (Fénelon.)

Auguste enseignait lui-même à ses petits-fils à *écrire*, à *nager* et à *connaître* tous les éléments des sciences.
(J.-J. Rousseau.)

Lorsqu'un verbe a plusieurs compléments, ils doivent être tous de même nature, c'est-à-dire qu'ils doivent être ou des substantifs, ou des verbes, ou des propositions. Vous ne direz donc pas : *il aime la musique et à danser; il préfère la chasse et monter à cheval, je crois ses conseils bons et qu'il a raison;* mais bien *il aime la musique et la danse; il préfère chasser et monter à cheval; je crois que ses conseils sont bons et qu'il a raison.*

N° 391.
Complément précédé de la préposition DE *ou* PAR.

Qui vit *haï de* tous, ne saurait [long-temps vivre.
(Corneille.)
Retenu par la peur, par l'inté-[rêt *pressé*.
(Racine.)

Savant dans l'art *par* Neptune [*inventé*.
(Racine.)
Les Gaules furent *conquises par* César. (Wailly.)

Il est des participes qui se construisent les uns avec *de*, les autres avec *par*. L'usage seul apprendra à faire connaître l'emploi de l'une ou de l'autre de ces deux prépositions. Les règles qu'on a données à cet égard sont toutes fausses.

6e SECTION. — EMPLOI DES VERBES *avoir* OU *être* AVEC LES PARTICIPES DÉRIVÉS DES VERBES NEUTRES.

N° 392.
Participes qui prennent l'auxiliaire AVOIR.

Pradon, comme un soleil, en [nos ans *a paru.*
(Boileau.)
Non, non, avant ce coup Sa-[bine *aura vécu.*
(Corneille.)

Certes, je *n'ai* jamais *dormi* [d'un si bon somme.
(Racine.)
Esther *a triomphé* des filles des [Persans.
(Idem.)

La plupart des participes dérivés des verbes neutres prennent l'auxiliaire *avoir* : *J'ai vécu, j'ai paru, j'ai couru, j'ai mangé, j'ai dormi*, etc.

N° 393.
Participes qui prennent l'auxiliaire ÊTRE.

Tout ce qui *est arrivé* a été de tout temps présent et préordonné en Dieu. (Pascal.)	Hélas! qu'*est devenu* ce temps, [cet heureux temps, Où les rois s'honoraient du nom [de fainéants? (Boileau.)

Quelques participes, dérivés des verbes neutres, prennent le verbe *être* : *je suis né, je suis sorti, je suis mort, je suis parvenu.*

N° 394.
Participes qui se construisent avec AVOIR *ou* ÊTRE.

Les patriarches lui dressèrent des autels en certains endroits où il leur *avait apparu*. (Massillon.)	Les patriarches avaient sacrifié à Dieu sur les montagnes, et il leur *était apparu*. (Bossuet).

D'autres participes dérivés des verbes neutres se construisent avec le verbe *avoir* pour exprimer l'action, et avec le verbe *être* pour exprimer l'état : *la rivière a baissé, la rivière est baissée.*

N° 395.
Échappé.

J'ai retenu le chant, les vers [m'ont échappé. (J.-J. Rousseau.)	Le mot que vous venez de dire vous *est échappé*. (Planche,)

Échappé, construit avec le verbe *avoir*, fait entendre qu'on n'a pas fait attention à une chose, ou qu'on en a perdu la mémoire : *cette romance m'a échappé*; construit avec le verbe *être*, *échappé* signifie qu'une chose a été faite par inadvertance : *cette parole lui est échappée.*

N° 396.
Convenu.

Cette maison m'a *convenu*. (Académie.)	Les deux diocèses *sont convenus* des limites de leur territoire. (Fléchier.)

Convenu avec *avoir* réveille une idée de convenance; elle *lui a convenu;* avec *être* une idée de convention : *elle est convenue de ses torts.*

7ᵉ SECTION. — EMPLOI DES MODES.

INDICATIF.

N° 397.

Emploi du présent pour le futur.

Il *fera* demain ce qu'il fait aujourd'hui et ce qu'il fit hier
(La Bruyère.)
Qui sait si nous *serons* demain?
(Racine.)

Il *arrive* demain.
(Académie.)
S'il ne meurt aujourd'hui, je [puis l'aimer *demain*?
(Racine.)

Pour exprimer une action à venir, on se sert généralement du futur ; mais quelquefois aussi on se sert du présent pour rendre l'expression plus vive, plus animée.

N° 398.

Le présent pour le passé.

J'*encourageai* les matelots effrayés, je leur *fis* abaisser les voiles : ils *ramèrent* vigoureusement; nous *passâmes* au travers des écueils, et nous *vîmes* de près toutes les horreurs de la mort. (Fénelon.)

L'ennemi s'*étonne,* le chrétien *gagne* du terrain, les croix se *plantent* sur les murailles, tout *cède,* et dans un jour saint Louis se *rend* maître d'une place, et s'*ouvre* le chemin à toutes les autres.
(Fléchier.)

Pour exprimer une action qui a été faite on se sert généralement du temps passé ; mais on rend la narration beaucoup plus vive, si l'on se sert du présent. Alors tout se passe en quelque sorte sous les yeux du lecteur : c'est un tableau vivant.

Dès que vous avez employé le présent ou le passé, il faut que tous les verbes soient au présent ou au passé. Cette phrase de Bossuet est donc incorrecte.

Dès qu'il parut dans les armées, il *donne* une haute idée de sa valeur.

IMPARFAIT.

N° 399.

On m'a dit que c'est, on m'a dit que c'était.

Il concluait que sagesse *vaut* mieux qu'éloquence.
(Voltaire.)

Maître Pangloss m'a toujours dit que les hommes *sont* égaux. (Idem.)

L'homme a connu qu'il y *avait* un Dieu.
(Bern. de St-Pierre.)

Nos politiques ont observé que les deux sexes *naissaient* en nombre égal. (Idem.)

Quand on veut exprimer une chose existante dans tous les temps, une chose immuable, éternelle, comme une vérité, une maxime, on se sert du présent : *il concluait que sagesse* VAUT *mieux qu'éloquence.* On peut aussi se servir de l'imparfait, en faisant rapporter la chose qu'on énonce à une époque passée. La première construction, comme plus logique, est préférable à la seconde, qui est purement grammaticale.

N° 400.

Emploi de l'imparfait ou du présent après SI.

Si je *faisais* une religion, je mettrais l'intolérance au rang des sept péchés mortels.
(Voltaire.)

.... Si Louis l'*ordonne*, Ces arbres parleront mieux que ceux de Dodone.
(Molière.)

Après *si*, l'on fait usage du présent s'il y a affirmation ; de l'imparfait s'il y a doute, crainte ou désir.

N° 401.

Imparfait et plus-que-parfait de l'indicatif ou du subjonctif après SI.

Si vous *aviez* voulu m'éprouver, je n'en murmurerais plus.
(J.-J. Rousseau.)

Si Julie n'*eût* point existé, jamais je n'aurais pris à Paris ma femme. (J.-J. Rousseau.)

Lorsque *si* est suivi des verbes *avoir* ou *être*, on se sert de l'indicatif ou du subjonctif.

DE LA GRAMMAIRE NATIONALE.

N° 402.

Indicatif et subjonctif dans la même phrase.

Si un Siamois *venait* me conter les métamorphoses de Samonocodom et qu'il me *menaçât* de me brûler si je faisais des objections, comment devrais-je en user avec ce Siamois ? (Voltaire.)

Si les usages de l'Église grecque et de la latine ont été différents comme leurs langues, et *que* la liturgie, les habillements, les ornements, la forme des temples, celle de la croix n'*aient* été les mêmes, ce n'est pas ce que j'examine. (Voltaire.)

Quand il y a énumération de deux ou de plusieurs actions, *si* est remplacé par *que*, et les verbes se mettent au subjonctif, quoique le premier soit à l'indicatif.

N° 403.

Imparfait de l'indicatif au lieu du conditionnel.

Le cardinal se trompait en pensant qu'on *pourrait* donner les Pays-Bas en mariage à l'Infante. (Voltaire.)

Jaloux de ces présents que convoitait ton cœur, Si tu n'avais pas nui, tu *mourais* de douleur. (Tissot.)

L'exemple de la deuxième colonne fait voir qu'au lieu du conditionnel, on emploie quelquefois l'indicatif, qui est plus énergique.

PRÉTÉRIT DÉFINI ET PRÉTÉRIT INDÉFINI.

N° 404.

Je le vis hier, je l'ai vu ce matin.

Hier des Arméniens *menèrent* au sérail une jeune esclave de Circassie. (Montesquieu.)

J'ai *été* agréablement *surpris* en recevant votre lettre. (Voltaire.)

Les formes *je vis, je parlai, je trouvai*, ne doivent s'employer que pour exprimer une chose qui s'est passée dans une période de temps entièrement écoulée; dans le cas contraire, on se sert des formes *j'ai vu, j'ai parlé, j'ai trouvé.*

Si l'on parle d'une chose arrivée dans une période de temps

déterminée, mais où l'on n'est plus, on peut à volonté faire usage du *prétérit défini ou indéfini* :

Étant l'autre jour dans ma chambre, *je vis* entrer un dervis extraordinairement habillé. (Montesquieu.)	Non, Julie, il ne m'est pas possible de ne te voir chaque jour que comme *je t'ai vue* la veille. (J.-J. Rousseau.)

On peut encore employer *le prétérit défini ou indéfini*, lorsqu'il s'agit d'une chose arrivée dans une période de temps indéterminée, mais entièrement écoulée.

Les peuples les plus policés de l'Asie, en-deçà de l'Euphrate, *adorèrent* les astres. (Voltaire.)	Toutes les religions et toutes les sectes du monde *ont eu* la raison naturelle pour guide. (Pascal.)

FUTUR.

N° 405.

Le futur ou l'impératif.

Dieu soumit les orages à des lois : et l'arrêtant sur le rivage, il dit à la mer, *tu n'iras* pas plus loin. (Châteaubriand.)	*Respectez* les biens d'autrui, si vous voulez posséder tranquillement les vôtres. (Dict. des Max.)

Le futur s'emploie quelquefois pour l'impératif; témoin la phrase de Châteaubriand et les commandements de Dieu.

N° 406.

Le futur ou le prétérit.

Rendez fidèlement le dépôt qu'on vous *aura* confié. (Fénelon.)	Rendez fidèlement le dépôt qu'on vous *a* confié.

On peut employer le futur ou le prétérit dans les phrases analogues.

N° 407.

Le futur ou le présent.

Sera bien fin, je crois, qui jamais m'y rattrape. (Voltaire.)	*Arrive* ce qui *pourra*, je me flatte de vous voir. (Voltaire.)

On peut employer le futur ou le présent, et dire : *se sauve* qui *peut*, ou *se sauvera qui voudra*. Ce tour de phrase n'est pas seulement particulier au présent et au futur, il peut être aussi employé aux autres temps. On pourrait dire *se sauvait qui voulait*, *se serait sauvé qui aurait voulu*, *se sauverait qui voudrait*, etc.

Conditionnel.

N° 408.
Conditionnel ou futur.

Jésus-Christ a promis qu'il *viendrait* juger les vivants et les morts. (Wailly.)
L'almanach de Liège a dit qu'il *viendrait* un peuple du Nord qui détruirait tout. (Voltaire.)
Je crois même au besoin qu'il [*serait* son appui. (Corneille.)

Je n'oserais me promettre que vous me *ferez* cet honneur. (Académie.)
Croyez du moins, croyez que [tant que je respire, Les dieux *auront* en vain ordonné son trépas. (Racine.)
Je crois que vous n'*aurez* pas envie de continuer. (Pascal.)

On peut dire *il m'a promis qu'il viendra*, ou *il m'a promis qu'il viendrait*, et l'usage préfère même *le conditionnel*, parce que l'exécution de ce qu'on promet dépend toujours de quelques conditions exprimées ou supposées. Nous n'en exceptons pas même cette phrase : *Jésus-Christ a promis qu'il viendrait juger les vivants et les morts. Viendrait* n'est pas fautif, puisque l'on doit nécessairement sous-entendre *lorsque le monde finirait*. Et en effet la promesse ne peut s'accomplir qu'autant que l'événement aura eu lieu.

Impératif.

N° 409.
Emploi circonspect de ce mode.

Connais-moi tout entière. (Corneille.)
Ah! sire, *écoutez*-nous. (Idem.)

Daigne encor me *connaître*. (Boileau.)
Daignez m'écouter. (Racine.)

Pour adoucir ce que le commandement peut avoir de trop dur, on emploie des impératifs qui, par eux-mêmes, expriment une idée de soumission; tels que *veuillez*, *daignez*, *faites-nous le plaisir* ou *l'honneur, ayez la bonté,* etc., ainsi qu'on le voit dans la deuxième colonne.

N° 440.

Faisons, courons, au lieu de fais, cours.

Mourons, de tant d'horreurs [qu'un trépas *me* délivre. (Racine.)	*Soyons* en tout temps digne de [notre naissance. (Voltaire.)
Meurs, puisque c'est un mal [que tu ne peux guérir. (Corneille.)	*Soyez* sobre, attentif à placer [votre argent. (Idem.)

Dans le monologue on peut dire : *Prends garde à ce qu'on ne te voie*, ou *prenons garde à ce que l'on nous voie*, ou encore *à ce que l'on ne me voie*. Dans les phrases sentencieuses on peut dire aussi : *soyons charitables* ou *soyez charitables*.

N° 441.

Va-s-y, parle-s-en.

Pense-s-y bien, jeune homme, que sont dix, vingt, trente ans, pour un être immortel? (J.-J. Rousseau.)	Fais un grand feu bien ardent, *jette-s-y* tout ce fatras. (J.-J. Rousseau.)

Toute seconde personne singulière de l'impératif qui par la conjugaison n'est pas terminée par un *s*, prend cette lettre pour cause d'euphonie, lorsqu'elle est suivie du pronom *en* ou du pronom *y*. Dans le cas où les pronoms *en* et *y* sont compléments du verbe qui suit l'impératif, il peut y avoir une pause entre cet impératif et ces pronoms; dès lors on ne doit pas faire usage de la lettre euphonique : *va, y mettre ordre, sache en trouver, daigne y répondre,* etc.

SUBJONCTIF.

§ 1er. — VERBES TOUJOURS SUIVIS DU SUBJONCTIF.

N° 442.

Subjonctif, après les verbes qui expriment LA VOLONTÉ, LA PRIÈRE, LE DÉSIR, LE DOUTE, LA CRAINTE, LE COMMANDEMENT.

Obéis, si tu *veux* qu'on *t'obéisse* [un jour. (Voltaire.)	Puisque vous le *voulez*, j'accorde qu'il le *fasse*. (Corneille.)

DE LA GRAMMAIRE NATIONALE.

Je *permets*, je *souhaite*, je doute, je *crains*, j'*ordonne*, je désire que vous m'*aimiez*. (Id.)

Je *désire* que vous *soyez* plus heureux. (Académie.)
Gardez que ce départ ne leur [*soit* révélé (Racine.)

Le *subjonctif* est le mode du doute, de l'indécision; il sert à exprimer ce qui est vague, incertain, etc. Comme la volonté, la prière, le désir, le doute, la crainte, ne peuvent porter que sur des choses non positives et qui, pour la plupart, sont futures ou incertaines, il en résulte qu'après les verbes qui expriment la volonté, la prière, le désir, le doute, la crainte, le commandement, etc., le verbe de la proposition subordonnée se met au subjonctif.

N° 443.

Subjonctif après ÊTRE, *suivi d'un nom ou d'un adjectif, et après les verbes unipersonnels.*

Il est juste, grand roi, qu'un [meurtrier *périsse*. (Corneille.)
Il serait bon qu'on *obéît* aux lois. (Pascal.)
Il ne me plaît pas que vous *alliez* là. (Académie.)

Il est temps qu'il *paraisse*, e[t qu'on *tremble* à sa vue. (Voltaire.)
Il est juste que ce qui est juste *soit* suivi. (Pascal.)
Hélas! faut-il que je *perde* mon père! (Molière.)

Après les locutions *il est juste*, *il est bon*, *il est nécessaire*, *il est temps*, etc., le verbe qui suit se met au subjonctif. Il en est de même après les verbes dits *impersonnels* ou *unipersonnels*.

§ 2. EXPRESSIONS APRÈS LESQUELLES ON EMPLOIE TOUJOURS LE SUBJONCTIF.

N° 414.

Subjonctif après QUELQUE, QUEL QUE, QUOI QUE, *etc.*

Quelque excellente que *soit* la pratique d'un médecin, elle ne saurait manquer de censeurs. (Lesage.)

Quoi qu'en dise Aristote et sa [docte cabale, Le tabac est divin, il n'est rien qui l'égale. (Th. Corneille.)

On met toujours le subjonctif après les expressions *quel-*

que... que, quel que, qui que, quoi que, si.... que, etc. : *quelque grand qu'il soit ; si pauvre qu'il soit.*

N° 415.

Subjonctif après AFIN QUE, A MOINS QUE, AVANT QUE, DE PEUR QUE, *etc.*

On est mort *avant qu'*on *ait aperçu* qu'on devait mourir. (Fléchier.) | Les plaisirs ne sont pas assez solides *pour qu'*on les *approfondisse.* (La Bruyère.)

On emploie toujours le subjonctif après les expressions suivantes :

Afin que	En cas que	Ou que
A moins que	Encore que	Pour que
Avant que	Si tant est que	Pourvu que
En cas que	Loin que	Quoi que
Bien que	Non que	Sans que
De peur que	Non pas que	Soit que
De crainte que	Nonobstant que	

N° 416.

Subjonctif après QUE *employé elliptiquement, pour* AFIN QUE, A MOINS QUE, AVANT QUE, *etc.*

Je ne vous quitte point, Seigneur, *que* mon amour n'ait [obtenu ce point. (Corneille.) | En vendange autrefois, dans les [lieux où nous sommes, Peu de jours se passaient *qu'*il [n'arrivât mort d'hommes. (Regnard.)

Toutes les fois que la conjonction *que* semble employée pour *avant que*, *sans que*, *afin que*, *à moins que*, etc., le verbe qui suit se met toujours au subjonctif.

Il en est de même après *que* dit impératif : *de cent coups de poignard que l'infidèle meure!* (Voltaire.) Et dans toutes les phrases exclamatives où le *que* est ellipsé : *Vive la liberté ! périssent les tyrans !* (Collardeau.)

N° 417.

Je ne sache point, que je sache.

Je *ne sache rien* qui soit plus digne de notre amour que la vertu, ni de plus propre à notre bonheur, que l'amitié.
(J.-J. Rousseau.)

D'habiles anatomistes ont analysé les organes de la vue et de l'ouïe, et aucun, *que je sache,* n'a développé le mécanisme de l'odorat.
(Bern. de Saint-Pierre.)

On dit, *je ne sache pas, nous ne sachions pas,* pour *je ne connais pas, nous ne connaissons pas.* On dit aussi, soit au milieu, soit à la fin d'une phrase, *que je sache, que nous sachions.* Ce qu'il y a de particulier, c'est que cette manière de parler, qui est un véritable gallicisme, n'a lieu qu'à la première personne du singulier ou du pluriel. On ne dit pas *tu ne saches pas, il ne sache pas.* On dit cependant *que tu saches, que vous sachiez. Est-il riche, que tu saches? est-il venu, que vous sachiez?*

N° 418.

Subjonctif dans les phrases négatives ou interrogatives.

Ne crois pas qu'elle *meure.*
(Racine.)

Vous *ne croyez* pas que je *puisse* résister.
(Mme de Sévigné.)

Crois-tu que dans son cœur il *ait* juré ta mort?
(Racine.)

D'où *croyez-vous* que viennent les calamités publiques?
(Massillon.)

Dans les phrases négatives ou interrogatives, le verbe de la proposition subordonnée se met généralement au subjonctif; mais s'il arrive que sous la forme de l'interrogation on exprime une idée positive, il faut alors se servir de l'indicatif.

. . . . Madame, *oubliez-vous*
Que Thésée *est* mon père, et qu'il *est* votre époux?
(Racine.)

Pensez-vous qu'il *s'agit* d'un forfait exécrable?
(Chénier.)

§ 3. Verbes et locutions qui, dans certains cas, réclament le subjonctif, et dans d'autres l'indicatif.

N° 419.

Emploi du subjonctif ou de l'indicatif après les verbes ORDONNER, RÉSOUDRE, ARRÊTER, EXIGER, DÉCIDER, *etc.*

Nous l'avons vu *ordonner* qu'on *fléchît* les genoux devant la majesté présente. (Fléchier.)	*Ordonné* qu'il *sera* fait rapport [à la cour Du foin que peut manger une [poule en un jour. (Racine.)
Il est injuste d'*exiger* des hommes qu'ils *fassent*, par déférence pour nos conseils, ce qu'ils ne veulent pas faire pour eux-mêmes. (Vauvenargues.)	On *exigea* d'eux qu'ils *remettraient* aux Romains la place et le port de Lilybée, dans la Sicile. (Vertot.)

Après les verbes *ordonner, résoudre, arrêter, exiger, décider,* etc. on fait usage du subjonctif ; mais, quand l'exécution de l'ordre est tellement sûre que l'action ordonnée, résolue, exigée, etc., peut être regardée comme un fait qui aura nécessairement lieu, on doit employer l'indicatif : *j'ordonne qu'il vienne ; nous ordonnons qu'il sera exécuté.*

N° 420.

Emploi du subjonctif ou de l'indicatif, après ATTENDRE, ENTENDRE, PRÉTENDRE, SE PLAINDRE, SUPPOSER, DOUTER.

Nous *attendons*, pour nous repentir, que nos fautes nous *aient* punis. (De Lingrie.)	J'attends du moins, j'attends [de votre complaisance, Que désormais partout vous [fuirez ma présence. (Racine.)
De lui seul je *prétends* qu'on [reçoive la loi. (Boileau.)	On *prétend* que Thésée a paru [dans l'Épire. (Racine.)

A la suite des verbes *attendre, entendre, prétendre, supposer, se plaindre, douter,* on emploie l'un ou l'autre mode, selon l'idée qu'on veut exprimer. Nous renvoyons aux dictionnaires pour la différence d'acception dans laquelle ces verbes peuvent être pris.

N° 421.

Emploi du subjonctif ou de l'indicatif après : 1° IL SUF-FIT QUE, 2° EST-IL POSSIBLE; 3° IL SEMBLE QUE ; 4° ON DIRAIT QUE; 5° S'IL EST VRAI QUE; 6° LE SEUL, L'UNIQUE, LE PREMIER, LE DERNIER, LE PLUS, LE MOINDRE, LE MEILLEUR ; 7° IL N'EST QUE, IL N'Y A QUE ; 8° QUI, QUE, DONT, OU ; 9° TOUT... QUE; 10° JUSQU'A CE QUE.

I

...Il *suffit* que vous nous com-[mandiez, Vous nous verrez combattre et [mourir à vos pieds. (Racine.)

Qu'il te *suffise* donc, pour me [justifier, Que je *vis*, que *j'aimai* la reine [le premier. (Idem.)

II

Est-il possible que vous *vouliez* être malade en dépit des gens et de la nature? (Molière.)

Est-il possible que vous *serez* toujours embéguiné de vos apothicaires et de vos médecins? (Molière.)

III

Il *semble* que les climats extrêmement chauds *soient* contraires aux chevaux. (Buffon.)

Il *semble* que la rusticité *n'est* autre chose qu'une ignorance grossière des bienséances. (La Bruyère.)

IV

On *dirait que*, pour plaire, ins-[truit par la nature, Homère *ait* à Vénus dérobé sa [ceinture. (Boileau.)

On *dirait que* Ronsard, sur ses [pipeaux rustiques, *Vient* encore fredonner ses [idylles gothiques.

V

S'il est vrai qu'Homère *ait* fait Virgile, c'est son plus bel ouvrage. (Voltaire.)

S'il est vrai que j'*ai* chassé les ennemis de votre territoire... (Vertot.)

VI

Je suis *le seul* qui vous *connaisse*. (Fénelon.)

Néron est le *premier* empereur qui *ait* persécuté l'Église. (Bossuet.)

L'Évangile est le *plus* beau présent que Dieu *ait* fait aux hommes. (Montesquieu.)

Un lieu que vous *seul connaissez*. (Racine.)

Les Syriens furent les *premiers* qui *domptèrent* les flots. (Fénelon.)

C'était la plus intrépide menteuse que j'ai connue. (Marivaux.)

VII

Il *n'y a* jamais que la guerre et les combats effectifs qui *fassent* les hommes guerriers. (Rollin.)

Il *n'y a* jamais eu que mademoiselle de Langeron à qui madame la princesse *a* parlé.

VIII

La multitude avait besoin d'un chef *qui flattât* ses caprices. (Barthélemy.)

J'ignore *qui* je *suis* et *qui* m'a [mise au jour. (Voltaire.)

Elle se lassa bientôt d'un chef *qui flattait* ses caprices. (Barthélemy.)

Si je puis vous servir, qu'importe *qui* je *sois* ? (Voltaire.)

IX

Tout auteur *que je sois*, je ne [suis pas jaloux
Que mon travail lui soit utile. (Regnard.)

Quelquefois un bruit sourd [annonce un grand orage ;
Tout aveugle *qu'il est*, le peuple [le présage. (Voltaire.)

X

Chez toutes les nations, l'histoire est défigurée par la fable, *jusqu'à ce qu'*enfin la philosophie *vienne* éclairer les hommes. (Voltaire.)

Lucain fut d'abord ami de Néron *jusqu'à ce qu'il eut* la noble imprudence de disputer contre lui le prix de poésie. (Voltaire.)

Après : 1° *il suffit que*; 2° *est-il possible?* 3° *il me semble que;* 4° *on dirait que;* 5° *s'il est vrai que;* 6° *le seul, l'unique, le premier, le dernier, le plus, le moindre, le meilleur* 7° *il n'est que, il n'y a que;* 8° *qui, que, dont, où;* 9° *tout*...

DE LA GRAMMAIRE NATIONALE.   265

que; 10° *jusqu'à ce que;* on se sert du subjonctif ou de l'indicatif, selon les vues de l'esprit. Veut-on affirmer directement, positivement, et sans idée accessoire de doute, de crainte, d'incertitude, etc., on doit faire usage de l'indicatif. S'agit-il, au contraire, d'une chose vague, douteuse, incertaine, ou que l'on regarde comme telle, il faut employer le subjonctif. Voilà les seules règles qu'il soit permis d'établir à cet égard. C'est à celui qui parle ou qui écrit de savoir quel mode il doit employer de préférence à l'autre.

§ 4. Emploi des temps du subjonctif.

N° 422.

Je ne crois pas } que vous *parveniez* à cet emploi.
Je ne croirai pas

Je ne crois pas } que vous l'*ayez trompé*
Je ne croirai pas

Si le premier verbe est au présent ou au futur simple, on met le second verbe au présent ou au passé du subjonctif. Si le verbe au subjonctif marque une action à venir, il faut le mettre au présent. *Parveniez* est au subjonctif parce qu'il marque une action à venir. *Ayez trompé* est au passé du subjonctif, parce qu'il marque une action passée.

N° 423.

Je ne crois pas } qu'il *parvînt* à cet emploi sans votre protection.
Je ne croirai pas

Je ne crois pas } qu'il *eût obtenu* cette place si vous ne l'eussiez protégé.
Je ne croirai pas

Après le présent et le futur de l'indicatif, on emploie l'imparfait du subjonctif au lieu du présent, et le plus-que-parfait au lieu du passé lorsque le second verbe est suivi d'une expression conditionnelle. Ainsi *parvînt* est à l'imparfait, à cause de l'expression conditionnelle, *sans votre protection*, et *eût obtenu* est au plus-que-parfait, parce qu'il marque une action passée et à cause de l'expression conditionnelle, *si vous ne l'eussiez protégé.*

N° 424.

On aura exigé } que vous *ayez* } beaucoup de prudence dans
Il aura fallu } que vous *ayez* eu } cette affaire.

Quand le premier verbe est au futur passé, on met le second verbe soit au présent, soit au passé du subjonctif, selon les circonstances.

N° 425.

Il désirait
Il désira
Il a désiré   } que vous par*lassiez* en sa faveur.
Il eut désiré
Il avait désiré   ou
Il désirerait   } que vous *eussiez* parlé en sa faveur.
Il aurait désiré
Il eût désiré

Si le premier verbe est à l'imparfait, ou à l'un des passés, ou au plus-que-parfait, ou à l'un des conditionnels, on met le second verbe à l'imparfait ou au plus-que-parfait du subjonctif.

On le met à l'imparfait, si l'on veut exprimer une action présente ou future, et au plus-que-parfait, si l'on veut exprimer une action passée.

I

| Vous auriez trouvé mon livre agréable, quoiqu'il ne *vaille* pas le vôtre. | Voltaire n'a employé aucune fiction qui ne *soit* l'image de la vérité. |

On met toujours le second verbe au présent du subjonctif, quel que soit le temps du premier, lorsque l'action ou l'état marqué par le verbe exprime une vérité constante, une chose qui existe encore au moment où l'on parle.

II

| Votre père a trop mal passé la nuit pour qu'il *puisse* aller mieux ce matin. | J'ai préparé vos malles *afin* que vous ne vous *fassiez* pas attendre. |

On met encore quelquefois le second verbe au présent du subjonctif, quoique le premier soit au passé indéfini, lorsque le second verbe est précédé d'une des conjonctions *afin que, pour que*, etc., et quand on veut exprimer une action présente dans le moment où l'on parle, ou future, relativement à ce moment.

INFINITIF.

N° 426.

Infinitif employé comme sujet ou comme complément.

Venger la mort d'un père est toujours légitime. (Voltaire.)

Le désir de *vivre* est naturel à tous les hommes. (Voltaire.)

On emploie l'infinitif soit comme sujet, soit comme complément.

N° 427.

Infinitif employé substantivement.

Le *lever* du soleil est le réveil de toute la nature. (Bern. de St-Pierre.)

Le trop *parler* souvent, monsieur, nous est contraire. (Boissy.)

L'infinitif peut être employé substantivement.

N° 428.

Infinitif employé de préférence à tout autre mode.

Les grands ne croient *être* nés que pour eux-mêmes. (Massillon.)

Brutus et Cassius crurent *affranchir* leurs concitoyens en tuant César. (Bossuet.)

Employez l'infinitif de préférence à tout autre mode, et dites : *il croit avoir tout dit*, plutôt que, *il croit qu'il a tout dit*.

N° 429.

Plusieurs infinitifs de suite.

Nous crûmes *voir revenir* le temps des miracles. (Bossuet.)

Il crut *pouvoir aspirer* au commandement. (Bossuet.)

Il faut éviter d'employer plus de trois infinitifs de suite. Ainsi ne dites pas : *il ne faut pas croire pouvoir le faire sortir*; mais, *il ne faut pas croire qu'on pourra le faire sortir*.

N° 430.

Infinitif en rapport soit avec le sujet, soit avec le complément.

Le ciel, pour les *punir*, voulut [les exaucer. (Voltaire.) | Dieu t'a fait pour l'*aimer* et [non pour le comprendre. (Voltaire.)

Si l'emploi de l'infinitif est préférable à tout autre mode, cependant il ne doit pas se faire aux dépens de la clarté. Ainsi l'on ne dira pas, *qu'ai-je fait pour venir troubler mon repos? C'est pour être utile à tes parents que je t'ai instruit*, parce que ces phrases sont louches et équivoques. Il faut dire : *qu'ai-je fait pour que vous veniez troubler mon repos? C'est pour que tu sois utile à tes parents que je t'ai instruit.*

Néanmoins, s'il n'y a dans la phrase aucune ambiguité, si la pensée est claire et qu'on ne puisse se méprendre sur le véritable rapport de l'infinitif, ce mode peut être employé, quoiqu'il ne se rapporte pas au sujet de la proposition principale. Ainsi Racine a pu dire : *les moments sont trop chers pour les perdre en paroles.* Perdre est ici pour *être perdus*, et il est dans le génie de notre langue d'employer souvent l'actif pour le passif.

QUESTIONNAIRE.

344. Quel est l'accord du verbe avec un seul substantif?
345. Quel est le nombre du verbe après deux substantifs singuliers liés par *et*?
346. *Idem* après plusieurs substantifs non liés par *et*?
347. *Idem* après plusieurs substantifs récapitulés par les mots *tout, rien, personne*, etc.?
348. *Idem* après plusieurs substantifs singuliers déterminés par *tout, chaque, quelque, aucun*, etc.?
349. *Idem* après plusieurs substantifs liés par *ni* répété?
350. *Idem* après plusieurs substantifs unis par *ou*?
351. *Idem* après *l'un et l'autre, ni l'un ni l'autre, l'un ou l'autre*?
352. *Idem* après les expressions *comme, ainsi que, de même que, avec*, etc.?

353. *Idem* après *plutôt que, non plus que, moins que, non seulement... mais,* etc.?

354. *Idem* après deux infinitifs?

355. *Idem* après l'expression *plus d'un?*

356. *Idem* après un nom collectif général précédé de l'article?

357. *Idem* après un nom collectif partitif?

358. *Idem* après un substantif pluriel précédé d'un adverbe de quantité, ou d'un nom employé sans déterminatif?

359. *Idem* après *qui* précédé d'un ou plusieurs noms collectifs?

360. *Idem* après *qui* précédé d'un nom suivi de *des?*

361. *Idem* après *ce* suivi d'un nom singulier ou pluriel?

362. *Idem* après *ce* suivi de *nous, vous, eux?*

363. Quels sont les temps du verbe *être* après lesquels on peut transposer *ce?*

364. Dans les oppositions peut-on se servir de *c'est* ou de *ce sont,* devant un nom pluriel?

365. Devant plusieurs substantifs singuliers peut-on dire *c'est* ou *ce sont?* 366. *Idem* après plusieurs infinitifs?

367. Quand *ce* et *être* sont suivis d'une préposition et d'un nom pluriel, à quel nombre se met le verbe?

368. Dans quel cas faut-il mettre *c'est,* et dans quel cas *ce sont* lorsque deux noms singuliers se trouvent devant *ce?*

369. *Si ce n'est,* suivi d'un nom pluriel, prend-il le pluriel?

370. A quel nombre se mettent les verbes employés au subjonctif?

371. Dans quel cas le verbe se met-il au pluriel avec un sujet singulier?

372. Comment se fait l'accord du verbe avec son sujet?

473. *Idem* avec plusieurs noms de différentes personnes?

374. *Idem* après *qui?* 375. *Idem* après *qui* précédé d'un adjectif?

376. *Idem* après *qui* précédé d'un adjectif pris substantivement?

377. *Idem* après *qui* précédé d'un substantif?

378. Quelle est la place du sujet?

379. *Idem* dans les phrases interrogatives? 380. *Idem* dans les phrases interjetées? 381. *Idem* quand les verbes sont au subjonctif?

382 *Idem* quand les phrases commencent par *tel, ainsi, voilà comment, voilà quel,* etc.?

383. Faut-il ellipser ou répéter le sujet?

384. Lorsqu'un verbe est séparé de son sujet par une phrase incidente, peut-on le rappeler par *il?*

385. Doit-on répéter ou ellipser le verbe quand il y a plusieurs sujets qui sont ou ne sont pas de même nombre?

386. Combien un verbe peut-il avoir de compléments, et de quelle nature doivent-ils être?

387. Donnez des exemples de compléments qui conviennent aux verbes?

388. Dans quel cas peut-il y avoir un seul complément pour plusieurs verbes?

389. Le complément direct se place-t-il avant le complément indirect?

390. Les compléments d'un verbe doivent-ils être de même nature?

391. Donnez des exemples de participes qui se construisent les uns avec *de*, les autres avec *par*?

392. Citez des exemples de participes qui se construisent avec *avoir*?

393. *Idem* avec *être*?

394. *Idem* de participes qui se construisent tantôt avec *avoir*, tantôt avec *être*; que marquent-ils dans l'un et l'autre cas?

395. Quel est le sens d'*échappé* construit avec *avoir*? *Idem* avec *être*? 396. Que signifie *convenu* construit avec *avoir*? *Idem* construit avec *être*?

397. De quel temps se sert-on pour exprimer une action à venir?

398. *Idem* pour exprimer une action qui a été faite?

399. Après un temps passé doit-on mettre le verbe au présent ou au passé pour exprimer une vérité, une maxime, une chose immuable? 400. Après *si*, quand emploie-t-on le présent ou l'imparfait?

401. De quel temps peut-on se servir après *si* suivi des verbes *avoir* ou *être*?

402. Dans quel cas l'indicatif et le subjonctif se trouvent-ils dans la même phrase après *si*?

403. Donnez des exemples de l'emploi du présent de l'indicatif au lieu du conditionnel?

404. Dans quel cas doit-on employer le *prétérit indéfini*, et dans quel cas le prétérit *défini*?

405. Peut-on employer le futur pour l'impératif?

406. Citez des exemples où l'on peut employer le futur ou le prétérit, et *vice versâ*? 407. *Idem* le présent ou le futur.

408. Dans quel cas doit-on dire *il m'a promis qu'il viendra* et *il m'a promis qu'il viendrait*?

409. Quel est l'emploi circonspect de l'impératif? 410. Dans le monologue, quand on s'adresse la parole, à quelle personne doit être le verbe? et dans les phrases sentencieuses?

411. Que faut-il mettre après un verbe suivi de *y* ou de *en*,

à la seconde personne singulière de l'impératif, et qui ne se termine pas par un *s*?

412. Quels sont les verbes après lesquels on met le subjonctif ?

413. Met-on le subjonctif après *être* suivi d'un nom ou d'un adjectif et après les verbes impersonnels ?

414. Idem après *quelque, quel que, quoi que*, etc. ?

415. Idem après *afin que, à moins que,* **avant que, de** peur que, etc. ?

416. *Idem* après *que* employé elliptiquement pour *afin que, à moins que*, etc.? 417. *Je ne sache point, que je sache*, ne sont-ils point des gallicismes, et l'impératif du verbe *savoir* ne s'emploie-t-il, dans ce cas, qu'à la première personne du singulier ?

418. Dans les phrases négatives ou interrogatives, le verbe de la proposition secondaire se met-il à l'indicatif ou au subjonctif ?

419, 220. Donnez des exemples des verbes qui réclament après eux tantôt l'indicatif, tantôt le subjonctif ?

421. Donnez également des exemples des locutions après lesquelles on peut mettre le subjonctif ou l'indicatif.

422. A quel temps se met le second verbe, si le premier est au présent ou au futur ?

423. Dans quel cas met-on le second verbe à l'imparfait du subjonctif quand le premier est au présent ou au futur ?

424. A quel temps se met le second verbe quand le premier est au futur passé ?

425. A quel temps se met le second verbe quand le premier est à l'imparfait, à l'un des passés, au plus-que-parfait, ou à l'un des conditionnels ? Et si l'action ou l'état marqué par le verbe exprime une vérité constante, une action présente ou future ?

426. L'infinitif peut-il s'employer comme sujet et comme complément ?

427. Peut-il s'employer substantivement ?

428. Doit-il s'employer de préférence à tout autre mode ?

429. Combien peut-on employer d'infinitifs de suite ?

430. L'infinitif doit-il toujours avoir rapport au sujet ou au complément ?

CHAPITRE QUATORZIÈME.

DU PARTICIPE PRÉSENT.

N° 431.

Participes présents marquant l'état ou l'action.

J'ai toujours vu ceux qui voyageaient dans de bonnes voitures bien douces, rêveurs, tristes, *grondants* ou *souffrants*. (J.-J. Rousseau.)	J'ai vu les vents *grondant* sur ces moissons superbes, Déraciner les blés, se disputer les gerbes. (Delille.)

Quand le mot en *ant* exprime un état, une manière d'être, il s'accorde avec le substantif qu'il qualifie et se nomme alors *adjectif verbal;* lorsqu'il exprime simplement l'action, il est toujours invariable et s'appelle *participe présent*.

Dans la première colonne *grondants, souffrants*, sont donc des *adjectif verbaux*. Dans la seconde colonne *grondant* est *participe présent*.

N° 432.

Participe présent précédé ou suivi d'un complément adverbial.

Télémaque lui-même arrose de liqueurs parfumées ses cendres encore *fumantes*. (Fénélon.)	Tu foules une terre *fumant* toujours du sang des malheureux mortels. (Bescher.)

Tout participe présent, précédé d'un complément adverbial, est variable lorsqu'il exprime l'état; il est toujours invariable s'il est suivi du complément.

N° 433.

Des participes APPARTENANT, TENDANT, *etc.*

Les Carthaginois firent fondre des statues, des vases, et même des ustensiles *appartenant* aux particuliers. (Anquetil.)	Les Pays-Bas étaient un assemblage de plusieurs seigneuries *appartenantes* à Philippe à des titres différents. (Voltaire.)

Le participe *appartenant* peut être considéré comme verbe ou comme adjectif, soit à la fin, soit dans le corps d'une phrase. Il en est de même de *tendant*, *résultant*, *approchant*, *descendant*, *dépendant*, *attenant*, *pendant*, et de quelques autres.

N° 434.

Participes et adjectifs ayant une orthographe différente.

La femme du *résident* s'appelle madame la résidente. (Planche.)	La paix et l'abondance *résidant* parmi eux font renaître l'âge d'or. (Bern. de St-Pierre.)
Et *négligeant* pour vous tant [d'heureux alliés. (Racine.)	Il est *négligent* en tout, *négligent* en ses affaires. (Académie.)

Il y a des participes présents qui ont pour correspondants des adjectifs ou des substantifs dont l'orthographe est différente, et avec lesquels il faut prendre garde de les confondre ; tels sont *négligent* et *négligeant*, *résident* et *résidant*, *excellent* et *excellant*, *président* et *présidant*, *fabricant* et *fabriquant*, *extravagant* et *extravaguant*, etc.

N° 435.

Participes présents employés comme substantifs.

A plus d'un *combattant* la Clélie est fatale. (Boileau.)	Et le combat finit, faute de [*combattants*. (Corneille.)

Lorsqu'un participe présent est employé comme substantif, il peut prendre les deux genres et les deux nombres : *un protestant, une protestante, des protestants, des protestantes.*

12.

N° 436.

Participe présent précédé de la préposition EN.

Vous avez vu cent fois nos sol-
[dats en courroux,
Porter en *murmurant* leurs ai-
[gles devant vous.
(Racine.)

Sa muse, en *arrivant*, ne met
[pas tout en feu,
Et pour donner beaucoup, ne
[nous promet que peu.
(Boileau.)

Précédé de la préposition *en*, le participe présent est toujours invariable.

N° 437.

EN *répété ou non répété devant plusieurs participes présents.*

Il l'aborda *en jurant* et *en blasphémant* le nom de Dieu.
(G. Duvivier.)

On fait bientôt périr un arbrisseau *en* le *heurtant* et le *pliant* dans tous les sens.
(J.-J. Rousseau.)

Quand il se trouve dans la même phrase plusieurs participes présents de suite, employés avec ou sans la conjonction *et*, c'est le goût et l'oreille qui doivent décider s'il faut répéter ou non la préposition *en*.

N° 438.

Emploi du pronom EN *devant le participe présent.*

Je vous ai mis mon fils entre les mains, *voulant en* faire quelque chose de bon.
(Wailly.)

Je vous ai mis mon fils entre les mains, *en voulant* faire quelque chose de bon.

Il faut éviter l'emploi du pronom *en* devant le participe présent, lorsqu'il peut donner lieu à une équivoque. La phrase de droite est donc incorrecte.

N° 439.

Emploi de deux sortes de EN *devant le participe présent.*

Je ne balance pas à dire que Virgile a privé ses églogues de leur plus grand charme *en en bannissant* les femmes.
(Bern. de St-Pierre.)

Descartes, Montaigne, J.-J. Rousseau n'ont réussi qu'*en* s'écartant de la route de leurs modèles et *en en prenant* souvent une opposée.
(Bern. de St-Pierre.)

Malgré la réprobation des grammairiens, on peut dire : *le prince tempère la rigueur* du pouvoir *en en partageant les fonctions*, parce qu'il est quelquefois difficile d'éviter deux *en* de suite ; ils n'ont d'ailleurs rien de choquant ni dans cette phrase, ni dans les exemples rapportés.

N° 440.

Rapport du participe présent avec le sujet.

La GRAINE, *en se gonflant*, boit [le suc qui l'arrose. (Delille.) *En faisant* des heureux, UN ROI [l'est à son tour. (Voltaire.)	Je voudrais pouvoir vous décrire les pleurs de *Jacqueline en voyant* votre frère monter à cheval. (Mme de Sévigné.) *En disant* ces mots, les larmes LUI vinrent aux yeux. (Fénelon.)

Le participe présent, précédé de la préposition *en*, doit en général se rapporter au sujet de la phrase, comme dans les exemples de la première colonne. Cependant il peut être aussi en relation avec tout autre mot ; mais il faut pour cela que le sens soit clair, et qu'il n'y ait aucune équivoque comme dans les citations de la deuxième colonne. *En voyant* ne se rapporte pas à *pleurs*, mais à *Jacqueline qui voyait*. *En disant* ne se rapporte pas non plus à *larmes*, mais à *lui*.

N° 441.

Emploi absolu du participe présent précédé de EN.

Le bien, comme l'on dit, ne [vient pas *en dormant*. (Rigaud.) L'appétit vient en *mangeant*. (La Fontaine.)	Le gain, même en *plaidant*, [conduit à l'indigence. La grâce, en l'*exprimant*, vaut [mieux que ce qu'on dit. (Voltaire.)

Le participe présent précédé de la préposition *en* peut se construire d'une manière absolue, c'est-à-dire sans relation aucune avec le sujet ou tout autre mot de la phrase. Il faut alors que le sens soit parfaitement clair, comme dans les exemples ci-dessus. *En dormant*, en *plaidant*, c'est pour *lors que nous dormons, lorsque nous plaidons*.

QUESTIONNAIRE.

431. Quelle différence y a-t-il entre le participe présent et l'adjectif verbal?

432. Le participe présent, précédé ou suivi d'un complément adverbial, est-il variable ou invariable?

433. Citez des exemples de participes présents qui, comme *appartenant, tendant,* etc., peuvent être considérés comme verbes ou comme adjectifs.

434. Quels sont les participes qui diffèrent d'orthographe avec les substantifs ou adjectifs qui leur correspondent?

435. Y a-t-il des participes présents qui deviennent substantifs?

436. Quelle remarque faites-vous sur le participe présent précédé de la préposition *en?* 437. Doit-on répéter la préposition *en* devant plusieurs participes présents? 438. Lorsque *en* est pronom et régime d'un verbe à l'infinitif, sous la dépendance d'un participe présent, quelle est la place de ce pronom? 439. Le participe présent peut-il être précédé de deux *en?* 440. Avec quel mot de la phrase le participe présent doit-il être en rapport?

441. Le participe présent précédé de *en* peut-il être employé d'une manière absolue?

CHAPITRE QUINZIÈME.

DU PARTICIPE PASSÉ.

N° 442.

Participe passé employé sans auxiliaire.

Les *méchants* ont bien de la peine à demeurer *unis.*
(Fénélon.)

L'expérience apprend qu'il meurt encore plus d'*enfants élevés* délicatement que d'autres. (J.-J. Rousseau.)

Touchés de mes accords, *les* [*chênes* applaudissent.
(Rosset.)

Nourris à la campagne dans toute la rusticité champêtre, *vos enfants* y prendront une voix sonore. (J.-J. Rousseau.)

Employé sans aucun auxiliaire, le participe passé s'accorde toujours en nombre et en genre avec le nom auquel il se rapporte, que ce nom le précède ou le suive.

N° 443.

Participe passé précédé du verbe ÊTRE.

Les *petits sont faits* pour les [grands.
(Lebrun.)
Il semble que *la vie* et *la beauté* ne nous *aient été données* que pour aimer.
(Clém. Martin.)

Les habiles *tyrans* ne sont jamais *punis*.
(Voltaire.)
Dans la bouillie la *farine est* moins *cuite* que dans le pain, et de plus, elle n'a point fermenté. (J.-J. Rousseau.)

Précédé du verbe *être*, le participe passé prend le genre et le nombre du nom avec lequel il est en relation. Comme l'adjectif, il se met au singulier s'il n'a rapport qu'à un substantif; s'il se rapporte à plusieurs substantifs, il se met au pluriel masculin, si les substantifs sont de différent genre; féminin, si les substantifs sont du genre féminin.

N° 444.

Participe passé construit avec le verbe AVOIR.

Didon a *fondé* sur la côte d'Afrique la superbe ville de Carthagène. (Fénélon.)
Fiez-vous à quiconque a ré- [*pandu* des larmes.
(Arnault.)

Les meilleures harangues sont *celles que* le cœur a *dictées*.
(Marmontel.)
Je souffre tous les *maux que* j'ai [*faits* devant Troie.
(Voltaire.)

Construit avec le verbe *avoir*, le participe passé est toujours *invariable* quand le régime le suit, et *variable* lorsque au contraire il le précède. Dans les exemples de la seconde colonne, les participes s'accordent, parce qu'ils ont pour régimes directs *que* relatif à *celles* et à *maux*.

N° 445.

Participe passé précédé de verbes autres que ÊTRE *et* AVOIR.

Sur nos mauvais penchants la [victoire est peu sûre;
Ils ne sont qu'assoupis, nous les [croyons *vaincus*.
(Lebrun.)

Je tiens Sylla perdu si vous [laissez *unie*
A ce puissant renfort votre *Lusitanie*.
(Corneille.)

Tout participe passé, accompagné d'un verbe autre que les verbes *avoir* ou *être*, subit toutes les variations de genre et de nombre que lui impose le nom qu'il qualifie : *je les croyais partis; ils semblent interdits.*

N° 446.

Participe passé suivi ou précédé du sujet.

Il ose former le dessein de commander à des *hommes* que *j'ai faits* mes égaux.
(Montesquieu.)

Zadig voulut se consoler des *maux* que lui avait *faits* la fortune. (Voltaire.)

Que le sujet de la phrase précède ou suive le participe passé, ce dernier s'accorde toujours avec le régime : *La fortune que son père a laissée; la fortune qu'a laissée son père.*

N° 447.

Participe passé suivi d'un adjectif ou d'un autre participe.

Elle n'avait que deux filles, elle *les a faites* religieuses.
(Duclos.)
Le salut de l'état nous a *rendus parents*.
(Voltaire.)

Les Athéniens se sont *trouvés asservis* sans s'en apercevoir. (Barthélemy.)
Qu'avez-vous fait? —Hélas! je me suis *crue aimée*.
(Racine.)

Le participe passé, suivi d'un adjectif ou d'un autre participe, doit toujours être conforme en genre et en nombre au nom qu'il modifie, toutes les fois que le régime direct précède.

N° 448.

Participe passé précédé de deux régimes.

L'homme n'a guère de maux que ceux *qu'il s'est donnés*.
(J.-J. Rousseau.)
Va lui jurer la foi *que tu m'as jurée*.
(Racine.)

Elle me parut comme vous me l'aviez *dépeinte*.

Avez-vous aussi tenu un registre des services *qu'elles m'ont rendus*? (Sainte-Foix.)

Quand le participe passé est précédé d'un régime direct et d'un régime indirect, la place du second n'influe en rien sur l'accord du premier avec le participe.

N° 449.

Participe passé d'un verbe pronominal.

Autant que sa fureur s'est im-
[molé de têtes,
Autant dessus la sienne il croit
[voir de tempêtes.
(Corneille.)
Tous les peuples *se* sont *fait*
des dieux corporels. (Voltaire.)

Je ne puis oublier qu'Ariane
[exilée
S'est pour vos intérêts elle-
[même *immolée*.
(T. Corneille.)
Les Romains *s'*étaient *faits*
à la discipline.
(Cité par Lemare.)

Le participe passé d'un verbe pronominal s'accorde avec *me*, *te*, *se*, si ces mots remplissent dans la phrase les fonctions de régimes directs; mais s'ils sont employés comme régimes indirects, le participe est invariable.

N° 450.

Des participes COÛTÉ, VALU, PESÉ.

Et de dix-neuf livres qu'il avait *pesées* dans sa septième année, il n'en pesait plus que treize. (Buffon.)

Que de pleurs ton destin m'a
[*coûtés*.
(Voltaire.)
Voilà la charmante réception que mon costume m'a *value*. (Jacquemart.)

Dans quelque sens qu'ils soient pris, au propre comme au figuré, les participes *coûté*, *valu*, *pesé* s'accordent toujours avec le régime, lorsque le régime les précède.

N° 451.

Participe passé précédé de deux sortes de QUE.

Ce sont des fautes *que* sainte Thérèse a *pleurées* amèrement.
(Fléchier.)
L'évêque de Meaux a créé une langue *que* lui seul a *parlée*. (Châteaubriand.)

A quoi bon compter les jours *que* l'on a *vécu*.
(J.-J. Rousseau.)
Que de bien n'a-t-elle pas fait pendant le peu de jours qu'elle a *régné*. (Fléchier.)

Si *que* est régime direct du participe passé, celui-ci en prend l'accord, comme dans les exemples de la première colonne; mais il reste invariable, comme dans ceux de la seconde, s'il est complément d'une préposition sous-entendue. *Les jours que l'on a vécu, le peu de jours qu'elle a régné,* c'est pour *les jours pendant lesquels on a vécu, le peu de jours pendant lesquels elle a régné.*

N° 452.

Participe passé avec un verbe UNIPERSONNEL.

Les chaleurs excessives *qu'il a fait* ont causé beaucoup de maladies. (Condillac.)

Que de peines n'a-t-il pas *fallu* pour déraciner en France la métaphysique d'Aristote. (Bern. de St-Pierre.)

Les chaleurs *qu'il y a eu* ont causé de violents orages. (Bescher.)

C'est en Égypte que l'on conçut une des idées les plus utiles à la morale *qu'il y ait* jamais *eu*. (Thomas.)

Les participes des verbes appelés *unipersonnels* ou *impersonnels* sont invariables.

N° 453.

Participe passé, précédé de deux substantifs joints par PLUTÔT QUE, NON PLUS QUE, MOINS QUE, AUSSI BIEN QUE, *etc.*

Dans toutes ses actions, c'est sa gloire, plutôt que le bonheur du peuple, *qu'il s'est proposée*. (Académie.)

Une chèvre, un mouton, avec [un cochon gras, Montés sur même char, s'en [allaient à la foire. (La Fontaine.)

Ma femme, avec mon fils, de ces [lieux *enlevée*, Abandonne une ville aux flam- [mes *réservée*. (Voltaire.)

C'est moins son intérêt que votre félicité *qu'il a eu* en vue. (Bescher.)

Non seulement toutes ses richesses et ses honneurs, *mais* toute sa vertu s'est *évanouie*. (Vaugelas.)

Dans l'Égypte, dans l'Asie et dans la Grèce, Bacchus, *ainsi qu'*Hercule, étaient *reconnus* comme demi-dieux. (Voltaire.)

Lorsque le participe passé est précédé de deux substantifs joints par *plutôt que, non plus que, moins que,* etc., il s'accorde avec le sujet de la proposition principale, celui qui domine le plus dans la phrase. Si les substantifs sont liés par *non seulement, mais,* le participe s'accorde avec le dernier; si les substantifs sont liés par les mots *comme*, *ainsi que*, *de même que*, *avec*, etc., le participe s'accorde avec le premier quand il y a comparaison, et avec tous les deux quand il y a addition.

N° 454.

Participe passé, précédé de deux substantifs unis par la préposition DE.

Une *partie* des *citoyens* était sans cesse *occupée* à accuser l'autre. (Voltaire.)

Les uns coururent se jeter dans la rivière de Newa, et une *foule* de *soldats* y furent *noyés*. (Voltaire.)

J'eus une maladie assez sérieuse, causée par la trop grande *quantité* de *liqueurs* que j'avais *bue*. (Florian.)

Que voit-il, le pêcheur, dans cette longue *suite* de *jours* qu'il a *passés* sur la terre? (Fléchier.)

Quand un participe passé est précédé de deux substantifs unis par la préposition *de*, il faut chercher, pour l'accord, celui qui est le plus en rapport d'idée avec lui; car c'est celui-ci qui acquiert la principale influence; l'autre n'offre qu'une idée secondaire sur laquelle l'attention glisse facilement.

Cette règle s'applique également au participe précédé des mots *peu de*, *tant de*, *combien de*, *un de*, ainsi qu'on le voit par les exemples suivants :

Le *peu d'instruction* qu'il a eu le fait tomber dans mille erreurs. (Marmontel.)

Je ne parlerai pas du *peu* de *capacité* que j'ai *acquise* dans les armées. (Vertot.)

Jamais *tant* de *vertu* n'a été *réuni* à tant d'intelligence. (Ch. Nodier.)

Jamais *tant* de *savants* ne furent *immolés*. (Voltaire.)

C'est *un* des bons *médecins* de Paris qu'il a *consulté*. (Bescher.)

C'était *un* de ces *capitaines francs* que Constantin avait *condamnés*.

Interrogez-vous. Voyez si c'est avec le premier ou le second substantif que l'accord doit avoir lieu : cet accord dépend entièrement des vues de l'esprit.

N° 455.

Participe passé, précédé du pronom EN.

Il crut voir des miracles, et même *en* avoir *fait*. (Voltaire.) | Croyons-le donc comme lui, malgré les railleries *qu*'on *en* a *faites*. (Voltaire.)

Lorsque le pronom *en* n'est pas précédé d'un régime direct, le participe qui suit est invariable : *il y a des fleurs, j'en ai cueilli*. Au contraire, si ce pronom est précédé d'un régime direct, le participe prend alors l'accord : *les fleurs que j'en ai cueillies sentent bon*.

N° 456.

Participe passé accompagné de EN *et d'un adverbe de quantité*.

Le glaive a tué bien des hommes, La langue *en* a *tué bien plus*. (François de Neufchâteau.) | *Combien en* a-t-on *vus*, je dis des plus huppés,) A souffler dans leurs doigts (dans ma cour occupés.) (Racine.)

Toutes les fois qu'un participe passé, accompagné du pronom *en*, est suivi d'un adverbe de quantité, il est invariable ; il varie, au contraire, si cet adverbe le précède.

N° 457.

Participe passé suivi d'un infinitif.

Plus l'Allemagne s'est perfectionnée, plus nous *l*'avons *vue adopter* nos spectacles. (Voltaire.) | Tout atteste dans la Grèce les révolutions physiques *qu*'elle a *dû* éprouver. (Voltaire.)

Je *vous* ai *vue embrasser* votre père. (Idem.) | Il veut cacher les pleurs que je l'ai *vu répandre*. (Idem.)

Quand le participe passé est immédiatement suivi d'un infinitif, le nom qui précède peut être régime, soit du participe, soit de l'infinitif; dans le premier cas, le participe varie; dans le second, il est invariable.

N° 458.

Participe passé, suivi d'un infinitif et précédé de deux régimes.

Voilà, mon fils, le sujet des larmes *que* tu *m'*as *vue* verser. (Florian.)	Il faut qu'ils me chantent une certaine scène d'une petite comédie *que* je *leur* ai *vu* essayer. (Molière.)

Lorsque le participe est suivi d'un infinitif et précédé de deux régimes, il varie si le second de ces régimes est direct; mais s'il est indirect, le participe est invariable. On écrira donc avec accord : *les offres de services que je les ai vus faire*, parce que *les* est régime direct ; et, sans accord : *les offres de services que je leur ai vu faire*, parce que *leur* est régime indirect.

N° 459.

Participe passé suivi d'une préposition et d'un infinitif.

Il a souffert la *hardiesse que* j'ai *prise* de le contredire. (Voltaire.) Aimez toujours vos parents; souvenez-vous de la *peine qu'*ils ont *eue* à vous *quitter*. (Louis XVI.)	Il entra en Italie qu'il avait résolu *de rendre* le théâtre de la guerre. (Rollin.) Quels travaux n'a-t-elle pas eu à *supporter* avant de se reposer. (De Pradt.)

Lorsque le participe passé est suivi d'une préposition et d'un infinitif, il est variable, si le régime appartient au participe; invariable, si le régime appartient à l'infinitif.

N° 460.

Participe passé suivi d'un verbe à tout autre mode que celui de l'infinitif.

Les affaires *que* vous aviez *prévu* que vous auriez sont-elles terminées? (Beauzée.) C'est dans les pays chauds *que* la nature a *multiplié* les bêtes carnassières. (Bern. de St-Pierre.)	C'est par des convenances de climat *que* la nature a *rendu* noirs les peuples de la zone torride. (Bern. de St-Pierre.) *Combien de fois* lui a-t-il *dit* que la première loi du gouvernement était le bonheur des peuples! (Fléchier.)

Dans ces sortes de phrases, le participe est toujours invariable. Quand on dit : *les affaires que j'ai prévu que vous auriez*, on ne veut pas dire qu'on a prévu ces affaires, mais qu'on a prévu qu'on aurait ces affaires.

Le mot *que* étant le régime d'un autre verbe que celui qui précède le substantif, il ne saurait exercer sur ce dernier aucune espèce d'influence.

N° 461.

Participe passé à la suite duquel l'infinitif est supprimé par ellipse.

Tous les *maux que* je lui ai *voulus* lui sont arrivés. (Bescher.)

J'ai fait les démarches *que* mes parents m'ont *permises*. (Idem.)

Il a été libre de mettre à cet abandon la *condition qu'*il a *voulu*. (Sirey.)

Don Andréa a fait sans intérêt toutes les choses *qu'*il a *pu*. (Lesage.)

Il faut écrire avec la variabilité, *il veut fortement les choses qu'il a voulues*, parce que le participe est précédé d'un régime direct avec lequel il s'accorde; mais il faut écrire avec l'invariabilité : *il a payé la somme qu'il a voulu*, le *que* étant régime direct, non du participe, mais bien du verbe sous-entendu *payer*.

N° 462.

Participe passé précédé de LE *pronom*.

Je *l'*ai *vue* à la fin, cette grande cité. (J.-J. Rousseau.)

Fénélon l'a pourtant *devinée*, cette félicité. (Châteaubriand.)

La chose était plus sérieuse que nous ne *l'*avions *pensé* d'abord. (Lesage.)

Cette querelle fut, comme nous *l'*avons *vu*, l'unique cause de la mort de Henri IV. (Voltaire.)

Si le pronom *le* est relatif à un substantif exprimé dans la phrase, le participe varie : *cette ville, je l'ai vue;* mais si le pronom *le* signifie *cela*, qu'il représente un adjectif ou une proposition, dans ce cas, le participe est invariable : *cette ville, je l'ai reconnu, est belle.*

QUESTIONNAIRE.

442. Le participe passé peut-il s'employer sans auxiliaire, et comment s'accorde-t-il? 443. Comment s'accorde le participe passé précédé du verbe *être*? 444. *Idem* du verbe *avoir*? 445. *Idem* des verbes autres que *être* et *avoir*?

446. Quel est l'accord du participe passé, suivi ou précédé du sujet?

447. *Idem*, suivi d'un adjectif ou d'un autre participe?

448. Quel est l'accord du participe passé, précédé de deux régimes?

449. Comment s'accorde le participe passé d'un verbe pronominal?

450. Les participes *coûté, valu, pesé* sont-ils invariables?
451. Si *que* est complément d'une préposition, le participe passé s'accorde-t-il comme quand il en est régime direct?

452. Les participes passés des verbes dits unipersonnels sont-ils invariables? 453. Quel est l'accord d'un participe passé précédé de deux substantifs, joints par *plutôt que, non plus que, moins que, aussi bien que,* etc.?

454. Quel est l'accord du participe passé précédé de deux substantifs unis par la préposition *de*?

455. Dans quel cas le participe passé, précédé du pronom *en*, s'accorde-t-il? Et dans quel cas ne s'accorde-t-il pas?

456. Quand le participe passé, accompagné de *en* et d'un adverbe de quantité, est-il variable? Quand est-il invariable?

457. Quel est l'accord du participe passé suivi d'un infinitif?

458. *Idem*, suivi d'un infinitif et précédé de deux régimes?

459. Quel est l'accord du participe passé suivi d'une préposition et d'un infinitif?

460. Quand le participe passé est suivi d'un verbe à tout autre mode que celui de l'infinitif, est-il invariable?

461. Est-il également invariable dans le cas où il est suivi d'un infinitif supprimé par ellipse?

462. Dans quel cas le participe passé, précédé de *le* pronom, est-il variable? et dans quel cas invariable?

CHAPITRE NEUVIÈME.
DES ADVERBES.

§ 1er. DES ADVERBES DE COMPARAISON.

N° 463.

AUSSI, AUTANT, *etc.*, *suivis de* QUE.

On n'agit pas toujours *aussi* [bien *que* l'on pense.
(La Chaussée.)

Il n'est rien de *si* beau que la [sincérité.
(Destouches.)

Il y a *autant* de faiblesse à fuir la mode *qu'*à l'affecter.
(La Bruyère.)

Rien n'est *tant* à nous *que* notre volonté.
(Rotrou.)

Après les adverbes *aussi, si, autant, tant*, il faut employer *que* et non *comme* dans le second terme de comparaison. Dites donc : *il est aussi savant que son frère,* et non *comme son frère*.

N° 464.

SI *et* AUSSI.

L'oisiveté *est aussi* fatigante *que* le repos est doux.
(De Lévis.)

L'Allemagne *est aussi* peuplée *que* la France.
(De Wailly.)

Rien n'est à mon avis *si* trompeur *que* la mine.
(Campistron.)

Les chevaux turcs ne sont jamais *si* bien proportionnés *que* les barbes. (Buffon.)

Aussi s'emploie dans les phrases positives et *si* dans les phrases négatives. Rien n'empêche cependant de se servir de *aussi* dans ce dernier cas :

La population n'est pas aussi *grande qu'on le suppose.*
(Condillac.)

Si peut s'employer dans les phrases positives toutes les fois qu'il a la signification de *tant, tellement*. Exemple :

En s'approchant des plus grands hommes on s'étonne de les trouver si petits. (Boiste.)

N° 465.

Aussi et autant.

Aussi intrépide *que* son maître, le cheval voit le péril et l'affronte. (Buffon.)
Le nom de la vertu sert à l'intérêt *aussi* utilement *que* le vice. (La Rochefoucauld.)

Il faut *autant* de discrétion pour donner des conseils *que* pour les recevoir. (La Roche.)
Les lois sont *faites* pour secourir les citoyens *autant que* pour les intimider.
(Voltaire.)

Aussi se joint aux adjectifs et aux adverbes ; *autant* se construit avec les noms, les verbes et les participes ; avec deux adjectifs, ce dernier se met toujours entre les deux :

Votre douleur est juste autant que vertueuse. (Voltaire.)

N° 466.

Autant et tant.

L'amour-propre fait peut-être *autant* de tyrans *que* l'amour. (Imbert.)
Il faut aimer le don de Dieu *autant que* Dieu même.
(Fléchier.)

Tant que l'exemple ne sanctionnera pas la leçon, celle-ci restera toujours sans effet.
(Livry.)
L'Angleterre a *tant* changé *qu'*elle ne sait plus elle-même à quoi s'en tenir. (Bossuet.)

Autant est d'usage quand il signifie *un aussi grand nombre de*, *à un degré aussi grand que*. *Tant*, au contraire, s'emploie dans le sens de *aussi long-temps que*, ou *tellement*.

N° 467.

Si et tant.

Il n'y a *si petit* état qui ne puisse nourrir un grand homme. (Bern. de St-Pierre.)
On ne va jamais *si loin que* lorsque l'on ne sait où l'on va. (De Retz.)

On n'est heureux ni riche *tant qu'*on *s'efforce* de l'être.
(Fiévée.)
Rien n'empêche *tant* d'être naturel que l'envie de le paraître. (Dict. de Max.)

Si et *tant* ont absolument la même valeur, le même sens, puisqu'ils signifient tous deux *tellement* ; mais il y a entre eux cette différence que *si* modifie les adjectifs et les adverbes, tandis que *tant* ne peut jamais modifier que les verbes.

Il y a néanmoins des cas où *tant* peut être accompagné d'adjectifs, c'est lorsqu'il a le sens de *aussi bien* :

Les guerres tant intérieures qu'extérieures ont eu pour première cause dans chaque état l'ambition des nobles.
(Bern. de St-Pierre.)

N° 468.

PLUS, MOINS *répétés*.

Plus l'offenseur est cher, *plus* [on ressent l'injure.
(Racine.)

Plus on aime quelqu'un, *moins* [il faut qu'on le flatte.
(Molière.)

Plus les hommes s'accumulent, *et plus* ils se corrompent.
(J.-J. Rousseau.)

Moins on a de richesse, *et moins* [on a de peine.
(Regnard.)

Quand on oppose *plus* à *plus*, *moins* à *moins*, l'usage le plus ordinaire est de ne pas unir les deux membres de la phrase par la conjonction *et;* mais l'emploi de cette conjonction ne constitue pas une faute.

N° 469.

MIEUX QUE, PLUS QUE, PIS QUE, *suivis ou non de la préposition* DE.

Il vaut *mieux* se taire *que de* parler mal à propos.
(Académie.)

Vaincre ses passions, c'est *plus que de* soumettre des empires. (Marmontel.)

La plupart des lecteurs aiment *mieux* s'amuser *que* s'instruire. (Voltaire.)

Ma tante aimait *mieux* chanter les psaumes, *que* veiller à notre éducation.
(J.-J. Rousseau.)

Lorsque *mieux que, plus que, pis que*, sont suivis d'un infinitif, on est libre d'exprimer ou de ne pas exprimer la préposition *de*.

N° 470.

Plus d'à moitié, plus d'à demi, plus qu'à moitié, plus qu'à demi.

Son apprentissage est *plus d'à moitié* fait. (J.-J. Rousseau.)
La dame ouvrit, dormant *plus* [*d'à demi.*
(La Fontaine.)

Je sais déjà jeûner *plus qu'à* [*demi.*
(La Fontaine.)
La trame de mes jours est *plus* [*qu'à demi* faite.
(Racine.)

Les expressions *plus d'à moitié, plus d'à demi*, ou *plus qu'à moitié, plus qu'à demi*, sont également en usage ; néanmoins les deux premières sont celles que les écrivains ont le plus fréquemment employées.

N° 471.

Plus que, mieux que, moins que, pis que, *suivis ou non suivis de* ne.

La poésie est *plus* naturelle à l'homme *qu'*on *ne* le pense. (Saint-Lambert.)	Les rochers *ne* sont *pas plus* insensibles aux plaintes des amants *que* Télémaque *l'était* à ces offres. (Fénelon.)
La bêche des esclaves a fait *plus* de bien *que* l'épée des conquérants *n'*a fait de mal. (Bern. de Saint-Pierre.)	On *n'*en peut *pas* user *mieux que* je *fais*. (Molière.)

Quand le premier terme de la comparaison est affirmatif, comme dans les exemples de la première colonne, le second doit être négatif ; si, au contraire, le premier terme est négatif, interrogatif ou dubitatif, comme dans les citations de la seconde colonne, le second terme doit être affirmatif.

Cependant si l'on a à exprimer deux idées réellement négatives, les deux termes doivent être alors négatifs, comme dans ces deux exemples de Marmontel :

Il ne sait pas plus le grec que je ne sais le latin.
Cela n'est pas plus vrai que ne l'est ce qu'on disait hier.

En effet, que l'on décompose ces deux phrases, et l'on trouvera dans chaque proposition une idée négative : *il ne sait pas le grec ; je ne le sais pas non plus*, etc. C'est donc à l'idée que l'on veut exprimer qu'il faut principalement s'attacher. Le raisonnement, voilà la première règle.

N° 472.

Plus, mieux.

L'abbé Prévôt a *plus* écrit que Fénelon. (Laveaux.)	Fénelon a *mieux* écrit que l'abbé Prévôt. (Laveaux.)

Plus indique une idée de nombre, et *mieux* une idée de perfection.

N° 473.
Plus et davantage.

Il est riche, mais son frère l'est *plus que* lui. (Académie.)
La liberté se détruit *plus souvent* par ses excès *que* par ses ennemis. (De Ségur.)

Il est riche, mais son frère l'est bien *davantage*. (Académie.)
La maladie altère un beau vi-[sage,
La pauvreté change encor da-[vantage. (Voltaire.)

Plus et *davantage* diffèrent en ce que le premier seulement demande un *que* après lui pour exprimer le second terme de la comparaison. Cependant Chamfort a pu dire : *Molière me venge davantage des sottises d'autrui*, et Mirabeau : *on remarquera davantage que le roi l'a dit*, parce que le *de* et le *que* qui suivent *davantage* sont les compléments, non de cet adverbe, mais bien des verbes *venger, remarquer*. Il en serait de même dans toute phrase analogue.

N° 474.
Le plus et davantage.

Le moins sage est celui qui [croit l'être le *plus*. (Saurin.)

.... Souvent un léger bienfait Est celui que le cœur recon-[naît *davantage*. (Jauffret.)

Le *plus* et *davantage* s'emploient à peu près indifféremment dans les mêmes phrases.

N° 475.
Aussi et non plus.

Si tu veux qu'on t'épargne, [épargne *aussi* les autres. (La Fontaine.)
L'exemple sert, l'exemple nuit [*aussi*. (Idem.)

— Je ne comprends rien à tout ce que vous dites.
— Ma foi, ni moi *non plus*. (Regnard.)

Aussi, employé dans le sens d'*également, pareillement*, entre dans les propositions positives ; dans les propositions négatives on se sert de *non plus*.

Quand *aussi* est employé comme conjonction et dans le

sens de *conséquemment, d'après cela*, il n'importe que les propositions soient ou non négatives. Madame de Sévigné s'est donc bien exprimée en disant : *ma douleur serait trop médiocre, si je pouvais vous la dépeindre : je ne l'entreprendrai pas aussi.* Néanmoins *aussi* serait mieux placé au commencement de la phrase.

N° 476.
RIEN DE MOINS *et* RIEN MOINS.

Il ne faut *rien de moins* dans le monde qu'une vraie et naïve impudence pour réussir.
(La Bruyère.)

Ne le craignez pas tant, il n'est *rien moins* que votre père.
(Académie.)

Rien de moins offre un sens affirmatif; et *rien moins* un sens négatif. Ainsi *il ne faut rien de moins qu'une vraie impudence* veut dire qu'il en faut une pour réussir, tandis que *il n'est rien moins que votre père* signifie qu'il ne l'est point du tout.

N° 477.
PIRE *et* PIS.

L'indolence est un état *pire* que l'indifférence.
(J.-J. Rousseau.)

Cette fausseté est *pire* que la dissimulation. (Voltaire.)

La mort et *pis* encor est pour le scélérat.
(Lenoble.)

On fait *pis* en voulant mieux faire. (Jauffret.)

Pire est l'opposé de *meilleure* et qualifie les substantifs; *pis* est l'opposé de *mieux* et modifie les verbes. Cependant on peut employer *pis* aussi bien que *pire* avec un mot vague : *rien, ce, quelque chose*, tel est l'usage. On dit substantivement *le pis* ou *le pire*.

§ 2. DE QUELQUES ADVERBES ET LOCUTIONS ADVERBIALES.

N° 478.
Jusqu'aujourd'hui, jusqu'à aujourd'hui.

Jusqu'aujourd'hui j'ai su quelque chose de moi-même.
(Voltaire.)

Aucuns monstres par moi domptés *jusqu'aujourd'hui*.
(Racine.)

L'aînée enfanta Moab, qui fut père des Moabites *jusqu'à aujourd'hui*. (Voltaire.)

J'ai différé *jusqu'à aujourd'hui* à vous donner de mes nouvelles. (Académie.)

On peut également dire *jusqu'aujourd'hui* et *jusqu'à aujourd'hui*. Ces deux locutions sont consacrées par l'usage et par l'Académie.

N° 479.

A l'entour, autour.

Dieu frappe *autour de nous* nos proches, nos amis, nos frères. (Massillon.) | Les plaisirs nonchalants folâtrent *à l'entour*. (Delille.)

Alentour diffère de *autour* en ce que le premier est un adverbe qui n'admet jamais de complément, tandis que le second est une préposition qui en admet toujours un. On ne dira donc pas : *cette mère a ses enfants à l'entour d'elle*, mais bien *autour d'elle*.

N° 480.

AUPARAVANT *et* AVANT.

Hésiode fleurissait trente ans *avant Homère*. (Bossuet.) | Il ne faut employer aucun terme dont on n'ait expliqué le sens *auparavant*. (Pascal.)

Auparavant étant un adverbe et *avant* une préposition, le dernier seul se construit avec un complément.

N° 481.

Dessus, dessous, dedans, dehors, et sur, sous, dans, hors.

Il ne faut jamais se régler *sur la mine*. (Montfleury.)
La vertu *sous le chaume* attire nos hommages. (De Bernis.) | Ce fondement est mal affermi, et nous craignons de bâtir *dessus*. (Bossuet.)
On étale le titre de bon citoyen, et on cache *dessous* celui de jaloux. (Massillon.)

Dessus, dessous, dedans, dehors, sont de véritables adverbes, qui ne sauraient être suivis d'un complément comme leurs correspondants *sur, sous, dans, hors*, qui sont des prépositions, à moins cependant qu'il n'y ait opposition, comme dans ces deux exemples de l'Académie : *il n'est ni dessus ni dessous la table: les ennemis sont dedans et dehors la ville*.

Dessus, dessous, dedans, dehors, peuvent ou non, selon les circonstances, prendre un complément quand ils sont sous la dépendance d'une des prépositions à, de, ou par.

On a tiré cela *de dessous la table.* Hérode fit tuer tous les enfants de l'âge de deux ans et *au-dessous.* (Académie.)

N° 482.
Beaucoup, bien.

| Avoir *beaucoup* d'argent. | Avoir *bien* de l'argent. |
| (Académie.) | (Académie.) |

Bien et *beaucoup,* suivis de la préposition *de,* ont absolument le même sens, et peuvent être indistinctement employés l'un pour l'autre, ainsi que l'enseigne l'Académie. On peut donc dire : *beaucoup de fruits, beaucoup de blé,* ou *bien des fruits, bien du blé.*

Les cas où *bien* et *beaucoup* offrent un sens tout-à-fait différent, c'est lorsqu'ils modifient les verbes et qu'ils ne sont pas suivis de la préposition *de.* Il y a une grande différence entre *un homme qui joue bien* et *un homme qui joue beaucoup, un enfant qui parle bien* et *un enfant qui parle beaucoup,* etc. Cependant il est une foule de verbes avec lesquels *bien* et *beaucoup* ne présentent pas cette différence, avec lesquels elle disparaît même entièrement. Il est à peu près loisible de dire : *je vous aime bien,* ou *je vous aime beaucoup, vous me plaisez bien,* ou *vous me plaisez beaucoup.* La seconde construction a pourtant quelque chose de plus énergique.

Enfin si *bien* et *beaucoup* peuvent modifier des verbes, il n'en est pas de même pour les adjectifs. Le premier seul a cette particularité. On dit *vous êtes bien bon, bien honnête, bien riche, bien pauvre :* en pareil cas on ne peut jamais se servir de *beaucoup.*

N° 483.
De suite, tout de suite.

| Il n'y a pas six lignes *de suite* dans le Jules-César français qui se trouvent dans le César anglais. (Voltaire.) | Tout le monde me conseille de faire venir *tout de suite* mademoiselle Levasseur. (J.-J. Rousseau.) |

De suite signifie *successivement* : jouer plusieurs parties de suite. *Tout de suite,* au contraire, signifie *aussitôt, sur-le-champ* : partir tout de suite. Ne confondez donc pas les deux locutions.

N° 484.
Tout-à-coup, tout d'un coup.

Ce mal lui a pris *tout-à-coup*. (Académie.)
Dieu changea *tout-à-coup* le cœur du roi. (Bossuet.)

Il fit sa fortune *tout d'un coup*. (Académie.)
La raison et la charité mûrirent *tout d'un coup* en elle. (Fléchier.)

Il ne faut pas confondre *tout-à-coup* avec *tout d'un coup*. Le premier signifie *inopinément*, et le second *en même temps, en une seule fois*.

N° 485.
Plutôt, plus tôt.

Plutôt souffrir que mourir, c'est la devise des hommes. (La Fontaine.)

Une grande naissance ou une grande fortune annonce le mérite, et le fait *plus tôt* remarquer. (La Bruyère.)

Plutôt, en un seul mot, réveille une idée de choix, de préférence ; *plus tôt*, en deux mots, exprime une idée de temps, et se dit en opposition à *plus tard*.

N° 486.
Au moins, du moins.

Ne sait-on pas, *au moins*, quel [pays est le vôtre ?

Enfants du même Dieu, vivons [*du moins* en frères. (Voltaire.)

Au moins, du moins, sont deux expressions qui s'emploient au gré des écrivains l'une pour l'autre, et n'offrent entre elles aucune différence de sens.

N° 487.
Quand, quant.

Et ne croyons le mal que *quand* [il est venu. (La Fontaine.)

Quant à la ville, elle est formée de maisons qui n'ont qu'un rez-de-chaussée. (J.-J. Rousseau.)

DE LA GRAMMAIRE NATIONALE. 295

Quand, écrit avec un *d*, signifie *lorsque*; *quant*, écrit avec un *t*, est toujours suivi de la préposition *à*, et signifie *relativement à*.

N° 488.

Comme, comment.

Vois *comme* tout le camp s'oppose à notre fuite.
(Racine.)

Je ne sais *comment* il peut subsister.
(Académie.)

On voit que *comme* signifie *à quel degré*, et que *comment* signifie *de quelle manière*.

N° 489.

Au reste, du reste.

Vous ferez bien de suivre ce conseil; *au reste*, vous ferez comme vous voudrez.
(Académie.)

Il est capricieux, *du reste*, il est honnête homme.
(Académie.)

Au reste s'emploie pour exprimer quelque chose qui a rapport à ce qu'on a déjà dit. *Du reste* s'emploie quand ce qui suit n'est pas dans le même genre que ce qui précède.

N° 490.

De loin à loin, de loin en loin.

Ces oiseaux ne se montrent que *de loin en loin*. (Buffon.)

Les pensées ne viennent que *de loin en loin*. (Voltaire.)

Le capitan-pacha faisait tirer des coups de canon *de loin à loin*. (Châteaubriand.)

Avant Constantin, très-peu de persécutions, et encore *de loin à loin*. (Voltaire.)

De loin à loin, de loin en loin, sont deux locutions qui s'emploient indifféremment pour signifier à une certaine distance de temps ou de lieu.

N° 491.

Bien, très, fort.

Le véritable courage est *bien* opposé à la témérité.
(Fontenelle.)

Nous n'avons qu'une jeune personne *très-belle* et *très-vertueuse*. (Voltaire.)

Cet ouvrage est *fort estimé* des savants. (Académie.)

J'ai cela *bien* à cœur.
(Académie.)

Le style fleuri est *très à sa place* dans un opéra français.
(Voltaire.)

J'ai cela *fort* à cœur.
(Académie.)

Bien, très, fort, ont chacun une différence qu'il ne faut pas confondre ; ils modifient tous les trois soit des substantifs, soit des adjectifs, soit des adverbes ou locutions adverbiales. Ainsi l'on peut choisir entre les expressions *il est bien désireux de... il est fort altéré, il est très-affamé*, et *il a bien envie de, il a fort soif, il a très faim*. On trouve une foule d'exemples dans nos bons écrivains qui justifient cette phrase de Marivaux : *nous étions partis très matin de cette ville.*

N° 492.

PEUT-ÊTRE, *accompagné ou non du verbe* POUVOIR.

Cet argent et mes services *pourront* un jour obtenir de vous ce que je n'ose vous demander. (Montesquieu.)

Cet argent et mes services *pourront peut-être* un jour obtenir de vous ce que je n'ose vous demander.
(Montesquieu.)

Il y a une grande différence entre *je ne pourrai pas sortir* et *je ne pourrai peut-être pas sortir :* sans l'adverbe *peut-être*, l'idée est positive ; avec *peut-être*, l'idée est dubitative.

§ 3. DES EXPRESSIONS NÉGATIVES.

N° 493.

Non, ne, ne pas, ne point.

Que la loi règne seule, et *non* [*pas* la vengeance.
(Chénier.)

On *ne* peut désirer ce qu'on *ne* [connaît *pas*.
(Voltaire.)

Le crime *ne* dort *pas*.
(Chénier.)

Je *n'*écoute *point* vos lâches im- [postures.
(Voltaire.)

Les expressions négatives sont *ne*, *non*, *ne pas*, *ne point*; *pas* et *point* sont des substantifs exprimant des quantités positives, mais d'une très-petite étendue ; ces mots n'indiquent pas la négation ; seulement ils la complètent, la précisent, la déterminent, ils montrent le degré d'exclusion auquel on porte la chose dont on parle. *Pas* dit moins que *point* : le premier achève d'énoncer simplement le sens négatif ; le second l'affirme absolument, totalement, sans réserve. Voilà pourquoi l'un se place très-bien devant les adverbes, et que l'autre y aurait mauvaise grâce. On dira donc avec *pas* : *n'être pas bien riche, n'avoir pas beaucoup d'argent, n'être pas très-heureux* ; et avec *point* : *n'être point riche, n'avoir point d'argent, n'être point heureux.*

N° 494.

Pas et point *supprimés dans les propositions liées par* ni.

Elle *n'entend* ni *pleurs,* ni *conseil,* ni *raison.*
(Racine.)

Ne craignez ni *les cris* ni *la foule impuissante.*
(Racine.)

Dans les phrases où un verbe a plusieurs compléments liés par *ni*, on supprime généralement *pas* ou *point*, en ne faisant usage que de la négative *ne*.

N° 495.

Suppression de pas *et de* point *avec* guère, personne, rien, jamais, *etc.*

L'ambition, seigneur, *n'a* guère *de limites.*
(Boursault.)

Personne ne veut être plaint de ses erreurs.
(Vauvenargues.)

Au grand *rien ne* suffit, parce qu'il peut prétendre à tout.
(Massillon.)

Nul à Paris ne se tient dans sa sphère. (Voltaire.)

Dans toutes les phrases construites avec *guère, nul, aucun, nullement, personne, rien, jamais* et *plus* considéré comme adverbe de temps, on supprime *pas* et *point*.

13.

N° 496.

Pas et **point** *employés ou supprimés avec les verbes* pouvoir, oser, savoir, cesser, *etc.*

Je *ne puis* soutenir sa colère. | Eh! *ne pouviez*-vous *point* pu-
      (Voltaire.) | [nir sa barbarie?
Qui vit haï de tous *ne saurait* | (Voltaire.)
    [long-temps vivre. | Je *ne sais point* blâmer la gé-
    (Corneille.) | [nérosité.
                                              (La Chaussée.)

Généralement, avec les verbes *pouvoir, oser, savoir, cesser,* suivis d'un autre verbe à l'infinitif, et avec *bouger,* on supprime *pas* ou *point;* mais on les exprime quand on veut appuyer fortement sur la négation. Avec *cesser* il y a des circonstances où il serait impossible de supprimer *pas.* Nous dirons bien : *cet ouvrier ne cesse de travailler*; mais si l'on nous demande à quelle heure cet ouvrier cesse de travailler, nous répondrons : *cet ouvrier ne cesse pas de travailler avant midi.*

N° 497.

Pas *et* **point** *supprimés après* ne *suivi de* que.

La terreur *ne* fait *que* des es- | Le soupçon *ne* convient *qu'*à
    [claves. | [des âmes timides.
    (Chénier.) | (Chénier.)

Quand *ne* est suivi de *que,* on supprime constamment *pas* ou *point* :

N° 498.

Suppression de ne.

On doit tout à l'honneur, et | Je ne m'en prends qu'au vice,
    [*rien* à la fortune. | [et *jamais* à la loi.
    (Piron.) | (Fabre d'Églantine.)

Lorsque deux propositions sont liées ensemble, que l'une est affirmative et l'autre négative, on peut dans cette dernière ellipser *ne,* en n'exprimant que les mots *point, rien, jamais,* qui complètent la négation.

N° 499.

Craindre, appréhender, avoir peur, etc.

Je crains presque qu'un vain [songe *ne* m'abusé. (Racine.)	*Ne crains* pas toutefois que [*j'éclate* en injures. (Corneille.)
Vous avez bien peur que je *ne change* d'avis. (Marivaux.)	*Je n'ai* pas peur *qu'il arrive*. (Académie.)

Après les verbes *craindre, appréhender, avoir peur, trembler, il est dangereux*, on exprime *ne* dans la proposition subordonnée, quand la proposition primordiale est affirmative ; mais si cette proposition est négative, on n'exprime jamais *ne* dans la proposition secondaire. Dans les phrases interrogatives on exprime ou non la négation, selon que ces phrases peuvent se résoudre affirmativement ou négativement. Ainsi : *Craignez-vous que mes vœux ne soient exaucés ?* (Racine.) C'est pour *vous craignez que mes vœux*, etc. De là la négative : mais *peut-on craindre que la terre manque aux hommes* (Fénelon). C'est pour *on ne peut craindre*, etc. Par conséquent la négation n'a pas dû être exprimée.

N° 500.

Douter, contester, nier, disconvenir, désespérer.

Je doute que le ris excessif convienne aux hommes qui sont mortels. (La Bruyère.)	*Je ne doute* pas que la vraie dévotion *ne soit* la source du repos. (La Bruyère.)
Il me paraît absurde de *nier qu'il y ait* une intelligence suprême. (Voltaire.)	*On ne peut nier* que cette vie *ne soit* désirable. (Bossuet.)

Lorsque les verbes *douter, nier, contester, disconvenir, désespérer*, sont employés affirmativement, il ne faut pas après eux exprimer la négation ; mais s'ils sont employés négativement, *ne* se met dans la proposition subordonnée.

Néanmoins, s'il s'agissait d'exprimer une chose positive, incontestable, *ne*, dans ce cas, pourrait être supprimé comme dans cette phrase de Châteaubriand : *personne ne nie qu'il y ait un Dieu.*

Dans les phrases interrogatives on exprime généralement

la négation : *doutes-tu qu'il ne veuille implorer ma clémence?* (Racine.) *Peut-on nier que les bonnes mœurs ne soient essentielles à la durée des empires?* (Jean-Jacques Rousseau.)

N° 501.

Prendre garde, garder, éviter, empêcher, tenir.

Prends garde qu'il *ne surprenne* les trois juges et Pluton lui-même. (Fénelon.)	Il faut *empêcher* que cet amour *ne s'augmente.* (Regnard.)
Gardez qu'un jour on *ne* vous [*plaigne.* (Voltaire.)	Je ne sais à quoi *il tient* que je *ne* lui *rompe* en visière. (Académie.)
Évitez qu'il *ne vienne.* (Académie.)	A quoi *tient-il* que nous *ne parlions?* (Planche.)

Après les verbes *prendre garde, garder*, dans le sens de *prendre garde*, on fait usage de la négation dans la proposition subordonnée. Il en est de même pour les verbes *empêcher* et *éviter*, employés affirmativement, négativement ou interrogativement. Quant à *tenir*, le *que* de la proposition subordonnée est toujours suivi de *ne*, dans toutes les phrases qu'on peut résoudre négativement. En effet, dans les exemples cités, la pensée est celle-ci : *il ne tient à rien que je ne lui rompe en visière; il ne tient à rien que nous ne parlions.* Hors de là, il ne faut pas employer la négation. On dira donc : *il tient à moi que cela se fasse; ne tient-il pas à moi que cela ait lieu?*

N° 502.

Défendre.

Il *défendit* qu'aucun étranger *entrât* dans la ville. (Voltaire.)	Je *défends* qu'on *prenne* les armes. (Voltaire.)

Défendre signifie *prohiber, ne pas vouloir, ne pas permettre*; par conséquent, il n'admet jamais de négation dans la proposition subordonnée. Quelques écrivains cependant ayant confondu ce verbe avec *empêcher*, ont exprimé *ne* après *que*; mais ils ne sont nullement à imiter.

N° 503.

Il s'en faut bien, il s'en faut peu.

Il s'en faut bien qu'on y meure de faim. (Racine.)

Il s'en faut de beaucoup que je trouve *Rodogune* une bonne pièce. (Voltaire.)

Il s'en faut peu que le crime heureux ne *soit* loué comme la vertu même. (La Bruyère.)

Peu s'en fallait que *je ne me crusse* parent du duc de Lerme. (Le Sage.)

Quand le verbe *il s'en faut* n'est accompagné ni d'une négation, ni de quelque mot qui ait un sens négatif, tels que *peu, guère, presque, rien, à peine*, etc., la proposition subordonnée ne prend pas la négative *ne* ; mais lorsqu'*il s'en faut* est accompagné de la négation ou de l'un des mots *peu, guère,* etc., la proposition subordonnée admet toujours *ne*. La négation serait encore de rigueur si la phrase était interrogative : *combien s'en faut-il que la somme n'y soit.* (Académie.)

N° 504.

Avant que, sans que.

Avant que les nations *fussent* converties, tout n'était pas accompli. (Pascal.)

On est mort *avant* qu'on *ait* aperçu qu'on devait mourir. (Fléchier.)

La Castille, du moins, n'aura [pas la victoire, *Sans que* nous *essayions* d'en [partager la gloire. (Molière.)

Peut-on être heureux *sans* [qu'il en *coûte* rien ? (Lafosse.)

Après les expressions *avant que, sans que,* on ne fait généralement point usage de la négation dans la proposition subordonnée ; cependant ce n'est pas une faute de l'exprimer.

N° 505.

A moins que, de peur que, de crainte que.

Car que faire en un gîte, à [*moins que* l'on *ne* songe ? (La Fontaine.)

Clarisse le pria de parler plus bas, *de crainte que* son père *ne* l'entende.

Les locutions conjonctives *à moins que, de peur que, de crainte que,* doivent être suivies de la négative. Les poètes la suppriment quelquefois, et même en prose, il faut la supprimer si le verbe suivant est accompagné d'un adverbe tenant de la négation, comme *peu, à peine*, etc. : *un vers héroïque ne doit guère finir par un adverbe, à moins que cet adverbe se fasse* A PEINE *remarquer*. (Voltaire).

N° 506.

Autre, tout autre, plutôt que, etc.

On se voit d'un *autre* œil qu'on [*ne* voit son prochain. (La Fontaine.) | On dompte la panthère *plutôt* qu'on *ne* l'apprivoise. (Buffon.)

Après les expressions *autre, autrement, tout autre, tout autrement, plutôt que* et *plus tôt que*, on exprime toujours la négation dans la proposition subordonnée, à moins que la première proposition ne soit négative : *il n'est pas mieux qu'il était*. (Académie.)

Notre langue est si délicate qu'il y a une nuance dans les deux phrases suivantes :

Il ne sait pas plus le grec que *je sais* le latin.
Il ne sait pas plus le grec que *je ne sais* le latin.
(Marmontel.)

La première signifie que *je sais* le latin autant qu'il *sait* le grec, la seconde, que je *ne sais* pas le latin, ni *lui* le grec.

QUESTIONNAIRE.

463. Après *aussi, si, autant, tant*, quel est le second terme de comparaison ?
464. Dans quel cas emploie-t-on *aussi et si* ?
465. A quelle espèce de mots se joignent *aussi* et *autant* ?
466. Dans quel sens faut-il employer *autant* et *tant* ?
467. *Si* et *tant* ont-ils la même valeur ? Quelle espèce de mots modifient-ils ?
468. Quand *plus* et *moins* sont répétés, peut-on exprimer la conjonction *et* devant le second adverbe ?
469. Quand *mieux que, plus que, pis que*, sont suivis d'un infinitif, faut-il, après eux, exprimer la préposition *de* ?
470. Faut-il dire *plus d'à demi* ou *plus qu'à demi, plus d'à moitié* ou *plus qu'à moitié* ?
471. Dans quel cas *plus que, moins que*, etc., doivent-ils être suivis de *ne* ? Dans quel cas n'en sont-ils pas suivis ?

472. Quelle différence y a-t-il entre *plus* et *mieux*?
473. Idem entre *plus* et *davantage*?
474. Le *plus* et *davantage* peuvent-ils s'employer l'un pour l'autre?
475. Quelle différence y a-t-il entre *aussi* et *non plus*?
476. Idem entre *rien de moins* et *rien moins*?
477. Idem entre *pire* et *pis*?
478. Peut-on dire *jusqu'aujourd'hui* et *jusqu'à aujourd'hui*?
479. Quelle différence y a-t-il entre *à l'entour* et *autour*?
480. Idem entre *auparavant* et *avant*?
481. Idem entre *dessus, dessous, dedans, dehors* et *sur, sous, dans, hors*?
482. Idem entre *beaucoup* et *bien*?
483. Idem entre *de suite* et *tout de suite*?
484. Idem entre *tout-à-coup* et *tout d'un coup*?
485. Idem entre *plutôt* et *plus tôt*?
486. Idem entre *au moins* et *du moins*?
487. Idem entre *quand* et *quant*?
488. Idem entre *comme* et *comment*?
489. Idem entre *au reste* et *du reste*?
490. Idem entre *de loin à loin* et *de loin en loin*?
491. Y a-t-il une différence entre *bien, très* et *fort*? Quelle espèce de mots modifient-ils?
492. *Peut-être* peut-il être accompagné du verbe *pouvoir*?
493. Quelles sont les expressions négatives? Quelle est leur différence?
494. Exprime-t-on *pas* et *point* dans les propositions liées par *ni*?
495. Suppression de *pas* et de *point* avec *guère, personne, rien, jamais*, etc.
496. Idem avec les verbes *pouvoir, oser, savoir, cesser* et *bouger*?
497. Qu'est-ce que l'on fait de *pas* et *point* après *ne* suivi de *que*?
498. Peut-on supprimer *ne* dans la seconde proposition, quand l'une est affirmative, et l'autre négative?
499. Après les verbes *craindre, appréhender, avoir peur, trembler, il est dangereux*, quand faut-il exprimer *ne* dans la proposition subordonnée? Quand ne l'exprime-t-on pas?
500. Idem après les verbes *douter, contester, nier, disconvenir, désespérer*?
501. Faut-il employer la négative après *prendre garde, garder, éviter, empêcher, tenir*?
502. Idem après *défendre*?
503. Idem après *il s'en faut bien, il s'en faut peu*?
504. Idem après *avant que, sans que*?
505. Idem après *à moins que, de peur que, de crainte que*?
506. Idem après *autre, tout autre, plutôt que, plus tôt que*?

CHAPITRE DIX-SEPTIÈME.

DE LA PRÉPOSITION.

N° 507.

EN *et* DANS.

En Amérique, ce sont des bisons qui ont une bosse sur le dos. (Buffon.) | Le bœuf était absolument inconnu *dans l'Amérique*. (Buffon.)

En et *dans* ont ceci de commun, qu'ils indiquent tous deux une idée d'intériorité, et ceci de particulier, que la préposition *en* se met le plus ordinairement devant des noms indéterminés, et la préposition *dans* devant des noms déterminés. On doit donc dire avec *en* : *en France, en Afrique, en Amérique, en ménage, en guerre*; et avec *dans* : *dans la France, dans l'Afrique, dans l'Amérique, dans le ménage, dans la guerre*. Il est cependant des circonstances où avec des noms déterminés, on peut, à l'exemple des bons écrivains, faire usage de la préposition *en*, aussi bien que de la préposition *dans*. Ils ont dit *en ce siècle* ou *dans ce siècle*, *en un cœur généreux* ou *dans un cœur généreux*, *en notre âme* ou *dans notre âme*, *en nous-mêmes* ou *dans nous-mêmes*, *en un jour* ou *dans un jour*.

L'emploi de *dans* ou de *en* amène quelquefois un sens différent. Ainsi : *être en campagne, en maison, en épée, en robe*, n'est pas la même chose qu'*être dans la campagne, dans la maison, dans l'épée, dans la robe*. L'usage et les dictionnaires feront connaître ces différences.

N° 508.

DANS et A.

Eh! qui peut pénétrer *dans le* [cœur des humains? (Saurin.)	Tant d'espoir n'entre point *au* [cœur des malheureux. (Crébillon.)

Souvent dans les mêmes circonstances on emploie la préposition *dans* ou la préposition *à*. Cela a lieu surtout en poésie, lorsque la mesure des vers le commande. On peut dire : *entrer dans le cœur* ou *au cœur des malheureux; naître au sein* ou *dans le sein de la grandeur; laisser aux mains* ou *dans les mains de quelqu'un*. Il y a des personnes qui disent : *cette ordonnance a paru au Moniteur, aux Débats, au Bulletin des lois;* ce sont autant de locutions vicieuses. Il faut dire : *dans le Moniteur, dans les Débats, dans le Bulletin des lois*.

N° 509.

DANS, SUR.

J'ai vu l'ordonnance dont vous me parlez *dans le journal*.	J'ai vu l'ordonnance dont vous me parlez *sur le journal*.

Ces deux manières de s'exprimer sont-elles également correctes? Pour résoudre cette question, il faut bien se rendre compte de la nature des deux prépositions *dans* et *sur*, et des rapports qu'elles expriment respectivement.

La préposition *dans* a la propriété d'exprimer une idée d'intériorité; la préposition *sur* marque, au contraire, une idée de superficie. On ne saurait donc les confondre et les employer dans le même sens. On sent la différence qu'il y a entre *se mettre dans le lit* et *sur le lit*, *mettre quelque chose dans le journal* et *sur le journal*, *voir une chose dans un livre* et *sur un livre*. Cette différence se fait également sentir dans les deux phrases citées.

J'ai vu l'ordonnance dont vous me parlez sur le journal est une expression française, à la rigueur, mais qui ne peut guère signifier que deux feuilles de papier l'une sur l'autre.

J'ai vu l'ordonnance dont vous me parlez dans le journal signifie que le contenu de l'ordonnance est inséré dans le corps du journal. Dire dans ce sens *sur le journal* est donc une locution vicieuse.

N° 510.

Au travers, à travers.

L'homme marche *à travers une nuit* importante. (Châteaubriand.) | *Au travers des périls* un grand *cœur se fait jour.* (Racine.)

Au travers est suivi de la préposition *de*; *à travers* la rejette. Cependant, si le complément qui suit *à travers* était pris dans un sens partitif, force serait alors de faire usage de la préposition *de*; on dirait donc : *ils passèrent à travers des jardins*, comme Bossuet a dit : *il porta ses armes redoutées à travers des espaces immenses de terre et de mer.*

A travers et *au travers* peuvent aussi quelquefois s'employer sans complément : *les lois sont comme les toiles d'araignée; les petits insectes s'y prennent, les gros passent à* TRAVERS. (Barthélemy.)

N° 511.

Auprès de, au prix de.

La terre n'est qu'un point *auprès du* reste de l'univers. (Marmontel.) | L'intérêt n'est rien *au prix du* devoir. (Marmontel.)

Auprès de indique une idée de proximité : *cette maison est grande auprès de la vôtre. Au prix de* marque une idée de valeur : *cette maison n'est rien au prix de la mienne.*

N° 512.

Près de, prêt à.

Les yeux de tes tyrans sont tout *près de* s'ouvrir. (Voltaire.) | Je vois vos pleurs *prêts à* couler. (Racine.)

Ne confondez pas *près de* avec *prêt à*. Le premier signifie *sur le point de*; le second a le sens de *disposé à*. Quant à *prêt de*, il ne s'emploie guère plus aujourd'hui qu'en poésie.

DE LA GRAMMAIRE NATIONALE.

N° 513.
Auprès de, près de.

Retournez, me dit-il, *auprès de* | Qu'on hait un ennemi quand il
[*la princesse*.] | [*est près de nous !*
(Racine.) | (Racine.)
La louange languit *auprès* | Le remords est bien *près de la*
des grands noms. | *solennité.*
(Bossuet.) | (Molière.)

Auprès de et *près de* expriment l'un et l'autre une idée de proximité, soit au propre, soit au figuré, et bien qu'on les emploie presque arbitrairement, surtout en poésie, on peut dire que *auprès de* indique généralement un plus étroit voisinage. Ainsi, *demeurer près de l'église*, c'est y demeurer à quelque distance; *demeurer auprès de l'église*, c'est y demeurer tout à côté.

Dans le discours familier, on peut supprimer la préposition *de* dans *près de*, si le complément est de plusieurs syllabes. On dit donc : *près le Luxembourg*, *près Saint-Roch*, *près la fontaine*. Cette ellipse est entièrement consacrée dans les expressions suivantes : *ambassadeur près la cour de Passy*, *près Paris*, etc.

On ne doit pas aujourd'hui se servir de *près de* dans le sens de *en comparaison de*. Ainsi Racine n'est pas à imiter dans ce passage : *pour vous régler sur eux, que sont-ils près de vous ?* En pareille circonstance il faut *auprès de*.

N° 514.
Après, d'après.

Après tant de serments, Titus | J'ai peint la vérité *d'après*
[m'abandonner ! | nature. (La Bruyère.)
(Racine.) |

Après exprime une simple idée de postériorité; *d'après*, outre la postériorité, indique une idée de cause, d'origine.

N° 515.
Avant, devant.

Hésiode fleurissait trente ans | Vous voyez l'univers prosterné
avant Homère. (Bossuet.) | [*devant vous.*
 | (Racine.)

Avant et *devant* expriment également une idée d'antériorité; mais le premier a rapport au temps, et le second au lieu.

Avant marque encore une idée de préséance, une priorité d'ordre : *je marche avant vous. Devant vous* exprimerait une idée de situation.

N° 516.

Entre, parmi.

| Ainsi donc ce malheureux enfant retombe *entre ses mains*, et meurt presque en naissant. (Voltaire.) | Que la loi règne seule et fonde [*parmi nous*, Le bonheur de l'état sur la [grandeur de tous. (Chénier.) |

Entre s'emploie quand il n'est question que de deux objets : *entre ses mains, entre ses bras, entre lui et moi. Parmi* se dit d'une collection d'objets, et demande toujours après lui, soit un substantif pluriel, soit un nom collectif : *Parmi les hommes, parmi la foule.* Racine a donc commis une faute lorsqu'il a dit : *parmi ce plaisir quel chagrin me dévore?*

Avec un substantif pluriel on peut faire indifféremment usage de *entre* ou de *parmi* : *la haine entre les grands se calme rarement.* (Corneille.) *Une juste prière parmi les gens d'honneur ne se refuse guère.* (Scarron.)

On ne doit pas supprimer l'e final de *entre*, lors même que le mot suivant commence par une voyelle. Ainsi il faut écrire : *entre eux, entre elles, entre amis, entre autres*, etc. Cependant on écrit *entr'actes, s'entr'aider, entr'ouvrir*, etc.

N° 517.

A peine, avec peine.

| Ma vie *à peine* a commencé [d'éclore. (Racine.) | Disposez de ce tigre avec *peine* [enfermé. (Voltaire.) |

Ne confondez pas *à peine* et *avec peine*. *A peine* veut dire : *d'une manière insensible, presque pas* ; *avec peine* signifie *péniblement, difficilement*.

N° 518.

Durant, pendant.

Il s'était réfugié en France durant les malheurs de sa maison. (Bossuet.)

En hiver, pendant la neige, on ne peut pas courir le cerf. (Buffon.)

Pendant et durant s'emploient à peu près indistinctement. On peut dire : durant cinquante ans ou pendant cinquante ans, durant la tempête ou pendant la tempête, durant l'été, durant l'hiver, ou pendant l'été, pendant l'hiver.

Mais une remarque très-essentielle à faire sur pendant et durant, c'est qu'avec le premier, le complément vient toujours après, tandis qu'avec le second il peut quelquefois le précéder. On dit : la vie durant, une heure durant. Elle a contrecarré une heure durant les choses que je veux faire.

N° 519.

Jusque, jusques.

Jusque sur les autels on doit punir le crime. (Guymond de la Touche.)

Un mot ne fait pas voir jusques au fond de l'âme. (Corneille.)
Jusqu'à la sacristie elle s'ouvre une entrée. (Boileau.)

Jusque se joint presque toujours à une préposition. Si elle commence par une consonne, on écrit jusque sans s : jusque sur les autels, jusque dans la vieillesse ; mais si elle commence par une voyelle, jusque s'écrit avec ou sans s : jusques à quand, jusqu'à quand. On voit qu'il faut élider l'e de jusque devant une voyelle, si l'on écrit ce mot sans s.

N° 520.

Envers, vis-à-vis.

Une triste expérience atteste à tous les pays et à tous les siècles que le genre humain est injuste envers les grands hommes. (Thomas.)

Je me plaçai vis-à-vis de lui. (Académie.)
Nicomédie était élevée vis-à-vis le palais de l'empereur. (Voltaire.)

Envers signifie *à l'égard de*. *Agir bien envers quelqu'un*, c'est *agir bien à l'égard de quelqu'un*.

Vis-à-vis a deux sens. Au propre, cette préposition désigne le rapport de deux objets qui sont en vue l'un de l'autre; elle signifie *en face*, *à l'opposite*, et se construit avec ou sans la préposition *de*, quand le complément n'est pas un monosyllabe. On dit *vis-à-vis l'église* ou *vis-à-vis de l'église*; mais il faut toujours dire avec *de* : *vis-à-vis de lui, vis-à-vis de moi*.

Au figuré, *vis-à-vis* signifie *envers, à l'égard de*, et est d'un fréquent emploi dans ce sens, malgré l'anathème lancé par tous les grammairiens, et par Voltaire lui-même. On dit très-bien aujourd'hui *vis-à-vis du roi, vis-à-vis des ministres*, pour *envers le roi, envers les ministres*.

N° 521.

Voici, voilà.

Voici le Caucase, *voilà* les Apennins. (Gramm.)

Voici trois médecins qui ne se [trompent pas, Gaîté, doux exercice et modeste repas.

Voilà les périls, *voici* les moyens de les éviter. (Massillon.)

Veiller, régner sur soi, fuir ou [vaincre le vice, *Voilà* de la vertu le plus noble exercice. (Ducis.)

Voici désigne le lieu le plus proche; *voilà* le lieu le plus éloigné. Dans le discours, *voici* indique ce qui va suivre, et *voilà* ce qui précède.

Lorsqu'il n'y a point d'opposition à marquer, on peut se servir de *voici* ou de *voilà*, et dire : *me voici arrivé* ou *me voilà arrivé*.

On dit aussi *revoici*, *revoilà* : *les revoilà sur l'onde ainsi qu'auparavant*. (La Fontaine.)

Le voilà qui est très-usité : *le voilà qui s'approche, et la mort le devance*. (Voltaire.) *Le voilà que*, est presque inusité : *le voilà que j'ai amené avec moi*. (Molière.)

Voici, voilà peuvent être suivis de la conjonction *que* :

voilà qu'au fond d'un bois se présente sa mère. *Voici venir* est encore une expression usitée : *voici venir le printemps.*

N° 522.

Sur tout, surtout.

On se fait des idées vagues *sur tout*. (Voltaire.) | La raison *surtout* doit être le but constant d'ici-bas. (Napoléon.)

Sur tout en deux mots signifie *sur toutes choses* : *parler sur tout* ; en un seul mot *surtout* signifie *principalement* : *parlez, surtout parlez bien.*

N° 523.

Par ce que, parce que.

Par ce que je vous dis, ne croyez [pas, madame, Que je veuille applaudir à sa [nouvelle flamme. (Corneille.) | L'art de flatter, mon cher, est [vieux comme le monde. Ève a péché ; pourquoi ? *parce [qu'on* la flatta. (Collin d'Harleville.)

Par ce que, en trois mots, signifie *d'après ce que*; *parce que*, en deux mots, a le même sens *qu'à cause de.*

N° 524.

En campagne, à la campagne.

Les troupes doivent entrer bientôt *en campagne.* (Académie.) | Je suis venu *à la campagne.* (Montesquieu.)

Être en campagne, c'est être en mouvement, c'est voyager ; *être à la campagne*, c'est être en résidence à la campagne.

N° 525.

Malgré, malgré que.

Ils ont tenté Dieu, en son-geant à le faire heureux *mal-gré ses lois.* (Bossuet.) | *Malgré qu'on en ait*, nous voulons être comptés dans l'u-nivers. (Montesquieu.)

Malgré ne peut jamais être suivi de *que*, si ce n'est dans l'expression *malgré qu'on en ait*; *malgré qu'il en ait*, etc.

N° 526.

A *et* ou.

Cette petite fille pouvait avoir *de dix à douze ans*.
(J.-J. Rousseau.)

La tigresse produit, comme la lionne, *quatre ou cinq petits*.
(Buffon.)

On emploie *à* entre deux nombres lorsque le substantif qui suit ces nombres représente une chose susceptible d'être divisée ; et *ou* quand le substantif représente une chose qui n'admet point de division.

N° 527.

Cent hommes de tués, cent hommes tués.

Le comte de Noailles eut *deux chevaux de tués* sous lui.
(Voltaire.)

Il n'a eu toute sa vie *aucun moment d'assuré*. (Fénelon.)

Les carabiniers eurent six officiers *renversés* morts.
(Voltaire.)

Sur mille combattants, il y eut *cent hommes tués*.
(Académie.)

On dit également bien *il y eut cent hommes de tués* ou *il y eut cent hommes tués;* mais lorsque le substantif qui suit l'adjectif numéral est représenté par *en*, on ne peut jamais ellipser la préposition *de*. On dira donc : *il y en eut cent de tués*.

DE LA RÉPÉTITION DES PRÉPOSITIONS.

N° 528.

Répétition ou ellipse des prépositions en général.

La vertu des humains n'est pas
[dans leur croyance,
Elle est *dans* la justice et *dans*
[la bienfaisance.
(Chénier.)

Le destin n'a point mis de sen-
[timents égaux
Dans l'âme de l'esclave et *celle*
[du héros.
(Crébillon.)

Généralement parlant, les prépositions *à, de, en*, doivent être répétées devant chaque complément, qu'il soit substantif, pronom ou verbe. Cependant il est des cas où l'on peut quelquefois déroger à ce principe, surtout en poésie, quand la mesure du vers en fait une nécessité. Pour ce qui est de la répétition des autres prépositions, les règles données à cet égard par les grammairiens sont pour la plupart fausses ou imaginaires : qu'il y ait ou non ressemblance dans les régimes, que les prépositions soient d'une ou de plusieurs syllabes, il est permis de répéter ou d'ellipser ces prépositions en vers comme en prose. Le goût, l'élégance, la concision, l'énergie, la brièveté : voilà les seules règles à suivre.

N° 529.

Ellipse de la préposition avec deux substantifs.

| La Fontaine, dans sa fable de *l'Ane et le Chien*. | Cet épisode appartient à *Paul et Virginie*. |

La préposition ne se répète jamais lorsqu'il est question du titre d'un ouvrage, et que ce titre est composé de plusieurs mots. Dans les exemples ci-dessus les deux noms sont regardés comme une seule expression, complément de la préposition *à* ou *de*.

N° 530.

Ellipse ou répétition de la préposition avec deux participes liés par ET.

| Notre loi ne juge personne *sans* l'avoir *entendu et examiné*. | Notre loi ne juge personne sans l'avoir entendu, et sans avoir examiné ses actions. |

Lorsque deux participes sont liés par la conjonction *et*, la préposition ne se répète pas quand ils ont le même complément ; mais si les participes n'ont pas le même complément, la préposition doit se répéter.

QUESTIONNAIRE.

507. En quoi *en* et *dans* différent-ils ?
508. Peut-on employer *dans* et *à* dans les mêmes circonstances ?
509. Quelle est la différence des prépositions *dans* et *sur* ? Quelles sont les expressions qu'on ne doit pas employer ?
510. Quelle est la différence de *à travers*, et *au travers* ?

511. *Idem de au près de et au prix de?*
512. *Idem de près de et prêt à?*
513. *Idem de auprès de et près de?*
514. *Idem de après et d'après?*
515. *Idem de avant et devant?*
516. *Idem de entre et parmi?*
517. *Idem de à peine et avec peine?*
518. *Idem de durant et pendant?*
519. Dans quel cas met-on un *s* à *jusque*, et dans quel cas n'en met-on point?
520. Dans quel sens emploie-t-on *envers* et *vis-à-vis?*
521. Quelle est la différence de *voici* et *voilà?* Dans quel cas les emploie-t-on? *Revoici, revoilà* se disent-ils? *Le voilà qui, le voilà que* sont-ils usités? *Voici, voilà* peuvent-ils être suivis de la conjonction *que?*
522. Quelle est la différence de *surtout* et *sur tout?*
523. *Idem de par ce que et parce que?*
524. *Idem de en campagne et à la campagne?*
525. Peut-on employer *que* après *malgré?*
526. Quel est l'emploi de *à* et *ou* entre deux nombres?
527. Peut-on dire *cent hommes tués* ou *de tués?* Avec *en* la préposition *de* peut-elle être ellipsée?
528. En général les prépositions doivent-elles être répétées ou ellipsées?
529. Quand ne répète-t-on pas la préposition devant deux substantifs?
530. Avec deux participes liés par *et*, quand répète-t-on la préposition, et quand ne la répète-t-on pas?

CHAPITRE DIX-HUITIÈME.

DE LA CONJONCTION.

N° 531.

Et répété ou non répété.

L'esprit, la science *et* la vertu sont les véritables biens de l'homme.
(Dictionnaire de max.)

Elle sort pompeuse *et* parée.
(Malherbe.)

Et le riche, *et* le pauvre, *et* le faible, *et* le fort,
Vont tous également des douleurs à la mort.
(Voltaire.)

Charles II était *et* prodigue *et* pauvre.
(Voltaire.)

Lorsqu'on ne veut exprimer qu'une simple addition, il suffit d'employer un seul *et* qu'on place devant le dernier mot additionné.

S'il s'agit d'agrandir, de grossir les objets, on multiplie les *et*.

Souvent on se contente de distinguer par la ponctuation les parties énumérées :

Tout nous trahit, la voix, le silence, les yeux. (Racine.)

N° 532.
Des mots liés par ET.

L'ambition *et* l'avarice des hommes sont les seules sources de leur malheur. (Fénelon.)

On peut assurer que Mazarin était sage, souple *et* avide de biens. (Voltaire.)

C'est enhardir *et* absoudre le crime que de condamner l'innocence. (Bossuet.)

Les Espagnols promirent l'infante *et* demandèrent une suspension d'armes. (Voltaire.)

La conjonction *et* doit lier des mots de même nature, des noms avec des noms, des adjectifs avec des adjectifs, des verbes avec des verbes, des propositions avec des propositions.

N° 533.
NI *répété ou non répété.*

Le soleil *ni* la mort ne se peuvent regarder fixement. (La Rochefoucauld.)

Ni l'or *ni* la grandeur ne nous rendent heureux. (La Fontaine.)

Ni s'emploie dans les phrases négatives; il peut ou non se répéter, et la répétition donne à la phrase plus d'énergie.

N° 534.
NI *suivi ou non suivi de* PAS *ou de* POINT.

Ni vos richesses, *ni* vos talents ne vous rendent heureux. (Fénelon.)

D'erreurs *ni* d'intérêts ne sont-ils susceptibles? (Gayon de la Touche.)

Nous n'aimons *pas* les jaloux *ni* les ennuyeux. (Molière.)

Cet homme n'avait *point* cultivé *ni* la musique *ni* la peinture. (J.-J. Rousseau.)

Il est des circonstances où *ni* peut être ou non suivi de *pas* ou de *point*.

N° 535.

Emploi de ET *ou de* NI.

Car vous ne m'épargnez guère,
Vous, vos bergers *et* vos chiens.
(La Fontaine.)

...Quand le mal est certain,
La plainte *ni* la peur ne chan-
[gent le destin.
(La Fontaine.)

Dans les phrases négatives on se sert de *ni*, si l'on veut énumérer les objets ; de *et*, si on veut les additionner.

N° 536.

SANS *répété ou remplacé par* NI.

Les plus charmantes re-
traites ne plaisent guère *sans*
Bacchus et *sans* Cérès.
(Lesage.)
Faites ce changement *sans*
[retard et *sans* bruit.
(Raynouard.)

Sans la vertu *ni* la sagesse
du prophète, que serait devenu
le peuple de Dieu ?
(Bossuet.)
....Et l'on délogea
Sans tambour *ni* trompette.
(La Fontaine.)

On peut ou répéter la préposition *sans*, ou la remplacer par *ni*.

N° 537.

Emploi de ET NE *ou* NI NE.

La religion n'abat *et* n'amol-
lit point le cœur, elle l'enno-
blit et l'élève. (Massillon.)

Dans le sérail, les femmes
ne boivent point de vin, *et ne*
s'exposent presque jamais à
l'air. (Montesquieu.)

Jamais pécheur ne demanda
un pardon plus humble, *ni ne*
s'en crut plus indigne.
(Bossuet.)
Cette secte comptait plus de
mille adhérents ; ils ne bapti-
saient *ni ne* confirmaient les
enfants. (Voltaire.)

Lorsqu'il s'agit de lier plusieurs propositions négatives, on peut se servir soit de *et ne*, soit de *ni ne*. C'est une af-faire de goût et d'harmonie.

N° 538.
Emploi de ET *ou* NI *dans les comparaisons.*

Rien de plus naturel *et* de plus doux que de participer aux malheurs de ses amis.
(Marmontel.)

La fortune y aurait plus de part que sa valeur *ni* sa conduite. (Fontenelle.)

Après une expression comparative, on se sert de *et* ou de *ni*.

N° 539.
Mots que la conjonction OU *sert à lier.*

Celui-là se présente à vous par coutume *ou* par bienséance.
(Bossuet.)

Avec moi, de ce pas, venez [vaincre *ou* mourir.
(Boileau.)

Ou doit lier des mots de même nature, des noms avec des noms, des adjectifs avec des adjectifs, des verbes avec des verbes, des propositions avec des propositions. Ne dites donc pas *il aime la lecture ou à écrire*, mais bien *il aime à lire ou à écrire*.

N° 540.
Ou *répété ou non répété.*

Ayez moins de frayeur *ou* moins [de modestie.
(Racine.)

Avec moi de ce pas, venez [vaincre *ou* mourir.
(Boileau.)

Tout ce qui les approche, *ou* les gagne, *ou* les intimide.
(Bossuet.)

Je serai suspect *ou* de trop d'amitié pour lui, *ou* de trop de complaisance pour vous.
(Fléchier.)

La conjonction peut ou non se répéter. Cette répétition dépend uniquement du goût ou de l'énergie que l'on veut donner à la phrase.

N° 541.
Ou *avec ou sans* DE *après* QUI, QUEL, LEQUEL.

Qui de nous est César, *ou* le [pontife *ou* moi ?
(Voltaire.)

Lequel voulez-vous pour roi, *ou* ce jeune prince *ou* Henri de Lancastre. (Voltaire.)

L'on ne savait *lequel* était le plus habile *ou de* Mazarin *ou de* don Louis de Haro.
(Voltaire.)

Lequel est le plus heureux *du* sage avec raison *ou du* dévot en délire ? (J.-J. Rousseau.)

Quand les mots *qui, quel, lequel* accompagnent la conjonction *ou*, doit-on exprimer ou supprimer la préposition *de* devant les noms ou pronoms unis par cette conjonction? L'usage est encore partagé, et permet de dire également ; *lequel fut le plus intrépide de César ou d'Alexandre?* ou bien *lequel fut le plus intrépide, César ou Alexandre?*

On doit dire: *Lequel vaut mieux ou une ville superbe ou une campagne cultivée et fertile?* (Fénelon.) parce que les objets sont dissemblables ; c'est comme si l'on disait : *lequel de ces deux objets vaut mieux, ou une ville superbe, ou une campagne,* etc.

N° 542.

Verbe répété ou supprimé après MAIS.

On *aime* à deviner les antres, *mais* on *n'aime* pas à être deviné. (Vauvenargues.)

On *donne* des conseils, *mais* on ne *donne* pas la sagesse d'en profiter. (La Rochefoucauld.)

Les envieux *mourront*, *mais* non jamais l'envie. (Molière.)

Le premier de tous les biens n'*est* pas dans l'autorité, *mais* dans la liberté. (J.-J. Rousseau.)

Lorsque deux membres de phrase sont unis par la conjonction *mais*, et que l'un est affirmatif et l'autre négatif, et réciproquement, c'est le goût qui décide s'il faut ou non répéter dans le second membre de phrase le verbe du premier.

N° 543.

SOIT *répété avec ou sans* QUE.

N'en doutez pas, Seigneur, *soit* [raison, *soit* caprice. Rome ne l'attend point pour [son impératrice. (Racine.)

Soit qu'il soit riche, *soit qu'il* soit pauvre. (Montesquieu.)
Soit que ce soit un ange. (Idem.)

Soit se répète ordinairement dans la même phrase, et l'on dit : *soit raison, soit caprice*. Lorsque *soit* est accompagné d'un verbe, on peut le faire suivre de *que* ; *soit qu'il le fasse, soit qu'il ne le fasse pas.*

N° 544.

Soit *répété ou remplacé par* ou.

Soit mensonges, *soit* ruses, il parviendra.
(Châteaubriand.)

Les chats ne regardent jamais en face la personne aimée, *soit* défiance, *soit* fausseté. (Buffon.)

Soit à la droite *ou* à la gauche.
(Montesquieu.)

Entre les tropiques, partout il y a de l'eau, *soit* douce *ou* salée, *soit* apparente *ou* souterraine. (Bern. de St-Pierre.)

Quelquefois, au lieu de répéter *soit*, on peut le remplacer par *ou*.

N° 545.

En cas que, au cas que.

En cas que la cour entende parler de ses talents.
(Voltaire.)

Au cas que je sois parti, les lettres me seront renvoyées.
(J.J. Rousseau.)

En cas que ou *au cas que* marquent également une supposition; mais la première est moins probable que la seconde. Ainsi, l'on doit dire : *en cas que* cela s'éclaircisse un jour, et *au cas que* cela soit comme vous le dites. C'est à tort que les grammairiens disent que l'expression *en cas que* est peu en usage, et qu'il faut lui préférer *au cas que*; l'Académie dit qu'on peut très-bien employer *en cas que* et *au cas que*. *En cas que*, n'est donc pas une faute.

QUESTIONNAIRE.

531. *Et* peut-il être ou non répété?
532. Quelle sorte de mots *et* peut-il lier?
533. *Ni* peut-il être ou non répété? Dans quelles phrases ce mot s'emploie-t-il?
534. *Ni* peut-il ou non être suivi de *pas* et de *point*?
535. Dans les phrases négatives, se sert-on de *et* ou de *ni*?
536. *Sans* peut-il être répété ou peut-il être remplacé par *ni*?
537. Pour lier plusieurs propositions négatives faut-il se servir de *et ne* ou de *ni ne*?
538. Après une expression comparative, se sert-on de *et* ou de *ni*?

539. Quelle espèce de mots la conjonction *ou* doit-elle unir?
540. *Ou* doit-il être ou non répété?
541. Doit-on exprimer la préposition *de* après *ou*, précédé de *qui, quel, lequel?*
542. Après *mais* le verbe doit-il être répété ou peut-il être ellipsé?
543 et 544. *Soit* doit-il être répété? peut-il être suivi de *que?* Peut-il être remplacé par *ou?*
545. Peut-on se servir des deux expressions *en cas que* et *au cas que?* Quelle est leur différence?

CHAPITRE DIX-NEUVIÈME.
DE L'INTERJECTION.

§ 1er. DES INTERJECTIONS PROPREMENT DITES.

N° 546.
Ah! ha! ha, ha!

Jamais! *ah!* que ce mot est [cruel quand aime. (Regnard.)	*Ha!* vous voilà? (Molière.) *Hà! hà!* c'est toi, Colette? (Voltaire.)

Ah! qui a un son prolongé, s'emploie pour exprimer la joie, la douleur l'admiration. *Ha!* qui un son bref, s'emploie pour exprimer l'étonnement, la surprise, l'effroi. *Ha, ha!* indique une surprise très-vive.

N° 547.
Eh! hé! hé, hé!

Eh! cela ne va pas si vite que [la tête! (Racine.)	*Hé!* qui peut m'arrêter en si [beau chemin! (Voltaire.)
Eh bien! comment suis-je avec [elle? (Regnard.)	*Hé bien!* madame, *hé bien!* ils [seront satisfaits. (Molière.)
Eh quoi! vous ne feriez aucune [distinction, Entre l'hypocrisie et la dévo- [tion? (Molière.)	*Hé! hé!* d'où vient donc ce plaisant mouvement? (Molière.)

Les interjections *eh! hé!* s'emploient en apostrophe et en interrogation; elles se lient souvent à *quoi* et à *bien*. *Eh! eh quoi! eh bien!* servent aux émotions prolongées et profondes; *hé! hé quoi! hé bien*, aux émotions violentes et instantanées. La répétition d'une interjection donne au sentiment plus de force, plus de vivacité.

N° 548.

Oh! ho! O.

Oh! l'homme déplaisant!
        (Molière.)
L'on n'entre pas, madame, je
[vous jure.
— *Ho!* monsieur, j'entrerai.
        (Racine.)
Oh bien! je vous apprends
[que vous vous abusiez.
        (Molière.)

O perfidie! ô crime, ô douleur
[éternelle!
O ciel! qui vit jamais une pa-
[reille rage!
        (Corneille.)
O çà! je suis ravi de vous voir
[tous ensemble.
        (Boursault.)

Ces trois interjections *oh! ho! o!* s'emploient généralement pour marquer l'admiration, l'exaltation, la surprise, l'indignation; elles se répètent et se joignent à d'autres mots comme *bien, bon, çà*, etc.: *ô*, employé en apostrophe, doit toujours être surmonté de l'accent circonflexe.

N° 549.

Ho, là! holà! holà, ho! là! çà!

Ho, là, paix! (Voltaire.)
Holà! mes gens, qu'on m'a-
vertisse!
        (Idem.)
Holà, ho! descendez.
        (La Fontaine.)

Là! le malheureux.
        (Voltaire.)
Çà! donnez-lui la main, qu'il
[puisse s'aider.
        (Idem.)
Là! là, consolez-vous.
        (Regnard.)

Toutes ces interjections *ho, là! holà! holà, ho! là! çà!* servent pour appeler quelqu'un, ou pour l'inviter à écouter, à s'arrêter ou à se modérer.

N° 550.
Hélas! las! hé, là!

Hélas! monsieur, je suis un [malheureux. (Molière.)
Las! vous êtes là-haut, et je [vous vois ici. (Idem.)

Hé, là! tout doucement, hé, là! hé, là! mon petit ami. (Molière.)
Hé, là! Nicole. (Idem.)

Hélas! las! expriment la tristesse, la douleur; mais ce dernier n'est plus du haut style, on l'emploie dans le comique pour exprimer l'étonnement, l'impatience. Hé, là! sert à arrêter, à réprimer, à calmer.

N° 551.
Heim! hem! hein! hen!

Heim! comme sa surprise a [paru naturelle! (Piron.)
Hem! que dit-il de moi? (Voltaire.)

Hein! qu'en dis-tu, ma fille! (Collin d'Harleville.)
Hen! qu'en dites-vous? (Regnard.)

Heim! est le cri d'une personne préoccupée d'une pensée; hem! dont la finale se fait sentir, sert à questionner, à appeler; hein! sert pour interroger ou sonder la personne à qui l'on s'adresse; hen! est l'expression d'une personne persuadée de son mérite, de ce qu'elle dit.

N° 552.
Hai! haie! ay! hays!

Non pas si chaud qu'ici! hai! hai! hai! (Molière.)
Haie! haie! ceci ne vaut pas le diable. (Dancourt.)

Elle m'étrangle... Ay, ay! (Racine.)
Madame, êtes-vous morte? Hays! elle ne dit mot. (Molière.)

On se sert de hai! pour marquer la surprise, la douleur, l'avertissement, quelquefois même la satisfaction; de haie! pour exprimer le mécontentement; de ay! hays! pour manifester la crainte.

DE LA GRAMMAIRE NATIONALE.

N° 553.
Aie! ahi! aye! ouf!

Aie! aie! à l'aide! au meur-
tre! (Molière.)
Ahi! ahi! ahi! doucement.
(Idem.)

Aye! ouf! on m'estropie.
(Voltaire.)
Ouf! ouf! je n'en puis plus!
(Regnard.)

Pour exprimer un sentiment de douleur physique, on se sert des quatre interjections *aie! ahi! aye! ouf!* ce dernier mot exprime de plus l'étonnement que produit une émotion violente.

N° 554.
Hom! hon! hum!

On vous marie, et vous êtes
[fâchée? *Hom!* l'idiote.
(Voltaire.)
Comment nous y prendrons-
nous? hon, attendez. (Regnard.)

Hum! je soupçonne ici quelque
[anguille sous roche.
(Fabre d'Églantine.)
Hum! grand escogrif; il est
sourd. (Beaumarchais.)

On se sert de *hom! hon! hum!* pour exprimer le mécontentement, la contradiction; mais *hom* marque de plus le doute et la méfiance; *hon*, dont le son est plus bref, exprime retour et sentiment de difficulté; *hum* pressentiment, réticence, impatience.

N° 555.
Euh! heu!

Qui va là? *Euh!* ma peur à
[chaque pas s'accroît.
(Molière.)

Heu! voilà ce que c'est que
[d'étudier!
(Molière.)

Euh! et *heu!* sont du style familier et s'emploient pour exprimer l'appréhension, l'ennui, l'impatience; elles servent aussi à marquer l'admiration.

N° 556.
Ouais! voi! Pou-ou!

Ouais! est-ce ainsi qu'on
parle? (Régnard.)
Ouais! est-ce un songe? est-
une fourberie? (Voltaire.)

J'irais trouver mon juge et lui
[dirais: —Oui. —*Voi!*
(Racine.)
Pou-ou! je vois s'élever con-
tre moi mille pauvres diables
à la feuille. (Beaumarchais.)

Les interjections qui servent à marquer l'étonnement sont *ouais! voi! pou-ou!* On les emploie également pour exprimer le mécontentement, la pitié, l'incrédulité.

N° 557.

Fi! foin! pouah!

Fi! rien n'est si vilain ! (Voltaire.)
Foin du loup et de sa race. (La Fontaine.)
Pouah! il m'empuantait d'odeurs. (Voltaire.)
Pouah ! vous m'engloutissez le cœur. (Molière.)

Pour exprimer le dédain, la répugnance, le mépris, on se sert de *fi! foin! pouah!*

N° 558.

Bah! baste! zeste!

Bah! cela n'est pas possible. (Académie.)
Il dit cela : *baste!* il n'en fera rien. (Idem.)
Il se vante de faire telle chose, *zeste!* (Académie.)
A ces mots, *zeste!* il s'échappa. (Idem.)

Pour marquer l'insouciance, l'incrédulité, le peu de cas que l'on fait des menaces ou des paroles de quelqu'un, on se sert de *bah!* ou de *zeste!* Quant à *baste!* il exprime l'ennui qu'on éprouve de ce qu'on vient d'entendre, ou la précipitation que met quelqu'un à faire une chose.

N° 559.

Chut! motus! st!

Chut! j'entends quelque bruit. (Académie.)
Motus! ne parlez pas de cela. (Idem.)
St! Marinette ? (Molière.)
Ce sont elles, *st!* (Académie.)

Pour engager quelqu'un à faire silence, on se sert de *chut! motus! st!* Ce dernier sert aussi pour appeler quelqu'un à voix basse.

N° 560.

Sus! tarare! alerte! bravo! vivat! oui-dà!

Sus! sus! courons aux armes.
(La Fontaine.)
Je te donnerai..... *tarare!*
(Molière.)
Alerte! ils nous cherchent.
(Regnard.)

Bravo! c'est bien parlé!
(Voltaire.)
Vivat! j'ai gagné ma cause.
(Dancourt.)
Oui-dà! vous le croyez.
(Regnard.)

Pour exhorter à agir, on emploie *sus!* pour marquer l'incrédulité, l'ironie, *tarare!* pour semer l'alarme, *alerte!* pour exprimer la satisfaction, l'approbation, *bravo! vivat; oui-dà!* signifie *je comprends.*

N° 561.

Miracle! miséricorde! tout beau! allons! etc.

Peste! le beau talent!
(Regnard.)
Tout beau, l'ami, *tout beau!*
(Regnard.)
Miracle! criait-on.
(La Fontaine.)

O ciel! que vois-je ici!
(Molière.)
Grâce! grâce! mon père.
(Racine.)
Paix! messieurs.

Indépendamment des interjections proprement dites, on se sert d'une foule d'expressions interjectives formées de substantifs, d'adjectifs, de verbes ou d'adverbes comme *miracle! miséricorde! tout beau! allons! vraiment!* etc., etc.

QUESTIONNAIRE.

546. Dans quelles circonstances emploie-t-on les interjections *ah! ha! ha, ha!?*
547. Idem *eh! hé! hé, hé!?*
548. Idem *oh! ho! o!?*
549. Idem *ho, là! holà! holà, ho! là! çà!?*
550. Idem *hélas! làs! he, là!?*
551. Idem *heim! hein! hem! hen!?*
552. Idem *hai! haie! ay! hays!?*
553. Idem *aie! ahi! aye! ouf!?*
554. Idem *hôm! hôn! hum!?*
555. Idem *euh! heu!?*

556. *Idem ouais! voi! pou-ou!?*
557. *Idem fi! foin! pouah!?*
558. *Idem bah! baste! zeste!?*
559. *Idem chut! motus! st!?*
560. *Idem sus! tarare! alerte! bravo! vivat! oui-dà!?*
561. De quoi sont formées les expressions interjectives?

CHAPITRE VINGTIÈME.

DE LA PONCTUATION ET DES SIGNES ORTHOGRAPHIQUES.

N° 562.

De la ponctuation.

Au lieu d'écrire :	*Si l'on écrivait :*
Règne de crime en crime; enfin [te voilà roi.	Règne; de crime en crime enfin [te voilà roi.
Il viola toutes les lois; pour venir à bout de ses desseins, il ne respecta pas même la pudeur des dames.	Il viola toutes les lois, pour venir à bout de ses desseins; il ne respecta pas même la pudeur des dames.
(Girault-Duvivier.)	(Girault-Duvivier.)

Le sens serait bien différent. La ponctuation est donc un art nécessaire. Elle sert à indiquer dans l'écriture, par des signes conventionnels, la proportion des pauses que l'on doit faire en parlant; à distinguer les sens partiels qui constituent un discours, et à marquer la différence des degrés de subordination qui conviennent à chacun de ces sens.

Les signes de ponctuation sont la *virgule*, le *point-virgule*, les *deux-points*, le *point*, le *point interrogatif* et le *point admiratif*, auxquels on peut ajouter les *points suspensifs*, le *trait de séparation*, les *guillemets* et la *parenthèse*.

N° 563.
De la virgule.

I

La *fraude*, le *parjure*, les *procès*, les *guerres*, ne font jamais entendre leur voix dans ce séjour chéri des dieux. (Fénelon.)
Le cœur, l'esprit, les mœurs, tout gagne à la culture. (Voltaire.)
Les Tyriens sont *industrieux, patients, laborieux*. (Fénelon.)

Vicieux, pénitent, courtisan, solitaire,
Il *prit, quitta, reprit* la cuirasse et la haire. (Voltaire.)
Vous eussiez vu tomber à bas Épaules, *nez, mentons, cuisses, pieds, jambes, bras*. (Voltaire.)
L'attelage *suait, soufflait, était rendu*. (La Fontaine.)

On emploie la virgule entre tous les objets d'énumération comme les *sujets*, les *attributs*, les *régimes* et les *propositions simples*.

II

La jalousie vous dispute une vaine beauté ; la fierté, votre naissance ; l'ambition, votre valeur et vos services ; l'orgueil, vos talents et votre suffisance. (Massillon.)

Je connais trop les grands ; dans le malheur, amis ; Ingrats, dans la fortune, et bientôt ennemis. (Voltaire.)

On remplace généralement par la virgule les ellipses de verbes.

III

De votre nom, *Joas*, je puis donc vous nommer. (Racine.)
Craignez, *repartit Mentor*, qu'elle ne vous accable de maux. (Fénelon.)
Vous ne trouverez pas mauvais, *s'il vous plaît*, la curiosité que j'ai eue de voir un illustre malade comme vous êtes. (Molière.)
..... Certains préjugés, *sucés avec le lait*, Deviennent nos tyrans jusque dans la vieillesse. (Chénier.)

Soumis avec respect à sa volonté sainte,
Je crains Dieu, cher Abner, et n'ai point d'autre crainte. (Racine.)
Quoique jeune et riche, il savait modérer ses passions. (Voltaire.)
Seigneur, poursuivez. (Racine.)
Seule errante à pas lents sur l'aride rivage,
La corneille enrouée appelle aussi l'orage. (Delille.)

Toute incise se place entre deux virgules (première colonne); si elle commence la phrase, elle est seulement suivie de la virgule (deuxième colonne).

IV

Le sort, *qui toujours change*, Ne vous a pas promis un bon-[heur sans mélange. (Racine.)	Arrière ceux *dont la bouche* Souffle le chaud et le froid. (La Fontaine.)
Le travers des enfants, *qu'on croit importun*, devient agréable; il rend le père et la mère plus nécessaires, plus chers l'un à l'autre. (J.-J. Rousseau.)	Un sot *qui ne dit mot* ne se distingue pas d'un savant qui se tait. (Molière.)

Lorsque le sens d'une proposition se trouve interrompu par une phrase incidente explicative, il faut mettre cette phrase entre deux virgules (première colonne.)

Si la phrase incidente est déterminative, il faut l'écrire de suite sans virgule, à moins que cette phrase n'ait trop d'étendue : alors le besoin de la respiration exige une virgule à la fin, comme dans ces exemples : *Les personnes dont les oreilles sont inégales ou insensibles, se trompent souvent sur le côté d'où vient le son* (Buffon). *L'homme dont l'estomac et les intestins ne sont pas d'une très-grande capacité relativement au volume de son corps, ne pourrait pas vivre d'herbe seule.* (Idem.)

V

L'esprit, la science *et* la vertu sont les véritables biens de l'homme. (Dict. de max.)	Je porte un cœur sensible, *et* [suis épouse et mère. * * *
Le soleil *ni* la mort ne peuvent se regarder en face. (La Rochefoucauld.)	Nul n'est content de sa fortune, *ni* mécontent de son esprit. (Mme Deshoulières.)
Avec moi, de ce pas, venez [vaincre *ou* mourir. (Boileau.)	Tout reconnaît ses lois, *ou* bri-[gue son app i. (Boileau.

Si deux parties semblables d'une même phrase, c'est-à-dire si deux sujets, ou deux attributs, ou deux régimes, ou deux propositions de la même nature, sont liées par une des conjonctions *et, ni, ou*, et que les deux ensemble n'excèdent pas la portée commune de la respiration, la conjonction suffit pour marquer la diversité des parties ; et alors la *virgule* est inutile, puisque le besoin de respirer ne la réclame pas (première colonne).

Mais si les deux parties semblables, réunies par la conjonction, ont une certaine étendue, qui empêche qu'on ne puisse aisément les prononcer de suite sans respirer ; alors, nonobstant la conjonction qui marque la diversité, il faut faire usage de la *virgule*, pour indiquer la pause ; c'est le besoin seul de respirer qui fait ici la loi (deuxième colonne).

Il faut également faire usage de la virgule s'il y a répétition de la conjonction et inumération :

Et le riche, *et* le pauvre, *et* le faible, *et* le fort,
Vont tous également des douleurs à la mort.
(VOLTAIRE.)

N° 564.

Du point-virgule.

Il faut qu'en cent façons, pour [plaire il se replie ; Que tantôt il s'élève, et tantôt [s'humilie ; Qu'en nobles sentiments il soit [partout fécond ; Qu'il soit aisé, solide, agréable [et profond
(Boileau.)

Le plus sûr appui de l'homme est Dieu ; vous voulez le lui ravir !
(Boiste.)

Il faut se représenter que sous ses pas l'éléphant ébranle la terre ; que de sa main il ébranle les arbres ; que d'un coup de son corps il fait brèche dans un mur. (Buffon.)

Avez-vous quelques vérités à faire entendre aux rois ? ne les leur dites pas ; vous éprouveriez bientôt les effets de leur injuste courroux.
(Dictionnaire de Maximes.)

Lorsqu'une proposition dont le sens est complet est suivie d'une autre proposition qui en est la conséquence et le développement, on doit la séparer par le *point-virgule*.

La virgule est un signe de ponctuation plus faible que le point-virgule. Devant celui-ci le repos est mieux marqué.

N° 565.

Des deux-points.

I

En ce moment, je sentis mon cœur partagé ; j'étais touché de la naïveté de Néoptolème, et de la bonne foi avec laquelle il m'avait rendu mon arc : mais je ne pouvais me résoudre à voir encore le jour, s'il fallait céder à Ulysse.   (Fénelon.)

Point d'ennemis, ma chère enfant : faites-vous une maxime de cette pensée qui est aussi chrétienne que politique. Je dis non seulement point d'ennemis, mais beaucoup d'amis.
(Mme de Sévigné.)

Lorsqu'une phrase se coupe en deux parties dont le sens est également complet, mais qui se rapportent l'une à l'autre, et annoncent entre elles une liaison, on les sépare par les deux-points.

II

Mme de Lafayette dit à Mme de Sévigné : *Vos heures sont libres, et votre tête encore plus.*
(Mme de Sévigné.)

Boileau, parlant à Racine de sa satire des *femmes*, lui dit : Il y aura bien cent vers nouveaux d'ajoutés.   (Racine.)

On emploie encore les deux-points, quand on annonce un discours direct ou une citation.

N° 566.

Du point.

Tous les livres, tous les discours des sages, toute l'antiquité nous met des exemples devant les yeux.
(Dict. de max.)

Les lois étaient en oubli, les finances au pillage, la discipline à l'abandon.
(Marmontel.)

On met le *point* soit à la fin d'une phrase isolée, soit à la fin des phrases d'un discours, pourvu qu'elles soient indépendantes les unes des autres, ou ne se lient que par ces rapports vagues et généraux qui règnent entre toutes les parties d'un même discours.

N° 567.
Du point interrogatif.

Peut-on regarder le ciel sans voir avec toute l'évidence possible qu'il est gouverné par une suprême intelligence ?
(Pensée de Cicéron.)

Un précepte est aride ? il le faut [embellir. Ennuyeux ? l'égayer ; vulgaire ? [l'ennoblir.
(Delille.)

Le *point interrogatif* se place à la fin d'une phrase interrogative, soit que l'interrogation se trouve dans sa forme, soit qu'elle existe seulement dans le sens.

Cependant si la phrase interrogative n'est pas directe, et qu'elle dépende seulement d'une proposition principale, dans ce cas, on ne met pas le point interrogatif : *Mentor demanda ensuite à Idoménée quelle était la conduite de Protésilas dans le changement des affaires.* (Fénelon.)

N° 568.
Du point admiratif.

Grands dieux ! que mon amour [ne lui soit point funeste!
(Racine.)

Pendant qu'il me parlait, ô surprise ô terreur !
(Racine.)

Le point admiratif se met à la fin des phrases qui expriment la terreur, la surprise ou toute autre émotion.

N° 569.
Des points suspensifs.

Et ce même Sénèque et ce même [Burrhus Qui depuis... Rome alors estimait leurs vertus.
(Racine.)

Titus m'a commandé... quoi ? [de vous déclarer Qu'à jamais l'un de l'autre il [vous faut séparer.
(Racine.)

Les *points suspensifs* indiquent une interruption dans le sens.

N° 570.
De la parenthèse.

La peste (puisqu'il faut l'appeler par son nom)...
(La Fontaine.)

Un songe (me devrai-je inquiéter d'un songe)...
(La Fontaine.)

Lorsqu'une phrase ou une partie de phrase ajoute une idée qui ne s'enchaîne point avec les autres et rompt la continuité, elle se met entre deux crochets, qu'on nomme *parenthèse*.

N° 571.
Du tiret.

Est-ce assez? dites-moi : n'y [suis-je point encore? Nenni. — M'y voici donc? — [point du tout. — M'y voilà. (La Fontaine.)	L'amitié des Romains? le fils de [Mithridate! Seigneur, est-il bien vrai? — [N'en doute point, Arbate. (Racine.)

Le tiret indique le changement d'interlocuteur. Il remplace les *dit-il, reprit-il, répondit-il.*

N° 572.
Des guillemets.

M. Royer-Collard a dit : «Il » s'agit de savoir si la société » appartient aux fonctionnaires » ou si les fonctionnaires ap- » partiennent à la société. »	« Le Spitzberg, dit-il, est en- » vironné de montagnes fort » hautes, qui semblent en dé- » fendre l'approche. Leurs pieds » paraissent tout en feu ; leurs » sommets sont couverts de » brouillards. »

Les *guillemets* servent à désigner une citation.

QUESTIONNAIRE.

562. Qu'est-ce que la ponctuation, et à quoi sert-elle?
563. A quoi sert la *virgule*, et dans quelles circonstances est-elle employée?
564. A quoi sert le *point-virgule?*
565. A quoi servent les *deux-points*, et dans quels cas les emploie-t-on?
566. Dans quelle circonstance fait-on usage du *point?*
567. A quoi sert le *point interrogatif?*
568. *Idem* le *point admiratif?*
569. *Idem* les *points suspensifs?*
570. *Idem* la *parenthèse?*
571. *Idem* le *tiret?*
572. *Idem* les *guillemets?*

FIN.

TABLE DES MATIÈRES.

A

ACCENTS (DES), 3.
A et *dans*, 305. — *A* et *ou*, 312.
ADJECTIF.
PARTIE ÉLÉMENTAIRE. Définition, 19 ; — *qualificatifs, déterminatifs, verbaux*, 19 et 20; —Employés substantivement, 21 ; — formation du féminin, 22 ; — formation du pluriel, 25 ; — *démonstratifs*, 29 ; — *numéraux*, 29 ; — *possessifs*, 30 ; — *indéfinis*, 30 ; — employés comme *adverbes*, 94.
PARTIE SYNTAXIQUE. Accord, 139 ; — *adjectifs invariables*, 146, composés comme *gris-blanc, bai-clair, nouveau-né*, 147 ; — place, 150 ; — complément, 151 ; — particularités, 153.
ADJECTIFS *démonstratifs*. Syntaxe, 167, *indéfinis*. Syntaxe, 169 ; — *numéraux*, genre et nombre, 156 ; — syntaxe, 158 ; — *possessifs*, syntaxe, 162.
Aïeul, son pluriel, 13.
Aigle, son genre, 100.
Ail, son pluriel, 12.
Air (avoir l'), 148.
A l'entour, autour, 292.
A moins que, 301.
Amour, son genre, 101.
A peine, avec peine, 308.
Appréhender, 299.

Après, d'après, 307.
ARTICLE. Définition, 16 ; — simple, — composé, 16 ; — emploi, — élision, 17 ; — syntaxe, 128.
Au cas que, en cas que, 319.
Aucun, 174.
Au moins, du moins, 294.
Au moment que, au moment où, 219.
Auparavant, avant, 292.
Au reste, du reste, 295.
Aussi et autant suivis de *que*, 286 ; — *aussi* et *autant*, 287; — *aussi* et *non plus*, 290 ; — *aussi* et *si*, 286.
Autant et *tant*, 287.
Automne, son genre, 102.
Autour, à l'entour. 292.
Autre, tout autre, 302 ; — *autrement*, 302.
Autrui, 224.
Avant, auparavant, 292 ; — *avant, devant*, 307 ; — *avant que*, 301.
Avoir (participes qui prennent l'auxiliaire *être* ou), 251.
Avoir peur, 299.

B

Barbe (se faire la *barbe* ou faire sa), 165.
Beaucoup, bien, 293.
Béni, 57.
Bien, très, fort, 296.

C

Ça, 200.
Campagne (en, à la), 311.
Ce, ceci, cela, 200.
Celui, 205 ; — celui-ci, 208.
Cent, 156.
C'est là que, 319.
C'est ou ce sont, 239.
Chacun, 173, 226.
Chaque, 173.
Ciel, son pluriel, 13 ; — ciel-de-lit, 13.
Ci-inclus, ci-joint, 145..
Combien, 220.
Comme, comment, 295.
Conditionnel, 257.
CONJONCTION, 97, 314.
Consonnes (des), 2.
Contester, 299.
Convenu, 252.
Couple, son genre, 102.
Coûté, 279.
Craindre, 229.

D

Dangereux (il est), 299.
Dans, dedans, 292 ; — dans et en, 304 ; — dans et à, 305 ; — dans et sur, 305.
D'après, après, 307.
Davantage et plus, 290 ; — davantage et le plus, 290.
De crainte que, 301.
Dedans, dans, 292.
Défendre, 300.
Dehors, hors, 292.
Délice, son genre, 103.
De loin à loin, de loin en loin, 295.
Demi, 144.
DÉMONSTRATIFS (adjectifs), 29, 167 ; — (pronoms), 35, 209.
De ou par (complément précédé de la préposition), 250.

De peur que, 301.
Désespérer, 299.
Dessous, sous, 292.
Dessus, sur, 292.
De suite, tout de suite, 293.
DÉTERMINATIFS (adjectifs), 19 ; — diverses sortes, 28.
De tués (cent hommes tués ou). 312.
Devant, avant, 307.
Disconvenir, 299.
Dont, 212.
Douter, 299.
Du moins, au moins, 294.
Duquel, 213.
Durant, pendant, 309.
Du reste, au reste, 295.

E

E (des différentes sortes d')
Échappé, 252.
Empêcher, 300.
En et dans, 304 ; — en, pronom, 185, 187.
En cas que, au cas que, 319.
Enfant, son genre, 103.
Entre, parmi, 308.
Envers, vis-à-vis, 309.
Est-ce ? 240.
Et, 104, — et ne ou ni ne, 316.
Être (participes qui prennent l'auxiliaire avoir ou).
Éviter, 300.
Excepté, 145.
Exemple, son genre, 104.

F

Feu, 143.
Fleurir, 57.
Fort, très, bien, 296.
Foudre, son genre, 104.
Franc de port, 145.
Fût-ce, 240.
Futur, 256.

G

Garder, 300.
Genre (du double) dans quelques substantifs, 110.
Gens, son genre, 106.
Grammaire (de la), 1.
Guillemets (des), 332.

H

H, muette, aspirée, 9.
Haïr, 57.
Hors, dehors, 292.
Hymne, son genre, 109.

I

Ils s'en vont bien et s'en vont pas, 301.
Imparfait (emploi de l'), 254.
Impératif, 257.
INDÉFINIS (des adjectifs), 30, 169; — pronoms, 38, 220.
Initiatif (emploi des temps de l'), 253.
Infinitif, 267.
Interjection, 98, 320.
Interrogatifs (pronoms), 38.

J

Jambe (avoir mal à la jambe ou avoir mal aux), 165.
Jujube, son genre, 109.
Jusqu'aujourd'hui, jusqu'à aujourd'hui, 291.
Jusque, jusques, 309.

L

Leur, 164.
Le plus et davantage, 290.
Lequel, 212.
Locutions adverbiales, 94; conjonctives, 98; prépositives, 96.
L'un, l'autre, 228.

M

Mais, 313.
Malgré, malgré que, 311.
Même, 178.
Mien, 211.
Mieux que, plus que, pis que, suivis ou non de la préposition de, 288; — mieux que, suivi ou non de ne, 289; — mieux et plus, 289.
Mil, mille, 157.
Modes, 43.
Moins que, suivi ou non de ne, 289.
Monosyllabes (des), 2.
Mots (des différentes espèces de), 4.

N

Ne, ne pas, ne point, 298.
Ne, supprimé, 298; — ni, 315; — ni ne, 316.
Nier, 299.
NOM (voy. substantif); — noms composés, 119; — noms propres, 117.
Nombre dans les verbes, 47.
Non, ne, ne pas, ne point, 298.
Non plus, aussi, 290.
Nu, 184.
NUMÉRAUX (des adjectifs); — genre et nombre, 158; — syntaxe, 158.

O

Œil, son pluriel, 13; — œil-de-bœuf, son pluriel, 13.
Œuvre, son genre, 109.
Office, son genre, 110.
On, 221.
Orge, son genre, 110.
Orgue, son genre, 111.

ORTHOGRAPHE des verbes, 62.
Ou et *à*, 312 ; — *où*, pronom relatif, 214 ; — conjonction, 317.

P

Par ce que, parce que, 311.
Parallèle, son genre, 112.
Parmi, entre, 308.
Pâques, son genre, 111.
Parenthèse (de la), 331.
PARTICIPE (du), 91 ; — *passé*, 276 ; — *présent*, 272 ; — qui prennent l'auxiliaire *être* ou *avoir*, 251.
Pas, point, employés ou supprimés, 297, 298.
Pendant, durant, 309.
Pendule, son genre, 112.
Période, son genre, 112.
Personne, 113, 224 ; —*personne*, dans les verbes, 41.
Personnels (pronoms), 33, 180.
Pesé, 279.
Peut-être, accompagné ou non du verbe *pouvoir*, 296.
Phrase (de la), 4.
Pire et *pis*, 291.
Pis que, suivi ou non de *ne*, 289.
Plus, moins, répétés, 288 ; — *plus, mieux*, 289 ; — *plus* et *davantage*, 290 ; — *plus que*, suivi ou non de la préposition *de*, 288 ; — *id*. de la particule *ne*, 289 ; — *plus d'à moitié, plus d'à demi, plus qu'à moitié, plus qu'à demi*, 288.
Plutôt, plus tôt, 294 ; — *plutôt que, plus tôt que*, 302.
Point (du), 330 ; — *point admiratif*, 331 ; — *point interrogatif*, 33 ; — *point-virgule*, 329 ; — *des deux-points*, 330 ; — *points suspensifs*, **331**.

Polysyllabes (des), 2.
Ponctuation (de la).
POSSESSIFS (adjectifs), 30, 162 ; — (pronoms), 36, 211.
Possible, 145.
Prendre garde, 300.
PRÉPOSITION (de la), 95 ; — syntaxe, 304 ; — répétition, 312.
Près de, auprès de, 307 ; — *près de, prêt à*, 306.
PRÉTÉRIT *défini, indéfini*, 255.
Proche, 145.
PRONOM. Définition, 33 ; — personnels, 33, 180 ; — démonstratifs, 35, 200 ; — possessifs, 36, 211 ; — relatifs ; 37, 213 ; — interrogatifs, 38, — indéfinis, 38, 221.

Q

Qualificatifs (adjectifs), 19 ; — syntaxe, 139.
Quand, quant, 294.
Que, 212.
Quel, 175 ; — *quel que*, **176** ; — *quelque*, 177.
Quelque chose, son genre, 113.
Quelqu'un, 225.
Qui, 212 ; — accord du verbe après *qui*, 238, 243.
Quiconque, 223.
Qui est-ce qui et *qu'est-ce qui*, 219.
Quoi, 220.

R

Raillerie (*entendre la raillerie* ou *entendre*), 138.
Régime, 40.
Réglisse, son genre, 114.
RELATIFS (pronoms), **37, 213**.
Rien de moins, rien moins, 291.

S

Sache (que je), 261.
Sans que, 301.
Sentinelle, son genre, 114.
Sera-ce? 240.
Si et aussi, 286; — si et tant, 287; — si ce n'est, 242.
Sien, 211.
Soit, conjonction, 318.
Sont-ce, 240.
Sous, dessous, 292.
Sujet du verbe, 40.
SUBJONCTIF (emploi du), 258.
SUBSTANTIF. Définition, 5; — propre, commun, 6; — collectif, 7; — composé, 7; — genre et nombre, 8 et 14; — substantifs employés adjectivement, 21; — syntaxe, 100; — genre et nombre, 115; — substantifs précédés de la préposition *de*, ou de toute autre préposition, 122.
Sur, dessus, 292; — sur, dans, 305.
Sur tout, surtout, 311.
Syllabes (des), 2.
Syntaxe (de la), 100.

T

Tant et autant, 287; — tant et si, 287.
Tel, 174.
Tenir, 300.
Tête (avoir mal à la tête ou avoir mal à sa), 165.
Tien, 211.
Tiret (du), 332.
Tout, 169; — tout autre, 171; — tous deux, tous les deux, 172; — tout-à-coup, tout d'un coup, 294.
Tués (cent hommes de tués ou), 312.
Travail, son pluriel, 12.
Travers (au, à), 306.
Trembler, 299.
Très, bien, fort, 296.
Trompette, son genre, 114.

V

Valu, 279.
Va-s-y, 258.
Verbaux (adjectifs), 20.
VERBE. PARTIE ÉLÉMENTAIRE. Définition, 39; — sujet, 40; — régime, 40; — personnel, nombre, 40; — temps, 42; — mode, 43; — verbe actif, 45; — passif, 45; — neutre, 46; — réfléchi, 47; — impersonnel, 47; — auxiliaire, 48; — des diverses conjugaisons, 48; — SYNTAXE, 231 à 243; — place du sujet, 246; — construction, 247; — complément, 249; — emploi des verbes *avoir* et *être* avec certains participes, 251; — emploi des modes, 253.
Vingt, 156; — vingt-un et vingt et un, 158.
Virgule (de la), 327.
Vis-à-vis, envers, 309.
Voici, voilà, 310.
Voyelles (des), 2.

Y

Y, se prononçant comme un *i* ou comme deux *ii*, 3. — *y*, pronom, 186, 196.

FIN DE LA TABLE.

www.ingramcontent.com/pod-product-compliance
Lightning Source LLC
Chambersburg PA
CBHW060327170426
43202CB00014B/2689